f. civille

- 15
- 12.

B.S.

LES DELICES DE LA FRANCE,

AVEC UNE DESCRIPTION
des Provinces & des Villes
du Royaume.

Par Mr. SAVINIEN d'ALQVIE'.

TOME SECOND.

A PARIS,
Chez GVILLAVME DE LVYNE, Libraire-
Iuré, au Palais, dans la Salle des Merciers,
sous la montée de la Cour des
Aydes, à la Iustice.

M. DC. LXX.

TABLE DV SECOND VOLVME.

QVATRIESME PARTIE.

CH.	Page.
I. De la division generale & des noms differents qu'on a donné à nostre France	1
II. L'ordre particulier que ie tiens pour la description de la France	3

LA LORRAINE. 3
I. Mets 5
II. Toul 5
III. Verdun 5
La Principauté de Sedan & Le Duché de Boüillon. 10
I. Sedan 11

LA CHAMPAGNE. 13
I. Reims 14
II. Châlons 16
III. Troyes 17
IV. Langres 19
V. Auxerre 20
VI. Les autres Villes moins principales 20
Meaux 21
Monceaux, maison de plaisance 22

LA PICARDIE. 23
I. Amiens 25
II. Soissons 27

III. Laon 27
IV. Noyon 28
La basse Picardie 29
I. Montdidier 29
II. Senlis & les mailons des environs 29
III. Verneuil 29
Chantilly, Dreux, Anet 29
IV. Abbeville, Montreuil 31
V. Boulogne, Calais 31

LA NORMANDIE 34
I. Rouen 35
II. Dieppe 39
III. Le Havre de Grace 40
IV. Fescamp. 40. Quillebœuf, Honfleur, Evreux, Lisieux 41
V. Caën 42
VI. Bayeux, Falaize. 43
Séez, le Mont S. Michel 44
Le pays du Maine 45
I. Alençon 45
II. Vire, S. Lo Coutantin, Caignancis. 46. Avranches. 47. Remarques generales touchant cette Province 47
L'Isle de France 50
I. Paris 50

ã

Table des Chapitres.

II. Fontaine-Belle-eau	75	I. Moulins & Montluçon	143
III. Melun 80. Charenton 81. Conflans. Ruel	81	L'AUVERGNE	145
IV. S. Germain	83	I. Orillac	146
V. Le Bois de Vincennes	90	II. S. Flour Evesché	148
VI. S. Denis	79		
VII Argenteüil, Alincourt, 98. & Montargis dans le Gastinois	99	La Limagne ou basse Auvergne	150
		I. Clermant	150
		II. Monferrant, Riom	152
LA BEAUSSE	101	III. Issoire	153
I. Chartres	101	IV. Le Puy	155
II. Orleans	104	V. Rhodés & Villefranche	158
III. Chambort	110		
IV. Blois	111	LE QUERCY	159
V. Amboise	113	I. Cahors	160
		II. S. Ceré	161
LA TOURAINE	114	III. Montauban	164
I. Tours	115	IV. Moissac	164
L'ANIOU	120	LE LIMOSIN.	165
I. Angers	121	I. Limoges	165
II. Saumur	123	II. Gueret. 167. Tulles. 168. Brive	169
LA BRETAGNE	125		
I. Nantes	126	LE PERIGORT	171
II. Rennes	127	I. Perigueux	172
III. S. Malo	128	II. Sarlat	174
Le pays d'Aunix	131	L'ANGOUMOIS	177
I. La Rochelle	131	I. Angouiesme	177
		II. Chasteauneuf	179
LE POITOU	133		
I. Poitiers	134	LA XAINTONGE	180
II. Loudun. 138. Milizais & Luçon	139	I. Xaintes	180
		II. Coignac	182
LA BERRY	339	LA GUYENNE	143
I. Bourges	140	I. Bordeaux	185
		II. Auch	188
Le Bourbonnois	143	III. Laitoure	189

Table des Chapitres.

LE LANGVEDOC 192	III. Grenoble 232
I. Toulouze 196	
II. Castres 203	LE VIVAREZ.
III. Alby, Carcassonne & Narbonne 204	I. Viviers 230
IV. Besiers 206	LA SAVOYE 234
V. Montpellier 208	I. Chamberry 235
VI Nismes 210	II. Genéve 236
LA PROVENCE 214	LE LYONNOIS. 238
I Marseille 218	I. Lyon 239
Aix 220	
II. Toulon 229	LA BOVRGOGNE 247
IV. Arles 216	I. Autun 248
V. Beaucaire & Tarascon 225	II. Auxerre 249
	III. Dijon 249
Le Comté Venaissin 222	IV. Sens 250
I. Auignon 222	V. Nevers 251
II. Orange 225	
III. Le Pont S Esprit. 226	Les Pays conquis 253
	I. L'Isle, Douay, Tournay, Ath, Dunkerque, Gravelines, Furnes, Bergues, &c.
LE DAVPHINE' 227	
I. Valence 228	
II. Thin & Tournon 230	253

La description fidelle & generale des mœurs & des inclinations des François.

I. L'ordre qu'on doit tenir avec trois sortes de personnes estant avec elles 254
II. Le portrait du Roy 270
III. Le portrait de la Reyne 274
IV. Le portrait de Monseigneur le Dauphin 277
V. Le portrait de Monsieur le Duc d'Orleans frere unique du Roy 278
VI. Le portrait de Madame 279
VII. Le portrait de Madame d'Orleans, de Mademoiselle & de toute cette illustre famille 288
VIII. Le portrait de Monsieur le Prince 281
IX. Le portrait de Madame la Princesse 282
X. Le portrait de Monsieur le Duc 283
XI. Le portrait de Madame la Princesse de Conty 284
XII. Le portrait de Madame la Duchesse de Longueville, de Monsieur le Duc de Longueville & du Comte de S. Pol ses fils 285
XIII. Le portrait de Monsieur Colbert Ministre d'Estat 287
XIV. Le portrait de Monsieur le Tellier Ministre d'Estat 289
XV. Le portrait de Monsieur de Lionne Ministre d'Estat 291
XVI. Le portrait de Monsieur de Turenne Mareschal des Mareschaux de France 293
XVII. Le portrait de Monsieur le Duc de Bouillon & de Madame la Duchesse sa femme 295. 296
XVIII. Avis necessaire à ceux qui voudront voir la France 306
XIX. La Cronologie des Rois 308

Description des Routes qu'il faut tenir pour aller de Paris dans toutes les Villes principales des Royaumes voisins.

De Paris à Gan, ville de Flandres & Parlement.

LA Chapelle.	l. 1.	Courtray. v.	l. 2.
S. Denis.	l. 1.	Pairimguem. v.	l. 3.
Pierre-fitte.	l. 2.		
Cercelles.	l. ...d.	*Passe la riviere du Lis.*	
Villiers le bel.	l. ..d.	Gand v. Ch. par.	l. 4.
Le Mesnil.	l. 1. d	En tout 80. lieuës.	
Luzarche. Ch.	l. 1.		
Morlaye. v. Ch.	l. ...d	*De Paris à Francfort.*	
Gouvieux grand estang.		Claye.	l. 6.
	l. 2.	Meaux.	l. 4.
S. Leu de Serrans.	l. 1.	Trille porte bac.	l. 1.
Montataire.	l. 1.	S. Iean de Meaux outre	
Russelen. v.	l. 1. d.	Marne.	l. 1.
Crambonne. v.	l 1.	Fay sur Marne.	l. 1. d.
Clermont. v. Ch.	l. 1.	La Ferté au Col, dit sous	
S. Iust	l. 4.	Ioüarre.	l. ...d.
Bervüil. v. abb.	l. 4.	La Sancy sur Marne.	l 1.
Le Quesnoy. v.	l. ..d.	Nanroy sur Marne.	l. d.
Montagalay.	l. 1	Charly sur Marne.	l. 2.
Flex.	l. 1 d.	Mont de Bonnay.	l. 1.
S. Saulieu.	1.	Esseaulme Abbaye.	l. 1.
Le Dieu de Pitié.	l. 2 d.	Chasteau-Thierry. v. Ch.	
Haucourt.	l. d.		l. ..d.
Dury.	l. 1.	Parcy.	l. 2.
Amiens.	l. 1.	Saulgny sur Marne.	l. 2.
Bauvury.	l. 1.	Dormant. v.	l 1.
Violenne.	l. 1.	Le port à Pisnon.	l. 2.
La Baslée. v.	l. 1.	La Cave Ligny.	l 1.
Haut-Bourdin	l. 1.	Pont selet sur Boursaut.	
L'Isle. v. Ch.	l. 3.		l. 1.
Le Pontpoucard.	l. d.	Mardeu.	l. 1.

Efpernay. v. Abb.	1.1.	Vauraut.	1.1.
Iallon.	1 2.	Le Pont Agaſſon.	1. 3 d.
Mattouge.	1. 2.	Montargis. v. Ch.	1 3.d.
Pluvot.	1.2.	Marniant. 6.	1.1.
Châlons fur Marne.	1.2.	Noyan.	1.2.
Noſtre-Dame de l'efpine.		Les Befars m.	1. 1.
	1 2.	La Buſliere.	1.2.
Foy.	1.2.	Briare fur Loire.	1 2.d.
Bar.	1 6.	Bonny.	1 4. d.
Ligny en Barrois. v. Ch.		Neuvy.	1.1.d.
	1. 4.	La Selle.	1.1.
Vaucouleur. v.	1.4.	Cofne fur Loire. v. Ch.	
Fou. v. Ch.	1.4.		1.2 d.
Toul. v.	1.4	Male-taverne.	1.1 d.
Nancy. v. capitale de Lor-		Pouilly.	1.2 d.
raine.	1. 5.	Le Mefnil.	1.1.
Reperfville.	1. 7.	La Charité. v.	1. 2.
Saverne. v. Ch.	1 6.	Gerugny.	1. 2.
Strasbourg.	1 3.	Le Chefnay.	1. d.
Hagh. Nav. v.	1.4.	Nevers. v. Ch. Ev.	1. 3. d.
Veiſſembourg. v.	1 4.	Magny.	1 3.
Lautauville.	1.3.	S. Pierre le Mouſtier.	1. v.
Spire. v. Electorale.	1 4.		1. 4:
Ogerſée v.	1.2.	Ville-neufve.	1.4.
Franc Xental.	1. 2.	Moulins. v. Ch.	1.3.
Vormes. v.	1.3.	Fulon.	1. 1.
Oppenhen. v.	1.4	Beſſay.	1 2.
Mayence. v. Archev.	1. 3.	S. Loup.	1. 2.
Francfort.	1. 4.	Varennes croix.	1. 1.
En tout	116. l	S Geran.	1. 2.
		Perigny	1. 1. d.
De Paris à Turin.		La Paliſſe.	1. 1. d.
Ville-Iuifve.	1.2.	La Tour.	1. 1. d.
La Sauſſaye.	1 . d.	S. Martin.	1. 2.
Iuvify.	1. 3. d.	La Peraudiere.	1 1.
Riz.	1. 1.	Germain Pelpinaſſe.	1 2.
Eſſaune.	1. 3.	Royanne.	1. 2.
Choify.	1. 1.	L'Hoſpital.	1. 1. d.
Les Vernaux.	1. 1.	S. Saphorin de lay.	1. 1. d.
Milly en Gaſtinois. v. Ch.		La Fontaine	1 1 d.
	1. 2. d	La Chapelle.	1 d.
La Chapelle la Reyne,	1. 2	Tarrare.	1. 1.

S. Antoine.	l.1.	*De Paris à S. Sebastien, par*	
La Bresle.	l.2.	*la Guyenne.*	
La Tour.	l.1.d	Le Bourg la Reyne.	l.2.
Lyon Arch.	l.1.d	Le Pont Anthony.	l.2.
S. Laurens.	l.3.	Longjumeau 6 2.	l.2.
La Verpiliere.	l.2.	Linas.	
Bourgoin.	l.2.	Mont le Hery. v. Ch.	l.2.
La Tour du Pin.	l 2	Chaftre fous Mont le	
Le Pont de Beauvoifin.	1.	Hery. v.	l.2.
La Gabelette.		Tourfou	l.1.d.
		Eftrechy le larron.	l.1.d.
Paffez le Mont.		Eftampes. v Ch.	l.1.
Chamberry.	l 2.	Ville fauvage.	l.1.
Montmeliban. v Ch.	l.3.	Monervil à dextre.	l 3.
Aiguebelle. v. Ch.	l 4.	Engerville la Gafte.	l 2
Argentine.	l 1	Champ à Lerry.	l 3.
La Chambre v. Ch.	l. 3	Toury v. Ch.	l.1.d
3. Ponts fur la riviere		Chafteau Gaillard.	l.2.
d'Ar, & puis à S. Iean		Artenay. 6.	l.2.
de Mortane. v. Ev.	l 4.	La Croix de Briquet.	l 1.
S. Iulien.	l 1.	Langeniere.	l.2.
S. André.	l.2.	Sercotes.	l.1.
Tremignon.	l 3	Orleans. v. Ch. Ev. Vniv.	
Lanebourg.	l.1.d.		l.3.
		Noftre-Dame de Clery.	
Paffez le Mont Senis.			l.5.
La Pofte.	l.1.d.	S Laurens des eaux.	l.5.
L'hofpital.	l.d.	S. Dier.	l 4.
La Ferriere.	l.2.		
Nevalefe.	l.1.	*Chambort Maifon Royale à*	
		main gauche.	
On commence icy à compter		Montlivault.	l.1.
par mille, dont les 3.		Blois.	l.2.
font une l. Fran.		Choufy.	l 3.
Suze. v. Ch.	m.2.	Lfcouers.	l.2.
S. Ambroife & S. Michel		Amboife.	l.5.
au deffus.	m.4.	Monlouys.	l.4.
Avillane. v. Ch.	m..d.	La ville aux Dames.	l.1.
S. Antoine Abb.	m.1	Tours. v. Arch.	l.2.
Thurin. v. Archev. & Ca-		S. Avertin.	l.1.
pitale de Piedmont.	m.3.	Monthufon.	l.2.
En tout	147 l.	Sainte Catherine.	l.2.

Sainte More.	l.3.	Roche d'Iſtaux.	l.1.
Chaſtelleraut.v.	l.4	Monſferrant.	l.2.
La Tricherie.	l.1.	Blancfort.	l.1.
Le Pont Dauſance.	l.1.	Bordeaux. v. Ch. Archev.	l.2.
Poiciers.v Ev Vniv.	l.1.		
Colombiers.	l.2.	Tauliers.	l.1.
Luſignan.v.	l.2.	Le petit Bordeaux.	l.1.
Chevais.	l.2.	Aubarc.	l.d.
Cheray.	l.1.	Pelin.	l.2.
La Barre.	l.1.	Muret.	l.1.d.
S. Leger de Maſſe.	l.1.	Lyporet.	l.1 d.
Brion.	l.2	La Bauhere. v.	l.2.d.
La Ville-Dieu d'Aunois.		Ianvillet.	l.2 d.
	l.2.	La Harie	l.2.d.
Aulnois.	l.1	L'Eperon.	l.1.d.
Pailliers.	l.1	Caſtels.	l.2.d.
Brieleu.	l.2.	Mayeſe.	l.2 d.
Eſcouvaux.	l.1.	Saint Vincent de Tireſſe.	
Veneran.	l.1.		l.2.d.
Xaintes v. Ev.	l.1	Le Barac de la Bonne.	l.2.
Ponts à Racoſe.	l.2	S. Martin.	l.2.
S Gervais.	l.1.	Bayonne. v. Ev.	l.1.
Preſſac. 6.	l.1.	Biarres.	l.1.
La Tenaille. 6 Abb.	l.1.	Bidard.	l.1.
S Duyſan.	l.1.	Saint Iean de Luz & Ciboure	l.1.
Millambaux.	l.1.		
Petit Bauvoir.	l. .d.	Aurogne.	l.2.
Plaine Seve.	l.1	Riviere de Bidaſſoa.	l.1.d.
S. Aubin.	l.2.	Fontarabie.	l 1.d.
Le pays des feneſtres.	l.2.	Noſtre-Dame d'Iron.	l.d.
Eſtauliers.	l.1.	S. Sebaſtien.	l.4.
Gigot.	l.2.	En tout	276.
Blaye, Forterreſſe.	l.1.		

LES DELICES DE LA FRANCE.

QVATRIEME PARTIE.

Description des Provinces & des villes Principales du Royaume.

CHAPITRE PREMIER.

De la Division generale, & des noms differens qu'on a donné à nostre France.

E ne veux pas m'étendre beaucoup sur les differentes divisions que l'antiquité a donné à nostre Illustre Empire, ny raporter icy tous les divers noms que les Autheurs luy ont donné : parce que

je serois trop ennuyeux aux personnes qui liront mon ouvrage ; ainsi mon dessein n'est autre maintenant, que de mettre en abbregé ce que les plus celebres Autheurs en ont escrit, & ce que la coustume a mis le plus en usage. Ie diray donc que les *Gaules* (que nous appellons maintenant la *France*) se divisent en trois portions, selon le partage qu'en a fait *Cesar dans ses Commentaires*. Sçavoir, en *Gaule Belgique*, qui est enfermée entre l'*Ocean*, le *Rhin*, la *Marne*, & la *Seine*. En *Celtique*, qui comprend tout ce qui est entre la *Seine* & la *Garonne*. Et en *Aquitaine*, qui s'étend depuis la *Garonne* jusqu'aux *Pirenées* : Ce grand Estat, que j'appelle la plus illustre portion de l'Europe, & le plus fleurissant Royaume de l'Vnivers, estoit appellé par les *Romains* les *Gaules*, par les *Grecs Gala*, c'est à dire *Lac* ou *Lais* ou *Galates*, à cause de la beauté du corps & de la blancheur du tein de ses habitans ; par les Hebreux *Galaath*, c'est à dire *Pluye*; parce qu'on veut dire par là, que leur Pays fust le premier inondé par le deluge ; Leander la *Lombardie* Vltramontaine & Cismontaine ; les autres Gallia *Togata*, ou *Comata*, ou *Brachata* : parce qu'elle portoit des habits longs, une grande chevelure, & des robbes particulieres : Enfin, on luy a donné plusieurs autres noms, qui pour n'estre pas fort connus, ne meritent pas d'estre mis icy. Ie remets les curieux aux Livres particuliers qui traittent de ces matieres.

DE LA FRANCE.

L'Ordre particulier que ie tiens pour la description de la France.

J'Avois eu quelque pensée de suivre les anciennes divisions que les Geographes ont donné de la *France*, & i'avois eu quelqu'envie de suivre l'antiquité des Parlemens pour en décrire les dépendances; mais comme i'ay veu que ce seroit trop embarassant pour les personnes qui liront mon Livre, & trop gênant pour moy, ie me suis resolu de commencer par un bout, qui est la Lorraine, & de continuer iusques à l'autre selon l'union que les Provinces ont ensemble, me reservant de mettre au bout les païs conquis, tant dans l'Allemagne que dans les Pays-Bas: Voila mon dessein.

LA LORAINE.

CEtte Province n'est appellée de la sorte, que parce que *Lothaire* petit-fils de *Louis le Debonnaire Empereur & Roy de France* l'eust en Souveraineté. Son étenduë estoit autrefois si grande, qu'elle portoit le nom de Royaume; mais maintenant elle est si petite, qu'à peine peut elle conserver son ancien nom de *Lotharingia*; parce que les voysins en tiennent chacun un peu, & que la *France* en possede une grande partie, en attendant d'avoir la jouïssance du tout apres la mort du Duc d'aprésent, qui en a fait une donation au Roy, aussi bien que feu Madame sa femme, qui en estoit la veritable heritiere; ainsi qu'on ne trouve pas mauvais si ie mets cette Principauté du nombre des Provinces de nostre Empire; puisque nous y avons tant de part. Pour commencer donc, ie dis que l'*Alsace* la borne du costé du levant, la *Bourgogne* du midy, la *Champagne* au couchant, & la *Forest d'Ardenne* au septentrion avec le Pays de *Treves & le Luxembourg*. Ses peuples sont belliqueux, & son Pays (couvert pour l'ordinaire de bois & de forests) est assez abondant en bleds, en vins, & mesmes en mineraux. Il y a quantité de belles Rivieres & de bonnes eaux, ses villes sont belles & fortes, & assez riches. *Nancy* qui en est la Capitale, est le sejour ordinaire des Ducs, dont la Cour est considerable, à raison du grand nombre de Noblesse fort ancienne qu'il y a, & à cause des Barons, des Comptes & des Marquis qui sont en assez grande quantité dans le Pays. C'est icy où l'on void les Richesses du Duc, & sur tout deux tables, l'une de Marbre, & l'autre d'argent doré, d'une longueur & d'une largeur admirable, avec plusieurs belles figures, & des Emblêmes accompagnées de vers Latins, gravez avec un artifice merveilleux. On y voit encore de tres-riches tapisseries: mais sur tout, l'effigie d'un homme, gravée sur du bois, dont les muscles remuent, & sont cousus ensemble avec tant d'adresse, que c'est une merveille. Cette ville sert de retraitte aux Ducs, aussi bien apres leur mort que pendant leur vie ; c'est pourquoy ils y ont leurs tombeaux, entre lesquels celuy de *René*, qui vainquit les Bourguignons, y est le plus considerable: celuy de *Charles* Duc de Bourgogne y est aussi. Son Arsenal est tres bien pourveu, & a un canon presqu'aussi long que celuy *de Douvres en Angleterre*. Ses fortifications la rendoient imprenable avant que la *France* la prit ; mais comme on a veu du depuis quelque temps, que l'*Espagne* se servoit de la foiblesse de son Prince pour luy faire-faire la guerre contre le Roy, on s'en est saisi, & on l'a enfin dementelée, pour la rendre moins capable de servir de retraitte aux Ennemis de l'Estat. Il y a un marécage assez prez de la Ville, au milieu duquel il y a une Croix de pierre avec une inscription *Françoise*, gravée sur une lame de cuivre, qui marque la défaite des Bourguignons.

Cette Province a encore *Bar le Duc*, qui est une Ville assez forte, & où on fait des ouvrages fort curieux. Il y a beaucoup d'autres places extremément bien fortifiées, entre lesquelles est *Marsal*, qui est maintenant entre les mains du Roy. Je n'oublieray pas de mettre icy les trois villes que nous avons prises sur *Charles cinq*: Sçavoir, *Toul*, *Metz*, & *Verdun*, comme estant en quelque façon dépendantes de ce Pays : & puisqu'elles ont leur jurisdiction pour le spirituel en ces quartiers : Ainsi je diray en passant que *Toul*

A iij

est une ville Episcopalle, qui est belle, grande, & enrichie du tombeau du devot *sainct Bernard*, au dessus duquel il y a une Couronne admirablement bien travaillée. *Verdun* est une Cité tres-agreable, assise dans un bon Pays, & peuplée d'une nation tout à fait douce. Elle fut prise par les *François* l'an mil cinq cens cinquante deux, sous le regne de *Henry second*. *Mets* est aussi une grande ville situee dans une plaine extrémément fertille & tres-agreable, à raison de la Moselle qui l'arrouse, & à cause des belles maisons qui y sont. L'Eglise Cathedralle qui est consacrée au grand *saint Estienne Protomartir* est un ouvrage admirable, & un chef-d'œuvre de l'Art. On y voit un vase de Porfire rouge, long de plus de dix pieds tout d'une piece, qui sert à tenir l'eau benite. Elle a beaucoup d'autres Eglises, de beaux Monasteres & des lieux remarquables, dont ie ne parle pas, & lesquels sont pourtant fort curieux à voir. Cette ville qui n'a du tout point de Fauxbourgs est enfermée d'une bonne muraille, & entourée de grands fossez que la Moselle peut remplir en levant une écluse. On y a fait une Citadelle depuis quelque temps pour sa plus grande conservation, laquelle n'a que quatre bastions pour sa défence. Le peuple y est doux, & la civilité y regne. On voit à une lieuë de la Ville dans un village nommé *Ioni* les restes d'un Acqueduc bâti par les Romains, dont les ruines sont si Augustes, qu'on y trouve encore des arceaux d'une tres-belle pierre blanche, taillée en forme de brique de plus de soixante pieds de hauteur. Il y a outre cela un lieu fort considerable prés de Nancy qu'on appelle saint Nicolas ; ce lieu qui meriteroit plustost d'estre appellé une des plus grandes villes de la Lorraine qu'un simple bourg, s'il estoit entouré de murailles (à raison de la grande quantité du peuple qui l'habite, & à cause du grand trafique qu'il y a) est enrichy des precieuses Reliques du Saint dont il porte le nom. Les autres lieux plus remarquables qui sont aux environs de la Capitale de cette Province, sont Fruart, qui n'en est qu'à une lieuë. Ormes, Bayon, & l'Vne-Ville à trois, ou un peu d'avantage, le *Pont à Mousson* celebre pour son Vniversité où Pierre Gregoire Tolozain fameux par ses ecrits a enseigné, & tres-agreable à raison de la fertilité de son terroir, à quatre, Gerbevil'ier, Charmes, Chastenoy, Moranges, Vaucouleur illustre à raison de *Ieanne la Pucelle*, surnommée d'Orleans, laquelle a pris naissance en ce lieu. *Mexan sou Bresse, Dompaire, Deneure, Hedon, Chasteau, Ramberuille, Raon, Bellemont, Neuf-Chasteau, Mugfut, Marchainville, Espinal, Bruyeres, d'Arney, Ormont, Walderfing, Beaurains, Vaigni & l'Estraye*, qui en sont à treize ou quatorze lieuës.

Ses Comprez sont *Vaudemont, Chaligni, Amence* qui estoit autresfois la Chancellerie de Lorraine, *Richecourt, Remiremont*, & la *Motte.*

A iiij

Ses Seigneuries sont *Marsal*, Ville extremement forte, & que le Roy a soûmise à son obeïssance depuis quelques années: *Remereville*, *saint Bellemont*, *Ramberville*, *Hombarg*, *Mariemont*, & *Sandacourt*.

La *Lorraine* comprend encore le *Barrois*, qui s'estend iusques à Neuf Chastel; la ville principale est *Bar le Duc*; ainsi appellée pour la differencier de *Bar sur Seine*, & *sur Aube*; les autres moins considerables, sont la *Moseligni*, *Arcq*, & plusieurs autres. Enfin', ce Duché, en y comprenant le Barrois, a quatre iournées d'estenduë, depuis *Astenay* iusques à *Darnay*, & trois depuis *Bar le Duc* iusques à *Biche*. Tout ce Pays est abondant en froment, en vin, & en tout ce qui est necessaire pour la vie. Il abonde en toute sorte d'animaux & de poissons à raison de ses Estangs, de ses Rivieres, & de ses Forets. Il a cét avantage d'avoir des bains fort estimés, des salines assez passables; Il est riche encore en mines d'argent, de cuivre, de fer, d'étain, & de plomb: Et on trouve mesme des perles au pied du Mont Vosege, des pierres d'Azur, & la meilleure matiere du monde pour faire les miroirs. La terre y produit aussi des Cassidoines d'une telle grandeur, qu'on en fait de tres-beaux ouvrages, & des coupes entieres. La Turquie & le Royaume de Naples auroient peine à donner de meilleurs chevaux que ceux qui naissent dans ce Pays: Et tout le monde ensemble ne sçauroit fournir du poisson de meilleur goust que sont les Saumons, les Perches, les Alauses, les Tanches, &c. de la Moselle, & les Carpes d'un certain Lac qui a quatorze lieuës de tour, dont la grandeur est quelques fois de trois ou quatre pieds, & dont le manger est si delicat, qu'il est impossible de le croire. Pour ce qui est des mœurs du Pays, ie remarque que les habitans ont beaucoup de rapport à celles des François & des Allemands. Toutesfois ce mélange ne laisse pas de plaire aux Estrangers, quoy qu'ils soient plus grossiers & moins civils qu'en *France* : la raison de cecy est, qu'ils se plaisent fort à boire, qu'ils sont francs, & qu'ils ne sont pas ny si rusez ny si spirituels que les autres nations. La Noblesse se pique de bravoure, d'esprit, & de gentillesse, & il y en a une partie qui fait estat de vivre à la mode Allemande; quoy que la Cour du Prince & presque tous les plus braves de l'Estat fassent gloire de se mouler sur la *France*, & d'en suivre parfaitement les maximes & la façon de vivre. Le peuple n'y est point foulé de tailles, ce qui fait que tout le monde y devient riche de iour en iour, & que la ioye, les divertissemens, les promenades, les festins, les bals, la danse, le jeu, & les instrumens y sont fort en vogue. Les personnes du sexe y sont mediocrement belles ; mais leurs autres belles qualitez les rendent assez aymables : d'où on peut conclurre, que le Pays est fort doux, soit qu'on se plaise au trafic, soit qu'on ayme la chasse, ou la bonne chere, ou bien

soit qu'on aime l'entretien & le divertissement.

La Principauté de Sedan & la Duché de Bouillon.

JE mets icy la Principauté de *Sedan*, & la *Duché de Bouillon*, comme estant une confrontation de la Lorraine, & une Province qui semble estre de sa dépendance. Ie diray donc en premier lieu que cette Souveraineté appartenoit autresfois à l'Illustre Famille des Princes & des Ducs de *Bouillon*, *Vicomtes de Turenne*, dont la race a produit de temps immemorial des Heros & des Mars pour la guerrre, & des hommes incomparables en science & en vertu, comme on en a des preuves infaillibles, en la personne de tous ces braves Princes qui vivent aujourd'huy, dont l'aîné est grand Cambellan du Royaume, dont le plus jeune est pourveu du brevet de Coadjuteur de l'Archevesché de *Paris*, & lequel sera fait Cardinal à la premiere promotion, & dont les autres sont des foudres de guerre sur Mer & sur Terre, à l'exemple de leur Pere & de leur Oncle Monsieur le Mareschal de Turenne, qui passe pour estre un des plus grands Generaux qui soient, non seulement en France ; mais encore dans le monde. Il peut se vanter d'avoir eu cet avantage au dessus de tous les grands Capitaines de son temps, que tout l'Empire l'a jugé digne d'être le Chef de toutes les armées Chrétiennes contre le Turc, & capable de sauver l'Empire contre un Tyran si redoutable; comme aussi d'estre demandé par le Souverain Pontife, afin de sauver Candie, qui est le boulevart de la Chrestienté, & pour chasser enfin de l'Isle cette race maudite de Mahomet qui s'en veut rendre Maistresse par une injuste usurpation: cette noble Race, dis-je, qui a donné des Papes & des Cardinaux à l'Eglise, & d'où est sorty le grand *Godefroy de Bouillon Roy de Hyerosalem*, qui a produit tant de grands Capitaines & de si sages testes, ont esté Souverains de cette Principauté, jusqu'au temps de *Louis treiziéme* d'heureuse memoire; mais comme tout est sujet au changement, Dieu permit que cette Illustre Famille en fut privée par des raisons d'Estat. On leur a donné du depuis en échange des terres qui ne sont ny moins honorables ny moins revenantes que celles là, si vous en ostez le titre de Souveraineté. Pour revenir donc à nostre Pays, ie dis qu'il est remply de bois & de longues Forets, & ne manque pas de bled pour son entretien; de sorte que la vie y est assez douce, & n'y couste pas fort cher. La ville principalle de cet Estat est *Sedan*, dont la situation est assez agreable; quoy qu'elle soit d'un costé au pied d'une montagne: parce qu'elle est arrousée de la Meuse. Cette place est extremement forte, & son Chasteau est si regulier qu'on l'estime imprenable. On dit que sa platte-forme est si grande, qu'on y peut ranger deux mille hommes en bataille, & que ses magasins sont si bien fournis, qu'on auroit de la peine d'en trouver un semblable dans tout le reste du Royaume. La ville n'a que trois ruës principales; quoy qu'elle soit assez grande. Les Princes qui avoient fait tout leur possible pour rendre ce lieu recommandable, y ont fondé une Vniversité qui est assez celebre. Les Messieurs de la Religion pretenduë Reformée en ont esté longtemps les Maistres; mais maintenant ils ne le sont plus, depuis que toute cette Noble Race a quitté leurs opinions pour suivre la veritable doctrine de l'Eglise. Le peuple y est fort doux & le sexe fort civil, à raison sans doute, qu'ils ont eu long-temps la Cour du Prince chez eux. Le jeu, la danse, la promenade, & les divertissemens honestes y regnent encore, & on peut y vivre fort doucement, si peu qu'on aye d'intrigue pour s'introduire dans les compagnies. Au sortir de Sedan on voit la Ville & le fort Chasteau de Mesieres où le Roy tient toûjours grosse garnison: comme aussi Charle-ville; & on entre ensuitte dans le Duché de Retelois, qui appartient à Monsieur le Duc de Mantoue; dont la Capitale qui est Resthes, est une des plus Fortes places du Royaume: apres quoy on vient dans la Province de Champagne.

CHAMPAGNE.

CEtte Province qui est une des plus belles & des plus grandes de tout le Royaume, dont le Gouvernement est un des premiers de l'Estat; a la Lorraine & le Barrois à son levant, la Bourgogne à son midy, l'Isle de France à son coucher, & la Normandie à son septentrion: elle avoit autresfois ses Comtes & ses Souverains; mais maintenant elle est unie à la Couronne, & n'a point d'autre privilege si ce n'est qu'elle a le premier Duc & Pair Ecclesiastique de France. Si vous desirez sçavoir la raison pourquoy on l'appelle Champagne, ie vous diray que ce n'est qu'à cause de ses grandes plaines & de ses campagnes à perte de veuë, abondantes en toute sorte de grains. Ses villes Principalles (si vous y comprenez le Hulepoix) sont Reims, Troyes, Langres, Chaalons: Et ie diray icy en passant, que ses Comtes estoient si puissants qu'ils avoient sept Pairs dans leur Estat. Lorsque les Cosmografes traittent de son étenduë, ils la divisent en deux, sçavoir en haute & en basse Champagne, comme presque toutes les autres Provinces du Royaume. La haute où sont Reims & Chaalons, est la plus incommode pour voyager à cause qu'elle a de grandes campagnes sans arbres, sans rivieres & sans fontaines, les vivres n'y sont pas pourtant fort chers, & l'on y a cet avantage que les peuples y sont bons, les vins excellens; & le pain & la viande à fort bon marché.

REIMS.

Reims, qui est la Capitalle de cette Province, est une Ville fort ancienne, comme on le voit par le Fort de Cesar qui n'en est pas fort loin. Elle est assez grande dans son estenduë, entourée de bonnes murailles, dont la pierre est extremement blanche, avec des tours fort hautes. Ses bastimens sont fort magnifiques; mais sur tout, son Eglise Archiepiscopale consacrée à nostre Dame, qui est une des plus somptueuses & des plus accomplies du Royaume. Quoy que tout cet édifice soit un miracle de l'art, il faut pourtant considerer attentivement la structure de son portail, dont la hauteur est aussi élevée que les plus grandes tours, & dont l'artifice est si merveilleux, qu'on peut l'appeller en quelque façon surnaturel & divin. Ce saint lieu est d'autant plus remarquable, qu'on dit que saint Nicolas Evesque de la mesme ville y fut martyrisé par les Huns, avec sainte Eutropie sa sœur, & plusieurs autres Chrestiens: & parce qu'il y a soixante-sept Chanoines qui y officient journellement. Outre ce beau Temple il y en a un autre consacré au grand saint Remy, dans lequel on conserve le precieux thresor de la saincte Empoule, que le Ciel a donné à la France pour le sacre de ses Monarques, avec

plusieurs autres raretez curieuses à voir, comme de belles Reliques de plusieurs anciens Sepulchres chargez d'Epitaphes, & de la representation des douze Ducs & Pairs habillez de la mesme façon que quand ils assistent au sacre du Roy, qui a accoustumé de se faire dans cette ville, & de plusieurs autres choses dignes de remarque. Ie conseille à tous les Estrangers de faire quelque sejour dans ce beau lieu pour y jouir de la douce conversation des habitans, & de la belle compagnie des Dames, dont l'honnesteté & le bel esprit sont capables de charmer les plus revesches, sur tout si on y a gousté les bons vins qu'y produit le terroir, & si on y a pris les autres delices de la vie, qui ne coûtent pas beaucoup d'argent pour les auoir. On accuse les Champenois & les Briois d'estre fort attachez à leurs sentimens; mais ce défaut n'est pas si grand qu'on le fait, dautant que la raison & la vertu mettent un frein à leur humeur, & les rendent non seulement sociables & civils, charitables & bien-faisans; mais encore craignans Dieu, ennemis des nouvelles Religions, posez dans leurs actions, moderez dans leurs appetits, & extremement propres pour la Police & le Gouvernement. En sortant de cette belle ville, on entre dans un Pays fertile & abondant en arbres, en toute sorte de fruits & en excellens vins, ce qui ravit les Estrangers, & charme les habitans. I'oubliois à dire que Reims est encore celebre à raison de son Vniversité,

& du grand nombre des Maisons Religieuses qu'il y a ; parce qu'elle est cause que toute la France est convertie à la Foy de Iesus-Christ, & que nos Rois ont un huile sacré pour leur consecration, des armes celestes pour leurs écussons, & qu'ils ont la grace de guerir les écroüelles par preference a tous les Monarques du monde ; & parce qu'elle a servy de retraitte à deux celebres Conciles qui passent pour Canoniques dans l'Eglise. Elle a outre cela une celebre Vniversité & plusieurs autres choses curieuses.

CHAALONS.

Cette Ville est une des Principales de la Champagne en beauté, en grandeur, en richesse, & en beaux privileges. Sa situation est tres-agreable : parce que la Riviere de Marne arrouse ses murailles, & la separe même d'un de ses Fauxbourgs, ce qui est tres-agreable à la veuë. Ses bâtimens sont beaux, ses ruës assez larges, & ses promenades si divertissantes, à raison des longues allées qu'on a plantées, qu'il ne se peut rien voir de plus charmant. Elle est ornée du titre de Comte, & a un Evesque qui est un des douze Ducs & Pairs de France, & un des Suffragans de l'Archevesque de Reims. L'Eglise Cathedrale consacrée au glorieux Protomartir saint Estienne, est tres grande & tres bien bastie ; ce qu'il y a de plus considerable dans ce grand édifice, c'est une tour
fort

fort haute & fort grosse. Il y a encore plusieurs autres belles Eglises, & quantité de maisons Religieuses qui rendent ce lieu recommandable par la saincté de leur vie, & la profondeur de leur sçavoir. L'Histoire nous apprend que ce fust prés de cette ville, que Meroüée vainquit Attila Roy des Huns, & qu'il défit entierement son Armée, dont il y eut 90000. hommes de morts. Les Rois l'ont favorisée depuis long-temps de plusieurs graces, comme de luy donner un siege Presidial, & une Generalité de grande étenduë : ceux qui se plaisent à voir de beaux lieux pour se divertir, ceux qui desirent de trouver de belles compagnies pour se promener, & qui ayment à passer doucement leurs jours, doivent venir icy pour cét effet : car outre les longues allées qu'on trouve le long de la riviere, où l'on est à couvert & au frais, à raison de la grande quantité d'arbres qu'on y a plantez ; c'est que les Estrangers y sont bien venus, le divertissement y est en regne, & les vivres à bon marché. Ceux qui ayment la blancheur seront contens en ce Pays : car elle paroist mesme sur les maisons qui sont toutes blanches, aussi bien que les belles tours faites en forme de piramide, & les murailles qui défendent la ville.

TROYES.

Pour bien décrire cette ville, j'estime qu'il faut remarquer trois choses. Premierement son antiquité: Secondement sa situation, & en troisiéme lieu ses raretez & ses delices: Pour commencer par le premier, je dis que plusieurs Autheurs asseurent qu'elle est bastie depuis l'incendie de l'ancienne Troye, & que ce n'est qu'en suitte de ce malheur feint ou veritable, qu'elle fut mise dans l'estat où elle est. Ils se fondent sur le nom qu'elle a eu de tout temps: quoy qu'il en soit, on ne doute pas que son antiquité ne soit d'un temps immemorial. Son assiette est fort avantageuse, & capable de resister long-temps contre un siege, à raison de ses fortes murailles, & du courage de ses habitans qui sont extremement bien-guerris, aussi bien que ceux d'Auxerre. Elle a une tres-belle place, & d'assez beaux bastimens; comme aussi plusieurs beaux lieux sacrez, entr'autres la Cathedrale dediée à saint Pierre, où il y a à voir les raretez qui suivent: Premierement des Cheveux de Nostre Sauveur, 2. une pierre de la Croix, 3. un plat qui servit le soir de la Cene, 4. un doigt de saint Iean, 5. une dent de saint Pierre, 6. le corps miraculeux de saincte Helene, lequel est aussi frais que le jour de son trépas; quoy qu'il y ait plusieurs siecles qu'il est dans cet estat: Et en septiéme lieu, le sepulchre admirable d'un des Comtes de Champagne. On peut voir encore six Paroisses qu'il y a dans la ville, & la celebre Abbaye des Illustres & Nobles Dames Religieuses de S. Bernard, surnommée Nostre-Dame des Prez, dont

Madame Paule de Gondrin (qui est de l'ancienne famille de ce nom, assez recommandable pour son esprit & ses vertus, sans que ie me mêle d'en rehausser l'éclat & le merite) est Abbesse. La connoissance que i'ay de ses belles qualitez, fait que ie rends ce témoignage d'estime & de respect à sa personne & à ses perfections, quoy que ce soit hors de mon sujet. Cette mesme ville est encore recommandable à raison de son Siege Presidial qui est d'une assez grande étendüe, composé de huict Conseillers & d'un Greffier; & parce qu'on y bat monnoye. Saint Amateur est le premier qui a annoncé la verité de l'Evangile à ses habitans, & Iean huictiéme y tint un Concile en l'an 1079. Pour ce qui est des delices qu'on y peut prendre, on les peut reduire à la bonne chere, qui n'y couste pas beaucoup, aux belles promenades qui y sont remarquables, & à la belle conversation des habitans, qui ne sont pas ennemis de la réjoüissance ny de la douceur de la vie. Les devots n'y trouveront pas moins de douceur que les enjoüez, puisqu'il y a grande quantité de Convents & de belles Eglises qui sont tres-devotes & tres bien servies.

LANGRES.

Langres est une Ville assez connüe par le titre de Duché & de Pairie, & par les privileges qu'elle a: Ainsi ie ne diray rien de ce qu'elle est, si ce n'est qu'elle est fort ancienne, qu'elle a de belles Eglises, de bonnes murailles, & que sa situation est si avantageuse qu'on ne sçauroit en trouver une plus propre pour resister aux efforts de ses Ennemis. Le peuple y est doux & civil. Son Evesque est un des Ducs & Pairs Ecclesiastiques du Royaume. Il y a beaucoup de satisfaction d'estre en cette ville, à cause que les habitans y sont bons, & moins portez au mal que dans les autres Provinces.

AVXERRE.

Auxerre est une Ville ancienne & assez riche; elle est honorée d'un siege Episcopal, & d'une Cour Presidiale, composée de dix Conseillers & d'un Greffier, avec un Bailliage. Son enceinte est assez grande, & ses maisons assez bien basties. Les Delices de la vie pour toute sortes de gens n'y coûtent pas fort, & l'on a cet avantage que le peuple qui l'habite est courageux, bon & affectionné à la Religion : mais un peu mutin, & fort attaché à la vente & à la debite de ses denrées. Paris ne boit presque point d'autre vin que celuy d'Auxerre.

Les autres Villes moins Principales.

La Champagne qu'on divise communément en haute & basse, comprend quant à celle cy Ioigny, Bassigny, Vallage, & quant à celle-là, le Partois qui tire son nom d'un

DE LA FRANCE.

petit village assis sur la Riviere de Marne, nommé Perte. Cette premiere partie contient les villes qui suivent: Sçavoir Ioigny qui est une Comté, Chaumont qui est la Capitale de Bassigny, & laquelle a un Chasteau extremement fort, basty sur un rocher, avec une tour qu'on appelle le Donjon; & la Haute feüille, Langres, Montigny, Gœffi, Nogent le Roy, Monteclair, Andelot, Bissnay, Choyseul, Visnorry, Clefmont, & plusieurs autres qui ont presque toutes de bons Chasteaux pour leur défence. Vallage a pour ses villes principales, Vassi & saint Didier, que l'on a fait tres-bien fortifier, comme estant sur les Frontieres de l'Estat, Iainville, Montirandé, Donlerand, le Chasteau aux Forges, Esclarron, & Arsi sur la Riviere d'Aube.

La haute Champagne a Vitry, fortifié à la Moderne pour sa Capitale; ses autres villes moins considerables sont Argilliers, Lesaincourt, Louvemaint, &c.

MEAVX.

QVoy qu'il semble que ie deusse mettre la Brie comme une Province à part; parceque les nouveaux Historiographes sont de ce sentiment: je la mettray icy neantmoins comme une dépendance de la Champagne: Ainsi ie diray que cette partie de ce grand corps ne reconnoist point d'autre ville Capitale de son Pays que Meaux, dont la situation est si belle, qu'elle est arrousée de la Marne, & sa disposition si agreable qu'un ruisseau la divise en deux, & fait que la ville est entierement separée du Marché, autrement du Fort. Elle est si considerable qu'elle a merité d'avoir un Evesché & un Bailliage. Son Eglise Cathedrale ne seroit pas moins admirable que celles qui subsistent encore, & qui passent pour estre des miracles de l'art, si Messieurs de la Religion pretendüe Reformée n'avoient abbatu ce lieu sacré, & n'avoient ruiné ce beau Temple, dedié au glorieux Protomartyr saint Estienne.

Ie me contenteray de dire, pour ce qui est des delices qui y sont, qu'on n'a qu'à s'en aller au logis de la Trinité, pour sçavoir s'il y a de Païs dans le Royaume plus propre pour faire bonne chere qu'icy : Pour le regard de la douce conversation, on n'a qu'à s'introduire dans les compagnies, pour dire que c'est un petit paradis pour tous ceux qui s'y veulent habituer.

MONCEAVX.

Maison de plaisance.

Monceaux n'est autre chose qu'un Chasteau Royal, & une Maison de Plaisance, bastie sur la Riviere d'Oure. La raison pourquoy ie la mets icy, c'est que ce lieu est si beau, ses Parcs, ses Forests, ses Iardins, & ses viviers si rares & si admirables, qu'il n'est pas possible de se l'imaginer. Aussi est-ce l'ouvrage d'une grande Reyne & d'un puissant Roy; puisque Catherine de Medicis en a conceu le dessein, & que Henry le Grand l'a augmenté, & y a mis la derniere main. Ie pourrois mettre icy beaucoup d'autres lieux, qui pour n'estre pas des entreprises de Roy, ne laissent pas d'estre tout à fait dignes d'admiration; mais ie serois trop long & trop ennuyeux, ie diray seulement, que la Meuse, la Marne, Ourq, Seigneul, petit Morain, Blaise, Sault, Yonne, Serve, Querre, & plusieurs autres sont les Rivieres principales qui arrousent la Champagne & la Brie; & ie diray en passant, que ce vaste Pays a d'aussi grandes Abbayes & d'aussi bons Benefices qu'il y en aye dans le Royaume. Enfin, il n'y a rien à souhaitter pour la vie qui ne se trouve dans ce Pays, ny de plaisirs à desirer qu'on ne puisse avoir sans beaucoup de peine: car il y a abondance de vin, de bled, de bétail, de fruits, de bois, de gibier, de poisson, &c.

LA PICARDIE.

La seconde Province que nous tenons de la Gaule Belgique, est la Picardie, que j'appelle le principal grenier de Paris, & qui seroit sans égale à raison de la bonté de son terroir, si la negligence de ses habitans n'y estoit pas si grande pour planter des vignes. Elle a pour ses bornes le Luxembourg & la

Lorraine à son Levant, l'Isle de France à son midy, la Normandie à son couchant, & la mer Britannique avec l'Artois à son septentrion. Sa longueur n'est que de vingt-cinq lieuës, depuis Montreüil ju qu'à Laon. On divise ordinairement cette Province en deux parties, en haute & basse Picardie: La premiere s'étend dans les Pays-Bas, & comprend les Vidamies d'Amiens, de Corbie, de Pequigni, la Comté de Vermandois qui a les quatre meilleures Places de la Province dans son enceinte: Sçavoir Soissons, Laon, la Faire & saint Quentin, & les Duchez de Tyrache & de Retelois. La Capitale de Tyrache est Guise, où il y a un Chasteau assez bien fortifié. La basse comprend Santerre où sont Mondidier, Peronne, Roye & Nelle, Places assez capables de se deffendre; comme aussi la Comté de Ponthieu, dont la principale est Abbleville, & les moins considerables sont Croitoy, Ruë, Treport, Cressi, & les Comtez de saint Paul & de Montreüil. Elle comprend encore deux autres Comtez, sçavoir celuy de Bologne & de Guines, qui est divisé de celle d'Oye par un grand Canal qui passe au milieu de la ville de ce nom; ce mesme Comté de Guines a sous soy les Baronies d'Ardres & de Courtembrone. Celuy d'Oye où est la forte Place de Calais, s'étend jusques aux portes de Dunkerque. Les Rivieres principales de cette Province, sont la Somme, Loyse, la Marne, l'Ayne, l'Eschau, & Scarpe. Pource qui est des villes, vous en allez voir

voir les beautez, les richesses & les plaisirs.

AMIENS.

AMiens, qui est une ville fort ancienne, est justement la Capitale de cette Province, parce qu'elle est la plus riche, la plus forte, la mieux peuplée, & la plus grande de toutes. La Somme arrouse ses murailles, & luy sert d'un fort rempart dans les endroits où elle passe; quoy que ses murailles soient bonnes, & que ses fossez extremement profonds, la rendent capable d'une grande défence. Les maisons y sont commodes, & les ruës fort larges, ses places fort belles, & ses Eglises admirables; sur tout la Cathedrale (dont Monsieur le Reverend Pere le Fevre Cordelier est Evesque, par un effet de merite & de sçavoir) laquelle passe pour avoir la plus belle Nef du Royaume; celle des Reverends Peres Iacobins, Cordeliers & Iesuites, comme aussi celle de Messieurs de Premonstré, &c. Ce qu'il y a de plus considerable dans ces lieux Sts, c'est qu'outre leurs superbes bastimens, elles sont aussi fort belles. Ils ont aussi beaucoup de Sainctes Reliques; mais entr'autres celles de saint Firmin Martir, & premier Evesque de la ville, de saint Dominique, des SS. Vlfie, Fulcian, Gentian, Vorlose, Luxor, Aschie, & Aschiole, & le chef de saint Iean. Il y a outre ces riches thresors plusieurs autres choses à remarquer dans la grande Eglise ; comme son chœur, ses Autels, ses colomnes, ses fenestres, ses Epitaphes & ses tableaux qui sont admirables. Ce Saint Temple est dedié à Nostre Dame. Cette mesme ville est encore illustre à raison de son siege Presidial, de son Arcenal qui est tres-bien muni, & de la forte Citadelle qui la défend de ses Ennemis, que Henry le Grand fit bastir ensuitte de la ruse dont se servirent les Espagnols pour la prendre, sçavoir d'une charettée de noix; on trouve ces mots sur la porte :

*Vt Beneficum sydus, Henrici IV. vultum
posteri Norint,
Quem Vrbs & Orbis Gallicus Regem ac
Liberatorem habet.*

On voit encore sur une porte de la ville ces mots gravez.

*Amiens fust prise en Renard, & reprise en
Ayen.*

La Generalité du Pays a icy ses Tresoriers. Le Roy leur a accordé depuis long-temps la grace de battre monnoye.

La haute Picardie a Corbie, qui est une petite ville frontiere assez bien fortifiée, & plusieurs autres lieux que je laisse pour parler de Soissons, de Laon, de la Faire, de saint Quentin, &c.

SOISSONS.

CEtte ville qui a esté autrefois le siege des Rois, & qui n'est maintenant qu'un simple Comté, est située sur la riviere d'Aine. Elle est cōsiderable à raison de son Antiquité qui ne paroist du tout point à ses bastimens, à cause de la beauté de ses lieux sacrez, & sur tout du Temple dedié à la tres-sainte Vierge, & de celuy qui est consacré aux glorieux SS. Crespin & Crespinian, qui ont souffert le Martyre en cette ville pour l'interest & la gloire de Iesus Christ, & parce qu'elle a un Evesque. Il s'y est tenu beaucoup d'assemblées de Prelats, & l'Histoire fait foy de beaucoup de belles actions qui se sont passées dans cette ville, que je tais pour n'estre pas ennuyeux. Les delices qu'on peut prendre icy sont la bonne chere, la promenade, & le doux entretien qui n'est pas difficille à trouver, à raison de la societé des habitans, & de l'abondance des vivres qui se trouvent dans ce Pays. Il y a Generalité.

LAON.

LE Pays de Vermandois reconnoist cette ville pour la Capitale de son Pays, à cause qu'elle a un siege Episcopal & Presidial. Son Eglise Cathedrale consacrée à la tres-sainte Vierge est admirable dans sa structure: & on y voit l'Abbaye de saint Iean, qui merite d'eftre foigneufement confiderée, comme auffi plufieurs autres maifons Religieufes dignes d'admiration.

La Faire n'eft confiderable qu'à raifon de fes Fortifications & de fon Chafteau extrememement fort ; j'en dis de mefme de Chauni bafti fur l'Oyfe.

NOYON.

CE nom eft affez connu pour faire comprendre que cette ville doit eftre affez belle pour en parler maintenant. Ie dis donc en premier lieu qu'elle eft fort ancienne, qu'elle a un Evefque prefque depuis la naiffance du Chriftianifme dans le Royaume, qu'elle a de tres-belles maifons Religieufes, & une belle Eglife Cathedrale. Elle eft fi heureufe que d'avoir eu S. Medard pour Evefque, & le déplaifir d'avoir mis au monde Iean Calvin, qui a porté de nouveaux fentimens dans l'Eglife, & caufé de grands troubles dans la France. Le peuple qui l'habite eft doux & affable, franc & genereux, amateur de la bonne chere & du boire, affez fociables; quoy qu'on les accufe d'eftre prompts & d'avoir la tefte chaude comme le refte des Picards. Pour ce qui eft de Guife ; c'eft une ville affez forte, & dont le Chafteau eft confiderable à raifon de fes fortifications, capables d'arrefter une groffe Armée. Compiegne eft encore une jolie ville. On doit voir le convent des Peres Cordeliers,

La basse Picardie est encore abondante en belles villes, dont voicy les plus remarquables.

Montdidier dont il est fait mention dans l'Histoire, sans que je m'amuse d'en dire beaucoup de choses est la premiere. La 2. c'est Peronne assise sur la riviere de Somme, & environnée de marets d'un costé, ce qui la rend extremement forte de ce costé là; & fortifiée à la moderne dans les autres endroits qui en ont besoin. Ce qu'il y a de plus beau dans ce lieu; c'est l'Eglise de Nostre Dame qui est tres bien bastie, & sur tout le chœur qui est sans contredit un des plus beaux de toute la Province. La 3. c'est Roye, Ville frontiere & tres-bien fortifiée. La 4. est Nelle.

SENLIS, & les Maisons des environs.

Senlis est une ville Episcopale, dans laquelle il y a siege Presidial & Bailliage. Elle est tres-ancienne, & a cet avantage d'être environné de plusieurs belles maisons, qui peuvent passer pour estre des plus delicieuses du Royaume, en voicy quelques unes.

Verneüil érigé en Marquisat depuis quelques années.

Chantilly maison vrayement Royalle, à raison de toutes ses beautez, qui semblent être sans égales.

Dreux où estoit autrefois un Chasteau d'une admirable situation, & qui ne seroit pas moins agreable que les precedens, s'il n'étoit

C iij

pas ruiné. Cette ville ne porte ce nom, que parce que les Druides habitoient dans sa Forest, qui donne encore aujourd'hui de grands revenus à ses proprietaires.

Anet qui appartient à Monsieur le Duc de Vendosme est admirable dans sa structure; mais sur tout son portail qui est rare, au dessus duquel il y a un horloge merveilleux, qui porte un Cerf de bronze beaucoup plus grãd que le naturel, lequel sonne les heures de son pied, apres qu'on a entendu 15. ou 20. chiens de même matiere qui marchent & abboyent. La grande sale & les chambres y sont vitrées de christal, ses jardins & ses parterres sont embellis de grand nombre de fontaines & de roches artificielles, avec une Diane de marbre, ornée de plusieurs branches de corail, & & de plusieurs belles & rares coquilles. Ce qui est de plus merveilleux dans ce lieu, c'est qu'il y a une statuë de marbre dans le jardin où l'on tient les arbres nains, les citronniers & les orangers, representant si parfaitement une femme avec une chemise moüillée, qu'il est impossible de n'y estre pas trompé, quand bien on seroit prevenu de la verité. Enfin, on y voit une Chappelle servie par douze Chanoines, laquelle est pavée de marbre blanc, & soûtenuë par des pilliers d'ordre Corinthien qui sont tout à fait admirables.

Apres avoir veu tous ces lieux, il faut aller à Beauvais, où on verra une ville fort ancienne, mal bâtie, située sur la riviere, avec une Eglise Cathedrale, dont le chœur passe pour être un des premiers du Royaume. Elle a l'avantage de voir que son Evesque est un des Ducs & Pairs de France. Le Païs est riche en serges & en estamets, lesquels sont si recherchez, qu'on les transporte par toute l'Europe; & il se peut venter d'avoir un village si riche en beau lin, qu'il est presque le seul (non seulement du Royaume, mais encore dans les Pays Etrangers) qui en ait de semblable ; c'est pourquoi les Hollandois & les Flamans y courent en foule pour en achéter; afin d'en faire les plus belles toiles de l'Univers. Il se trouve encore icy une certaine terre si belle & si propre à faire de la vaisselle, qu'il n'y a point de différence entre celle cy & celle de Venise.

Abbeville est une ville moderne, divisée par la riviere de Somme. Elle est la Capitale du Comté de Ponthieu, lequel ne porte ce nom qu'à cause du grand nombre de ponts qu'on voit dans le Pays plein d'eau, d'étangs & de marécages qui se déchargent tous dans la mer prés de saint Valery, qui est un Monastere fort ancien.

Montreüil est une petite ville bien fortifiée, laquelle a encore une Citadelle pour sa défence; elle est le chef d'un Comté dépendant de l'ancien Comté de Ponthieu.

Boulogne est une ville divisée en deux, l'une s'appelle la haute ville, & l'autre la basse; parce qu'elle est bâtie dans une plaine, & joignant la mer où est le port. La haute est tres-bien fortifiée, & a un bon Chasteau avec une

C iiij

groſſe garniſon, pour mettre à couvert les habitans des inſultes de leurs ennemis. On dit que ſon havre eſt le port Geſſoriac dont parlent les Anciens ; mais quoy qu'il en ſoit, il n'eſt que trop vray que ſon entrée eſt un peu dangereuſe, & qu'il y a plus de peine pour y conduire heureuſemēt les vaiſſeaux que dans celuy de Calais. La Riviere de Liane arrouſe ſes murailles, & ſe va rendre enſuitte dans la mer pres de Duneſort que les Anglois ont fait bâtir. Cette ville a le titre de Comté, & ſon Pays, quoy que ſablonneux ne reſte pas d'avoir de bons arbres fruitiers, & de bons paturages pour le bétail, mais ſur tout pour les chevaux, dont la bonté égale celle des Alkmans. Bologne eſt un Evêché, lequel eſt une dépendance de Theroüienne, ville ruinée pendant les guerres auſſi bien que celuy d'Ypre & de ſaint Omer. J'oubliois à dire qu'il y a une tour à cinq lieuës de Bologne, qu'on nomme la tour d'ordre, qui eſt ſur le bord de la mer, & laquelle a ſervy anciennement de phare à cette coſte.

Calais qui eſt dans la Comté d'Oye, eſt une ville ſi importante au Royaume, qu'elle eſt la clef de la France du coſté de la mer & le boulevart de l'Eſtat contre les Anglois. Ses fortifications ſont ſi belles & ſi regulieres, qu'à peine on en trouveroit de pareilles dans tout ce vaſte Empire. Son port eſt tres-commode, tres-facile & tres-aſſeuré, à raiſon des deux tours qui le defendent de toute ſorte d'ennemis; il y a toûjours une groſſe garniſon pour sa conservation, de peur de quelque surprise. Sa situation est dans une tres belle plaine, & ses fossez extremement profonds sont remplis de la mer. Il y a cette satisfaction, que quand le jour est fort serain, on peut voir avec des lunettes d'aproche des femmes Angloises qui étendent leur linge pour le faire sécher sur le bord de la mer, dont le trajet n'est que de 7. lieuës. On raconte dans l'Histoire une chose trop considerable pour ne le mettre pas icy; c'est que quand les François eurent pris cette ville sur les Anglois (qui l'avoit gardée plus de 200. ans) par la sage & genereuse conduitte de Mr de Guise, il y eut un Capitaine François, qui dit en raillant à un Officier Anglois, quand reviendrez vous; lorsque vos iniquitez & vos crimes seront au comble, & que nous serons moins méchans que vous, dit ce brave Commandant. Réponce que toutes les Histoires devroient écrire en lettres d'or, & que tous les veritables sages admireront tout autant que le monde sera monde.

Avant que de finir ce chapitre, je diray cecy à la gloire des Picards, qu'ils sont bons, genereux, francs, amateurs de la bonne chere, & du divertissement, & propres à tout ce qui est loüable: Il est vray qu'on les accuse d'être prompts & d'avoir la teste chaude; mais tout cela n'empêche pas que les personnes d'esprit & de toute sorte de conditions ne trouvent des douceurs & des charmes extraordinaires pour la conversation & pour la douceur de la vie qui ne sont pas ailleurs : Ainsi comme il est facile de trouver dequoy faire bonne chere dans ce Pays, & qu'il y a de si beaux entretiens ; je conclus qu'il n'est rien de plus doux que d'estre dans une telle Province.

NORMANDIE.

CEtte grande Province qui est une des plus considerables de l'Estat, est bornée par le fleuve d'Epte du costé du levant pres de saint Clair sur l'Epte, & par la riviere de Cenon du costé du couchant : De sorte que les Picards & les Beauvoisins sont à son levât, les Manceaux au midy, l'Ocean au septentrion, & la Bretagne à son couchant. Sa situation est precisement sous le 46. & 47. degré d'élevation du Pole ; ce qui fait qu'elle est une des plus froides regions du Royaume, si vous en exceptez la Comté d'Oye en Picardie. On la divise ordinairement en deux, comme les autres Provinces; sçavoir en haute & basse Normande. La haute comprend les Duchez d'Alençon, d'Aumale & de Longueville, les Comtez d'Eu, d'Harcourt, d'Evreux, Tarconville, Malevrier, Mortain, Mont-Gommery, Torigni, Gisors, le Pays qu'on nomme Vexin-le Normand, dont la principalle ville est Gisors, des dépendances de laquelle sont, Estrepaigni, Escoué, la grande forest de Libonis, saint Clair sur Astre, les deux Andelis, & Chasteau-Gaillard. La basse

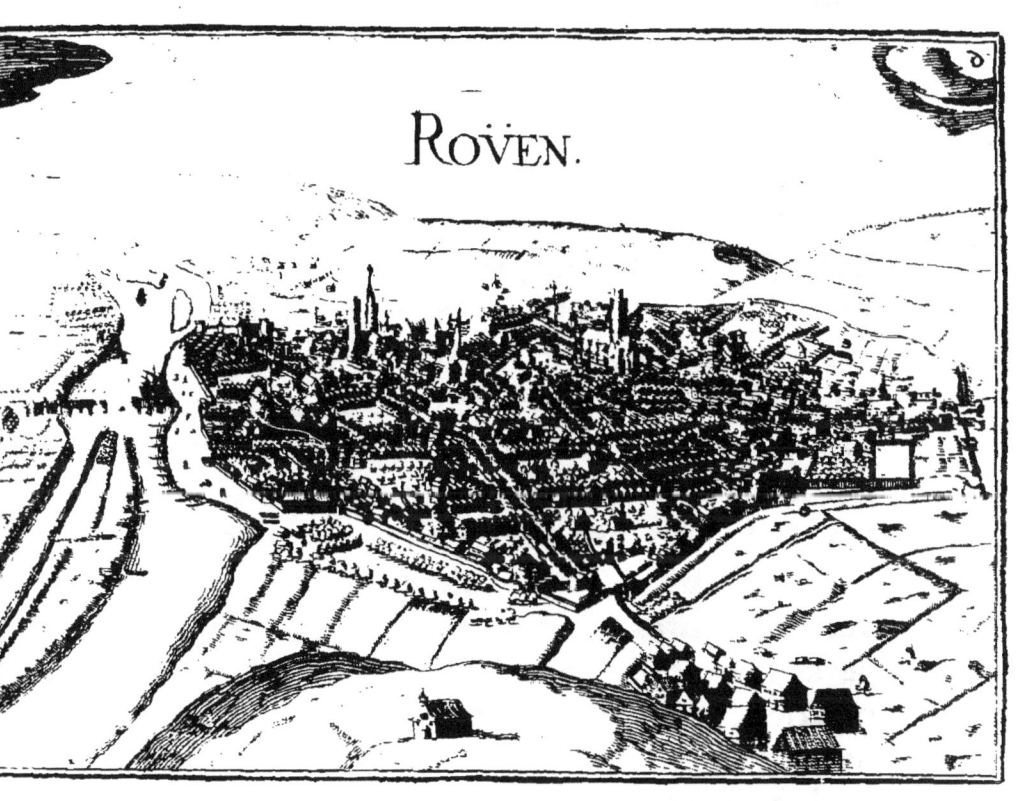

est divisée au pays de Caux, Bessin & Constantin. La principale ville de Caux c'est Diepe. Les autres moins considerables sont Harfleur, Honfleur, le Havre de Grace, Caudebet, Fescamp: Le Pays Bessin, a Bayeux, Caën, Falaise, Hiesmes, Vire, Mortuin. Le Pays de Constantin comprend le Royaume d'Yvetot, les villes de Constances, de Valoigne, Cherbourg, S Lo, Quarantan, Montebourg, S. Sauveur, S. Hermont, S. Gilles, &c.

ROVEN.

PAs un n'a jamais douté que Roüen ne soit la principale ville de Normandie, dautant qu'il n'y en a pas une qui soit si belle, ny qui aye de si grands avantages qu'elle : car premierement, outre qu'elle est une des plus grandes de tout le Royaume ; c'est qu'elle a un Archevesque un Parlement, & un Port de Mer, qui sont les trois choses qui peuvent rendre recommandable une ville. Sa situation est dans une belle plaine, bordée d'un costé de plusieurs agreables montagnes couvertes d'arbres, & de l'autre elle est arrousée de la riviere de Seine, & de si charmantes prairies, qu'il ne se peut rien voir de plus beau. Ie ne mettray pas tout ce qui rend cette Metropolitaine recommandable ; parce que je serois trop prolixe, & ie me contenteray seulement de dire qu'elle a de tres-somptueuses Eglises, d'illustres & d'anciennes Abbayes, & un grand nombre de maisons Religieuses. Elle avoit autresfois un pont qui estoit un ouvrage merveilleux, comme on le

peut voir encore par les restes de ses ruines.
Il y a un chasteau basti sur le bord de la Seine
entouré d'onze grosses tours, qui l'environnent, lequel est salué de trois coups de canon,
par tous les vaisseaux qui arrivent ou qui s'en
vont. Cette ville est entourée de bons fossez,
de bonnes murailles & de bons remparts;
mais ce qui est considerable, c'est qu'il y a
l'Abbaye de saincte Catherine, bastie sur une
éminence, avec un chasteau de ce nom, qui
est presque joignant ce lieu, lequel estoit capable de défendre luy seul toute la ville avant
que d'estre ruiné. Pource qui est des lieux
sacrez; Ie mets l'Eglise Cathedrale comme
la plus magnifique & la plus belle, laquelle
est dediée à la tres-saincte Vierge. Ce que ie
remarque de plus beau dans cet édifice, ce
sont ses trois tours, dont l'une est couverte
de plomb, que le temps a presque changé en
couleur de cuivre, & dont la hauteur est de
plus de 550. degrez. La grande cloche que
George d'Amboise (dont on voit le sepulchre de marbre noir, chargé d'une belle Epitaphe) fit faire les Mausolées des Ducs de
Normandie & des Archevesques du lieu, la
statuë de marbre blanc de Charles V. avec
son chœur, ses orgues d'une extraordinaire
grandeur, sa Nef soûtenuë par vingt-un piliers; mais sur tout son cœur & les habits
Sacerdotaux, que Guillaume Roy d'Angleterre & le Cardinal d'Amboise ont donnez,
comme aussi son tresor, lequel est tres curieux à voir, à raison de ses chapes, de ses va-

ses, de ses Mitres qui sont beaucoup en nombre, & tres-riches à cause de leurs pierreries & de leur or ; mais principalement un manteau sacré fait à l'éguille, representant au haut Iesus-Christ entre les Docteurs, au milieu recevant le Baptême par S. Iean, & au bas, comme quoy il fut tenté dans le desert. On y voit encore de riches chandeliers, quantité de croix, & plusieurs autres ornemens Ecclesiastiques, qui font fort-bien voir la pieté des anciens, & la liberalité des Monarques. Avant que de sortir d'un lieu si saint & si Auguste, je diray qu'il y a une Chappelle qu'on appelle des Innocens, dans laquelle on a representé saint Romain avec le Dragon qu'il vainquit, & qu'on pratique une chose remarquable à l'honneur de ce grand S. c'est que tous les ans Messieurs les Chanoines ont le pouvoir de delivrer un criminel digne de mort, & la coutume est d'aller tirer de prison apres avoir receu ses asseurances d'une meilleure vie pour l'avenir, & de le mener icy en pompe ; afin de luy donner ensuitte sa grace & sa liberté.

Il y a une chose tout à fait remarquable sur le portail de cette Eglise, sçavoir un arc de triomphe representant Henry IV. qui chasse les lions & les loups hors de son troupeau, & qui rasseure ses brebis ; cependant qu'il voit d'un autre côté la ligue enchaînée qui ronge sa chaîne, & le Roy d'Espagne qui est prés d'une cloche pensif & melancolique de voir tant de belles actions.

La 2 Eglise considerable est celle de S. Ouan, dans le chœur de laquelle il faut bien prēdre garde de n'entrer pas avec ses éperons, si on ne veut pas recevoir un affront. Les Rois logent icy lors qu'ils viennent à Roüen. La structure de son édifice est si belle, qu'elle passe pour estre miraculeuse. On voit dans la Chappelle de Ste Agnes, le sepulchre d'Alexandre de Farnesa & de son Disciple qui le fit mourir, & s'étrangla luy-même ensuitte de la même corde dont il avoit donné la mort à son Maistre. Ie ne sçay si ce n'est pas afin qu'on ne peust rien avoir de pareil à deux ouvrages qu'ils ont fait dans cette Eglise. Le 1. est une rose double qui est à costé droit, faite par le Maistre. La 2. c'est une deuxiéme rose qui est à gauche avec une étoile au milieu; lesquelles sont toutes deux extraordinaires. Il y a dans cette Abbaye quarante-cinq Moines de saint Benoist.

Le Cymetiere de S. Maclou fait en forme quarrée est encore considerable, à raison du grand nombre de ses ossemens, & de la forme de croix qu'on leur a donnée. On asseure que la paroisse est si grande, qu'il y a plus de 10. mille communians. Il y a outre cela la belle maison des Cordeliers, des Iesuites, le vieux Palais où il y a une statue d'Henry IV. qui tient en main la Massüe d'Hercule; le palais où s'assemble le Parlement, où l'on voit une chambre dont la voute de bois doré, est admirable, & dans laquelle on n'entre jamais avec les éperons sans estre obligé de donner de l'argent.

Enfin, ce qu'il y a encore de remarquable dans cette ville, c'est une place où les Anglois firent brûler toute vive Ieanne d'Arc, surnommée la Pucelle d'Orleans, parce qu'elle avoit esté envoyée de Dieu pour défendre la France, & qu'elle estoit une veritable Iudith, qui avoit porté la confusion dans leurs armées, & qu'enfin elle avoit esté inspirée du Ciel pour les chasser honteusement de l'Estat; c'est dans cette place, dis-je, où elle souffrit genereusement la mort, & où elle se mocqua de toutes les impostures dont on l'accusoit, sur tout de ce qu'on l'appelloit magicienne, parce qu'elle avoit fait des miracles par la main du Tout-puissant. Il y a beaucoup d'autres raretez, que ie laisse pour n'ennuyer pas le Lecteur.

Ie commence à décrire les lieux considerables, par saint Valeri, lequel n'est de ce nombre qu'à cause de la commodité de la mer, de la riviere, & à raison des beaux Monasteres qu'il y a.

Diepe est une ville de reputation, à raison de son Havre, de ses ouvriers, de ses bons Matelots, des beaux ouvrages en yvoire, en corne, & en écaille de tortüe qu'on y fait: de la grande quantité de bons Marchands qu'il y a, & du grand trafic que cette ville fait dans tous les endroits de l'Europe, & même du monde. Son port est assez difficile: & ses fortifications sont fort belles; de sorte que les Anglois à qui cette place est frontiere, auroient bien de la peine de luy faire peur avec toutes leurs forces. La riviere d'Arques la rend si agreable, qu'il n'est pas possible de le croire: ses rües & ses places, son quay & son pont, ses Fauxbourgs & le rivage de la Mer sont si charmants, qu'à peine en pourroit-on trouver une pareille. On y excelle pour tout ce qui regarde la marine, & on donne la gloire aux habitans de cette ville de faire les meilleures boussoles de Mer, & les meilleurs quadrans du monde, comme aussi tous les autres instrumens necessaires à l'Astrologie, aussi-bien qu'à la Marine.

Fescamp est une petite ville assez riche & fort propre pour le commerce. On feroit mal estant icy, si on n'alloit pas voir l'ancienne Abbaye de Fontenelles, bastie par S. Vandvillus fils naturel de Pepin Roy de France.

Le Havre de Grace est une Forteresse que François I. a fait bastir pour s'opposer aux Anglois, & pour y faire un port de Mer, afin de servir de retraitte aux Marchands de la natió, & d'y faire un magazin de vaisseaux de guerre. Ainsi comme nôtre invincible Monarque a connu l'importance qu'il y avoit de mettre la derniere main à cet ouvrage: Il a non seulement rendu cette place Frontiere une des plus regulieres de l'etat; mais encore il a fait nettoyer le Havre, de sorte qu'il est maintenant capable de tenir plus de 2000. Navires, si bien qu'elle est à present une des plus fortes Places de l'Europe. Sa forme est quarrée, si on ne prend que la ville seule, son fauxbourg qui est entre la Ville & le Chasteau

steau est presque rond, & le chasteau est fait selon la forme ordinaire des forteresses: cette Ville est toute entourée de rivieres & de ruisseaux, de canaux & de sources d'eau: ce qui fait qu'il y a grande difficulté d'approcher de cette place. La veuë en est tres-agreable & tres-belle, ses ruës sont droites & spacieuses, ses maisons bien basties, ses habitans riches, doux, civils & amis de la joye; ce qui fait que la vie y est douce.

Quillebœuf, n'est à la verité qu'un simple village; mais il est trop considerable pour ne luy donner pas quelque rang dans ce livre; il est assis sur la Seine, & sa situation est si belle, qu'on la juge capable de grande fortification: les habitans y sont doux & amis du bon temps, & de la bonne chere qui n'y coûte pas beaucoup.

Honfleur & Harfleur sont deux petites villes situées prés de la riviere de Seine, toutes deux opposées, & assez jalouses l'une de l'autre; je ne sçay pourquoy: car elles sont également belles, riches & d'une mesme grandeur.

Evreux, est une ville fort ancienne & a depuis fort long-temps un Evesque qui porte le titre de Comte, il y a beaucoup à dire sur son antiquité: mais c'est trop long pour en entreprendre le recit; c'est pourquoy je dis seulement que la sainteté y regne à cause des beaux nombres de Convents qu'il y a.

Lisieux, est aussi une ville & un Evesché fort ancien, qui porte le titre de Comté. Son Eglise principale est dediée à la tres-sainte Vierge, & a d'assez belles curiositez pour meriter qu'on s'attache à les considerer, comme le siege de l'Evesque, &c Elle a aussi beaucoup de maisons Religieuses dignes d'estre veuës, & on peut dire que la vie est bien douce dans ce lieu, si on se plaît aux divertissemens innocens d'une vie honneste & civile.

Caën est une ville fort grande, fort ancienne, fort considerable, & dont la situation est tres belle : parce qu'outre qu'elle est dans une plaine, c'est qu'elle est divisée par la riviere qui passe à travers, & parce que la mesme riviere qui arrouse ses murailles, l'environne de tous costez. On dit que cette ville n'est venuë si puissante & si riche qu'elle est à present, que parce que les Anglois y faisoient leur sejour pendant les guerres qu'ils avoient avec la France, & qu'à raison des grands privileges que nos illustres Monarques luy ont donnez: car outre la celebre Vniversité qu'il y a, c'est qu'on y a mis une Generalité, un siege Presidial & Bailliage, sans parler des autres avantages qu'elle possede. Elle est enrichie de plus de 19. ou 20. grandes Eglises & d'un grãd nombre de maisons Religieuses. On l'estime beaucoup, non seulement parce qu'elle est belle à voir : mais encore, parce qu'elle est delicieuse pour la vie qui n'y est du tout point chere, à raison de l'abondance qu'elle a de toutes sortes de mets, horsmis du vin : mais aussi en recompense il y a du cidre & du poiré si agreable au goût, qu'on l'estime bien souvent autant ou plus que le vin. Les habitants sont assez doux & assez traitables, & le divertissement y est assez commun: ainsi on peut s'y divertir fort agreablement. On y fait tous les ans une celebre procession, où tous les mestiers se trouvent avec leurs Enseignes & leurs Drapeaux: mais on dit que ce n'est pas tant un effet de devotion, que c'est un coup d'hommage & de devoir, pour ne dire pas une amande honorable qu'ils sont obligez de faire en punition de quelque faute qu'ils avoient commise: si la chose est ainsi, je m'en raporte: Toutefois, je le dis apres l'avoir apris d'un de ses habitans.

Bayeux est une ville dont l'importance a merité de tout temps d'avoir un Evesché considerable, dont l'Eglise Cathedrale est dédiée à nostre-Dame, & servie par 50. Chanoines. Ce qu'il y a de plus considerable dans ce lieu, c'est qu'il y a deux tours fort hautes & fort grosses, & les restes d'une troisiéme & d'une belle éguille que l'heresie a ruiné dans ces dernieres guerres. On dit que S. Exupere en a esté le premier Evesque, & que ce peuple est Catholique depuis long-temps.

Falaize est assez renommée dans les histoires, sans que je m'amuse à parler de son origine ny de son nom, qu'on dit venir de Felés, ny à tout ce que les Anglois y ont fait: pour parler de sa situation qui est belle, puis qu'elle est bastie sur un beau lieu prés de la riviere de l'Orne ou Ante, & que ses raretez consistent en trois ruës, & en une belle place qui porte le nom de Guillaume le Conquerant. On dit que Cesar fit icy ses preparatifs pour aller en Angleterre : mais je remets les curieux aux histoires, pour dire que la bonne chere, la promenade, & le bel entretien ne sont pas fort difficiles à trouver en ce lieu. I'en dis de mesme de la petite ville d'Argenton, assise sur la mesme riviere; parce qu'elle n'est pas ny moins agreable ny moins divertissante que celle dont nous avons déja parlé.

Séez est une ville Episcopale, où il y a une Eglise Cathedrale fort jolie, laquelle est consacrée à la tres-sainte Vierge. Sa situation est tres-belle : parce qu'elle est sur la riviere de l'Orne. Ie laisse à part toutes les disputes qu'on forme sur l'imposition de son nom, comme n'estant pas de mon sujet.

Le Mont saint Michel est trop considerable pour n'en dire pas quelque chose; c'est pourquoy je mettray icy, comme quoy c'est une petite ville assise sur une haute montagne, au sommet de laquelle il y a une Eglise dédiée à l'Archange S. Michel, dont la devotion est si recommandée, que c'est une chose inconcevable de voir l'affluence du peuple qui y accourt de plus de trente lieuës des environs, & quelquefois mêmes des extremités du Royaume, à cause des grands miracles qui y ont esté faits, & qui s'y font mesme tous les jours. Il faut bien prendre garde de sçavoir le temps precis du flux & reflux de la mer, quand on y veut aller; parce que si on se trouvoit entre le mont & la terre ferme, qui en est à une grande lieuë, lors que le flux vient, on courroit risque de se perdre, & de perir miserablement dans les eaux.

Le Pays du Maine.

LE Mans est une ville qui est la capitale du Duché & du païs du Maine: elle est assise sur la riviere de Sarthe, & a esté si heureuse de recevoir la foy de Iesus-Christ par le moyen de S. Iulien leur premier Evesque, sous le gouvernement de S. Clement Pape. On luy donne la gloire d'avoir esté la premiere ville du Royaume qui a receu l'Evangile; en quoy je l'estime bien heureuse, bien ancienne, & bien noble. Il y a trois illustres Abbayes aux environs, sçavoir celle de la Coûture, de S. Vincent, & de Beaulieu, fondées par Guillaume des Roches Maréchal de France, l'an 1219. sous le regne de Philippe Auguste, comme aussi le Monastere nommé le Pré, fondé par son Neveu avec deux Colleges, l'un de S. Benoist & l'autre des Peres de l'Oratoire. Il y a beaucoup d'autres Eglises assez considerables, que je laisse pour n'estre pas ennuyeux.

Alençon est une belle ville assise sur le bord de la riviere de Sarte, & défenduë d'une bonne muraille. On entre dans ce beau lieu qui est la capitale du Duché de ce nom, par cinq portes. Vn fils de S. Loüis en eust la joüissance pour appanage, & on l'a toûjours fort consideré à raison de son antiquité: c'est pourquoy nos Rois leur ont donné un Bailliage, & une Chambre des Finances. Le Theatre des villes de France vous apprendra les beautez de ce beau sejour, les raretez qu'il y a, & les delices qu'on y peut prendre, qui sont plus grandes que je ne sçaurois dire.

Vire n'est considerable que pour avoir donné deux illustres Poëtes à la France, qu'on nomme Robert & Antoine.

S. Lo est une petite ville dans le païs de Constances ou Constantin, illustre à raison de son Eglise principale dédiée à la tres sainte Vierge, & à cause de la maison Religieuse des Peres de S. Benoist, qui sont tout à fait considerables.

Contentin est tres-bien située, & merite d'estre estimée; parce qu'elle a servi de retraite à S. Lo, Evesque de Roüen.

Cherbourg est aussi une petite ville fort ancienne & fort agreable, comme on le peut voir dans l'histoire.

Coutances ou Constances capitale du païs Constantin est assez renōmée dans le Royaume, non seulement à cause de son antiquité que les uns rapportent au temps de l'Empereur Auguste, & les autres à Constantin: mais encore à raison de son Evesché fort ancien & fort illustre: puisqu'il reconnoît S. Erestiolus, pour le premier Evesque de son Eglise Cathedrale dédiée à la sainte Vierge, de son beau chasteau, de son pont merveilleux dont les pilliers de pierre sont tres-rares, de son Bailliage avec son Presidial composé de douze

Conseillers, & d'un Greffier: ainsi je n'en dis pas d'avantage.

Granville qui est assez prés de cette ville est remarquable pour ses bonnes huitres qui sont renommées par tout, & qu'on transporte mesme à Paris. Ie n'oublieray pas de mettre icy une chose assez curieuse à sçavoir touchant le païs Constantin; c'est qu'il y a un certain lieu si bon pour le pasturage, que si on fauche l'herbe un soir avant de se coucher, & qu'on mette ensuite un bâton dans le mesme endroit qu'on aura fauché, on ne reverra plus le baston le lendemain à son lever, si fort l'herbe a crû; aussi y engraisse-t-on des bœufs qu'on mene à Paris, lesquels sont si gras & si delicats, qu'on en prefere bien souvent la chair au mouton & aux perdrix.

Avranches est une ville Episcopale dependante en dernier ressort pour le spirituel de l'Archevesque de Roüen, elle est entourée de bonnes murailles, a trois Paroisses dans son enceinte qu'on appelle nostre-Dame des Champs, S. Gervais & S. Saturnin, & seroit plus riches, si les guerres passées ne l'avoient pas si fort incommodée: elle est prés du mont S. Michel, & a tant de douceurs pour les estrangers & pour les habitans, qu'il n'est pas possible de le croire. Ses murailles sont assez bonnes, & le païs fort abondant.

Remarques generales touchant cette Province.

ON doit sçavoir touchant le naturel de ce Païs, & l'inclination des habitans qu'il y a d'assez bonnes mines de fer, & en assez grande quantité : mais pour celles de cuivre & d'argent vif, elles n'y sont pas ny si nombreuses ny si bonnes. Il y a encore de bonnes Carrieres pour les bastimens : mais sur tout d'Alun de roche, de divers marbres, d'Ardoyse, &c qui sont tres bonnes. Pour ce qui est des eaux mineralles, il y en a en plusieurs endroits: celles de Forges sont pourtant les plus renommées, & les mieux frequentées. La Province est riche en grains, & surpasse toutes les autres en pommes, dont on fait de tres-bon cidre, qui est la boisson la plus agreable au gout qu'on puisse faire apres le vin, en poires dont on fait du poiré, & en plusieurs autres fruits excellens. Le Païs a plusieurs belles forests, quantité de bois de sapin, & beaucoup de sel blanc qu'on porte à Paris, &c. ses habitans sont fins, rusez, chicaneurs & de bel esprit. On dit qu'ils sont si portez à plaider les uns contre les autres, & si adroits à toutes les rubriques du Palais, qu'ils estiment mieux se faire payer leur argent par voye de Iustice que par douceur & sans avoir recours aux procés, ce qui fait que les païsans y sont tous Avocats. On m'a dit que deux voisins se firent une querelle de chicane sur un nid de Pie bastie sur l'arbre de l'un, parce qu'il panchoit sur la terre de l'autre; & l'histoire porte, qu'ils faillirent à se ruiner pour un si beau sujet. Ie puis bien dire, que j'ay veu un honneste homme de Caën lequel m'a dit avoir veu un certain homme de son païs nommé le Moine, dont l'inclination estoit

estoit si fort portée à plaider, qu’il s’en alla éveiller un jour son voisin & son amy pour luy dire s’il ne vouloit pas se lever pour aller à Roüen, à quoy l’autre demanda pourquoy faire ? pour plaider, répondit le Moine: non non, dit-il, parce que je n’ay point d’argent: viens, dit l’autre, je t’en presteray : ce qu’il fit en effet ; afin d’avoir occasion de plaider tous deux ensemble : si la chose est comme on me l’a dite, je m’en raporte ; je puis croire pourtant qu’elle est ainsi ; parce que j’ay veu moy-mesme un vieux Chicaneur à Toulouze sec comme une esquelete, & petit comme un nain, lequel tout homme de condition qu’il estoit, ne trouvoit rien de si doux que de plaider & d’achepter des procés des parties pour en disputer le droit: de sorte qu’apres sa mort, on trouva ses coffres remplis de papiers & de procés qui luy avoient coûté 25000. liv. Ne croyez pas pourtant que ces humeurs chicaneuses causent des querelles ny des inimitiez irreconciliables dans l’esprit de ces peuples, ils y sont trop accoustumez pour s’en échaufer pour cela : ainsi on prend plaisir de les voir aller dans les Villes en se divertissant, pour y vuider la bourse dans la main d’un Procureur, d’un Conseiller ou d’un Advocat, & de les voir revenir tous joyeux apres avoir clabaudé dans un parquet leur pleinsou.

Tome II. E

LES DELICES

L'Isle de France.

Cette Province qui n'a été autrefois qu'un petit Royaume, & qui est maintenant la capitale du plus fleurissant Estat qui soit au monde, a la gloire de passer maintenant pour la plus noble portion du Royaume, & d'estre en effet la plus illustre de l'Estat ; vous en allez voir les excellences, & les beautez dans la description que nous allons faire de ses lieux considerables, des plaisirs qu'on y reçoit, & des raretez qu'elle enferme.

PARIS.

Cette Ville qui est la capitale du gouvernement de l'Isle de France, se fait assez connoistre par sa reputation, sans que j'en mette ici le nom, & toutes les Nations sçavent assez, que Paris est le chef non seulement de cette Province : mais mesme de tout l'Estat sãs que je me mette en peine de les éclaircir sur ce point. Je voudrois que mon esprit & ma plume fussent capables de faire un digne tableau de cet abregé du monde, afin de faire comprendre aux estrangers la grandeur de ses richesses, de ses beautez, & de ses delices ; mais parce que je me vois incapable de reüssir dans ce rencontre, je me resous seulement de décrire le mieux qu'il me sera possible une partie de ce qu'elle est, & de remettre les Lecteurs à la veuë de ce prodige des merveilles de la nature & de l'art.

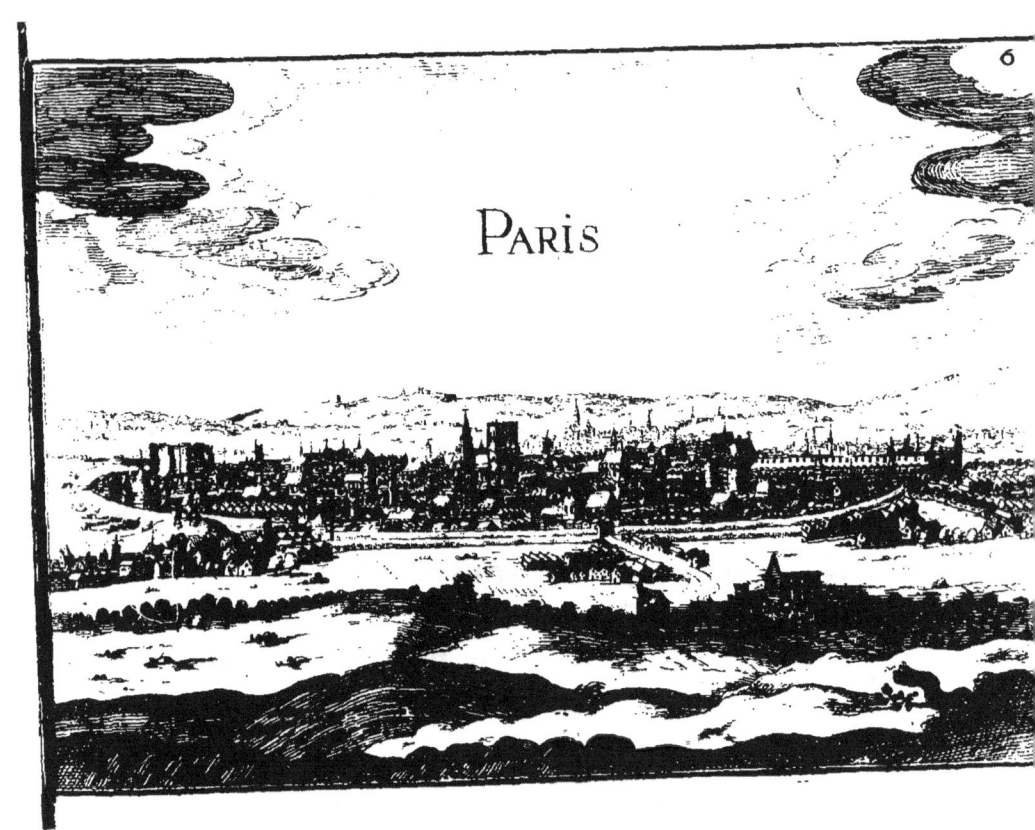

DE LA FRANCE. 51

Pour commencer donc à faire un si digne tableau: Ie dis que Paris est incomparable en trois choses: 1. a raison de ses bâtimens, de sa grandeur & de sa disposition, 2. à cause de ses richesses, & 3. à raison de ses douceurs particulieres & des contentemens qu'on y prend: Pource qui est du premier, il ne faut pas douter que ce ne soit la premiere ville du monde, pour ce qui regarde sa bastisse & sa disposition: car soit qu'on considere sa vaste étenduë, qui est une des plus grandes de l'Vnivers: c'est que ses bâtimens sont les plus hauts, les mieux disposez & les plus peuplez de l'Vnivers, ses rües & ses places sont si larges & si regulieres, ses maisons si propres, les Eglises si magnifiques & si superbes, ses hostels si somptueux, les Palais & son Louvre si Auguste, ses Colleges & ses Vniversitez, les Ponts & ses Hôpitaux, ses Abbayes & ses maisons Religieuses si celebres qu'on peut dire qu'il n'est rien d'égal sur la terre. Soit encore qu'on voye les tresors immenses qu'il y a, & les richesses infinies qu'on y apporte de tous les coins de la terre; ou bien enfin, soit que l'on attache sa veuë sur les charmes & les plaisirs innocens qu'on y prend, l'on est dis-je, contraint de dire, qu'il n'est rien d'égal dans le monde: car de grace, où trouvera-t'on une ville qui aye une si vaste étenduë que celle-cy? & où voit-on des choses si particulieres qu'icy? commençons par les Eglises & les maisons consacrées à Dieu; continuöns à voir l'Auguste sejour de nos Monarques, les

E ij

palais de nos Princes & des Seigneurs de sa cour, & les maisons des habitans, & finissons ensuitte par ses belles places, ses beaux ponts, & ses autres merveilles qu'elle possede, pour dire que rien ne peut égaler cette Reine de l'Vnivers, que l'on appelle justement sans pair.

L'on nous asseure qu'il y a plus de 69 Paroisses à Paris, que l'on peut appeller admirables : Neantmoins je ne m'attacheray maintenant qu'à la principale qui est dediée à Nostre-Dame, qui est la Cathedrale de cette ville, dans laquelle ie remarque trois choses admirables. La Premiere est son bâtiment. La seconde son ornement, & la troisiéme son service. Quand à ce qui est de sa bâtisse, je dis qu'elle est miraculeuse ; d'autant qu'elle est fondée sur des pilotis, & parce qu'elle a cent pas de hauteur, 60. de largeur, & 174. de longueur : le chœur est basty de pierres sur lesquelles on a gravé l'Ancien & le Nouveau Testament. On dit que cette Eglise a 45. Chapelles fermées d'un treillis de fer, admirablement bien ornées, & onze portes qui facilitent l'entrée de ce saint lieu. Les trois portaux du frontispice de cette mesme Eglise sont ornez de 28. figures des Rois qui ont regné depuis Childebert jusqu'à Philippes Auguste ; & les deux tours quarrées qui servent de clocher, & où l'on monte par 389. regrez, sont chargées de huit belles cloches, dont l'une est si grande, qu'il faut vingt hommes pour la sonner, & qui se fait entendre de

DE LA FRANCE.

sept ou huict lieuës aux environs. Il y a un Crucifix au dessus de la grande porte du chœur (fait tout d'une piece, & dont les pieds font une arcade) lequel est vn chef d'œuvre tout à fait admirable; le chœur, les Chapelles, & la Nef sont ornées de si riches tableaux & de si belles corniches dorées, qu'il est impossible de les voir sans admiration: ses ornemens sont si precieux, & ses tresors si grands, qu'il n'est pas possible de le croire; mais ce qui est plus considerable, c'est le grand nombre d'Archidiacres & de Grands Vicaires, de Chanoines & de Prebandiers, de Prestres & de Chappelains qui y sont, & dont le nombre monte à plus de 127. tous d'une condition relevée, & des personnes consommées en science & en vertu.

La Sainte Chappelle vient ensuitte, & c'est à elle à qui nous devons plus justement ce rang à raison de ses Saintes Reliques, & de la beauté de son édifice. Ie ne diray rien du premier pour m'attacher au second, & pour donner occasion aux étrangers & aux curieux de considerer attentivement la beauté de cette structure, qui consiste en deux Chapelles, toutes deux portées par des piliers si minces & si déliées, qu'on s'étonne de voir qu'ils puissent soûtenir une telle masse: aussi dit-on que c'est un miracle de l'art, & qu'il est impossible de trouver une entreprise si hardie, non seulement dans les autres Prouinces du Royaume; mais encore au deçà des monts. Messieurs les Chanoines de ce lieu ont les mesmes privileges que ceux de Nostre Dame, & ne dépendent que du saint Siege immediatement. Le Roy a la Collation de tous les Benefices qui y sont. Enfin, on appelle ce saint lieu la sainte Chapelle, & c'est avec beaucoup de raison : car outre qu'il y a une infinité de belles Reliques, c'est qu'elle est la depositaire d'une partie de la couronne d'épines de nostre divin Sauveur, de quelques-uns des clous avec lesquels on l'attacha à la Croix, & de quelque partie du bois de la mesme Croix, &c. Vous voyez aux environs de ce bel édifice le Palais que Philippes le Bel fit bâtir pour y tenir la Cour de Parlement, le bastiment est admirable pour sa grandeur & sa beauté ; mais il est recommandable à raison de la grande sale des Audiences qui est tres belle & tres-riche, de celle des Procureurs qui est fort spacieuse, & laquelle estoit autrefois ornée de toutes les statuës des Rois au naturel : de la table de marbre qu'on estimoit une des plus belles pieces & des plus curieuses de l'Europe, de ses galleries & de ses avenuës, remplies de plusieurs belles boutiques, & de toutes sortes de marchandises extremement curieuses.

Les Convents y sont tous considerables, quoy qu'il y en aye presque une infinité. Les plus remarquables sont ceux qui suivent : Premierement celuy des Templiers, qui est clos d'une belle muraille auec une grosse tour quarrée, une belle Eglise avec de belles

Chapelles & un logement pour un Roy; lieu si considerable qu'une partie de la ville porte encore le nom de Marets du Temple; quoy que cet Ordre fort ancien ait esté aboly par le Pape Clement V. sous Philippes le Bel, l'an 1309. Ie mets en second lieu l'Abbaye de S. Germain, illustre en toutes choses, & laquelle est maistresse de toutes celles de son Fauxbourg, où la justice s'exerce par les Officiers de Monsieur l'Abbé. Et le troisiéme le Convent de Messieurs les Chanoines Reguliers de saint Augustin au Fauxbourg de saint Victor, basti par Loüis le Gros; celuy de sainte Geneviéve, des RR. PP. Cordeliers, Iacobins, Augustins, Celestins, Chartreux, Feüillans, Iesuites, les Filles Dieu, le Val de Grace qui sont des maisons merveilleuses pour leurs bâtimens, & miraculeuses en vertu. Les cimetieres de saint Iean en Greve & des Saints Innocens sont les plus considerables, principalement le dernier où les corps sont consommez dans huit jours.

Si les Eglises des maisons Religieuses sont tres-superbes & dignes d'étre veuës, l'on ne sera pas moins satisfait de voir les principales Paroisses de la Ville & des fauxbourgs, où tout reluit en or, & dont les édifices sont tres-superbes & tres-magnifiques. Ie mets de ce rang saint Eustache, où il y a pour le moins trente-cinq à quarante mille communians, saint Nicolas des Champs, saint Iacque, saint Sulpice, S. Sauveur, saint Estienne du Mont qui a une structure admirable

E iiij

dans son bastiment, & une infinité d'autres.

Les Colleges sont tres-beaux, principalement celuy de Navarre, qui est le plus spacieux, & lequel fut fondé par Ieanne Reyne de Navarre, femme de Philippes le Bel, avec une tres-belle Bibliotheque. Celuy de Clermont tenu par les Peres Iesuites n'est pas moins considerable que le precedent, si on considere son bastiment & le grand nombre de personnes de qualité qui y étudient. On ne fera pas mal de le visiter, & de voir encore la belle Eglise de saint Loüis que ces bons Religieux ont fait bâtir dans la ruë de saint Antoine, dont le portail est admirable, la chaire de bronze tres-riche, les Chapelles tres-bien ornées, & tout accomply, n'étoit un défaut qui choque la veuë de ceux qui y entrent; sçavoir est, que le Maistre Autel est si bas, qu'à peine peut-on voir le Prestre quand il dit l'Evangile. Apres qu'on aura visité tous ces beaux lieux, il faut aller voir la plus celebre Vniversité du monde, dont ie vous donne ensuitte le tableau.

La Sorbonne est si connuë dans le monde, & sur tout parmy les sçavans, que pas un n'ignore ce qu'elle est; le grand nombre de ses étudians; la solidité & la belle science de ses Maistres sont si fort en reputation, qu'il ne faut qu'avoir pris ses degrez dans ce sejour du sçavoir, pour estre estimé dans tous les Royaumes étrangers, & pour passer pour un oracle. Ie diray pourtant qu'il y a trois choses à considerer touchant cette Vniversité. La premiere, c'est qu'elle est la plus ancienne de Paris: la seconde, c'est qu'elle est la plus rigide du monde à donner le bonnet: & la troisiéme, c'est qu'elle a une des plus superbes maisons de la ville. Quand à ce qui est du premier point, je dis qu'elle est la plus ancienne, parce qu'elle fut fondée par Robert de Sorbonne, favory du Roy saint Loüis qui vivoit il y a plus de 400. ans. Quand au 2. je diray seulement qu'on ne sçauroit passer Bachelier sans avoir étudié plusieurs années dans cette Vniversité, sans soûtenir neuf ou dix Theses publiques, ny recevoir le bonnet de Docteur sans faire l'acte Sorbonique qui dure depuis le lever du Soleil jusques à son coucher, sans qu'il soit permis de quitter la chaise pour aller manger ny prendre haleine que pour avaler un bouillon ou quelque jaune d'œuf: afin de pouvoir répondre à tous les allans & venans qui voudront disputer contre ses Theses, lesquelles doivent traitter generalement de toute la Theologie. Si vous me demandez qui est le 1. qui a inventé cet acte Sorbonique: (car c'est ainsi qu'on l'appelle,) & quel est le sujet, pourquoy on oblige ces Messieurs de ne recevoir pas mesme les Princes du Sang sans souffrir une si rude seance. Ie vous diray qu'un Religieux de saint François est le premier qui a introduit cette pratique pour les raisons qui suivent. La 1. afin d'empécher que pas un ne passe par faveur, & la 2. afin que toute la terre sçache jusqu'à quel point de solidité l'on doit être parvenu pour pouvoir meriter ce bonnet.

Ie ne parleray pas de l'ordre que l'on tient pour devenir Docteur; parce que je serois trop long: mais je diray seulement qu'il y a un Doyen à qui on doit presenter les Theses qu'on doit proposer; afin qu'il voye s'il y a quelque chose qui choque la Foy, l'Eglise & le Pape: 2. qu'il faut donner, à ce qu'on dit, un écu à tous les Docteurs qui disputent contre vous: Et 3. qu'il faut répondre à tous les argumens qu'on vous fait, sans attendre de secours de personne; de sorte qu'il faut avoir une bourse bien garnie, & un esprit bien fort pour sortir d'une si haute entreprise. Pour ce qui est de son bastiment, on voit assez quelle en est la magnificence par la representation que i'en donne, sans que ie m'amuse a en faire icy une plus ample description: Ainsi il suffira de dire que le premier homme du monde pour la Politique & le plus bel esprit de nostre siecle, Monseigneur le Cardinal Duc de Richelieu a pris soin de la rendre un des plus somptueux bastimens de Paris, & l'a enrichie de beaucoup de revenu & d'un nombre infiny de beaux livres qui font une des plus belles Bibliotheques de Paris, pour faire connoistre à peu pres les merveilles de cette Vniversité, que i'appelle la premiere du monde, & laquelle a merité plusieurs fois d'être consultée par les Papes, de servir d'oracle aux doutes des Rois, & de donner les plus grands hommes du monde pour la science, comme un saint Thomas, qu'on appelle Docteur Angelique, un saint Bonaventure, qui porte justement le titre de Docteur Seraphique, un Iean Duns Scot que les plus habiles suivent, & que les ignorans méprisent, pour ne pouvoir pas supporter le brillant de ses lumieres, & qu'on nomme avec raison Docteur Subtil, qui est autant à dire, Angelique ; *quia Subtilis non fuisset nisi Angelicus esset*, tous deux Religieux de cet Ordre, celebre & veritablement Apostolique, qui reconnoist saint François pour son Fondateur, sans parler d'un nombre infiny d'autres que le mesme Ordre a donné & donne tous les jours : dont la subtilité & le profond sçavoir leur acquierent les premiers rangs, & les font estimer & admirer de toute la terre. De si grands personnages meritent bien qu'on prenne la peine de les voir dans leurs assemblées ; c'est pourquoy ie vous ay voulu donner le tableau du lieu de leur sejour. Il y a beaucoup d'autres Colleges considerables que ie passe sous silence ; quoy qu'ils reconnoissent des Rois & des Princes, des Cardinaux & des Papes, des Archevêques & des Evesques, des Ducs & Pairs, & de tres-grands Seigneurs pour leurs Fondateurs. Ie n'oublieray pas de mettre icy le College des quatre Nations fondé par Monseigneur le Cardinal Mazarin, & bâti vis à vis du Louvre, dont la sumptuosité est si grande, que c'est maintenant un des miracles de Paris. Le deſſein pour lequel on l'a fait, eſt; afin d'attirer toutes les Nations dans la Capitale de l'Eſtat, & afin de leur donner de l'eſtime & de l'amour pour la France; car comme il eſt vray que les Peuples ne font ſi contraires en humeur, que parce qu'ils ne familiariſent point enſemble, & comme les principaux d'un Royaume ſont les Directeurs d'un Eſtat, la France fera mieux ſes affaires, quand les principales maiſons d'un Pays ſeront portées de bonne volonté pour elle; ce qui arrivera ſans doute par ce moyen: d'autant qu'il y a des places pour les Eſpagnols & pour les Italiens, pour les Anglois & pour les Allemans, qui y étant élevez prendront l'air François, & s'accouſtumeront à vivre à noſtre mode.

L'Hoſtel-Dieu deſtiné pour les pauvres eſt tres-ancien: puiſqu'il eſt baſti depuis l'an 660. Ie conſeille de le voir: apres quoy il faut prendre la peine de conſiderer la ſale du Legat ou l'Hoſtel neuf d'Antoine du Prat Chancelier de France, & depuis Cardinal Legat dans le Royaume; La Maiſon des Dames Religieuſes qui ſervent à l'Hoſpital, & leſquelles font leur profeſſion entre les mains de Monſieur le Doyen de Noſtre Dame: La grande ſtatuë de pierre qui eſt derriere la meſme Egliſe de Noſtre Dame, qu'on dit eſtre celle d'Eſculape: Les Quinze-vingts fondez par ſaint Loüis en memoire des 300. Chreſtiens aveuglez par les Sarrazins; celuy de ſaint Louis fondé par Henry IV. pour des pestiferez, admirable pour ses beaux corps de logis, ses cours, ses offices, & les fontaines: celuy de la Charité tenu & servy par les Religieux de ce mesme nom, lequel est si propre & dans lequel on est si bien servy; qu'à peine les Comtes & les Marquis peuvent-ils estre si bien traitez chez eux que les malades le sont icy: aussi y a-il beaucoup de gens de qualité, & beaucoup de peine à y entrer, pour moy ie puis dire que ie n'ay jamais rien veu de plus beau. On doit voir encore les Incurables & les autres maisons consacrées au soulagement des pauvres & des miserables, & on dira que comme il n'y a point de ville au monde semblable à Paris pour la magnificence & la richesse, il n'y en a point qui luy puisse estre comparée pour la pieté.

Si on veut prendre la peine de voir le grand & le petit Chastelet, on trouvera que ce sont les deux plus anciens bastimens de la ville: Parce qu'on dit que Cesar les a fait bastir, ou du moins que c'est Iulian l'Apostat, qui appelloit Paris son delice & sa ville bien-aymée; mais ie prie les curieux de n'y aller pas par force, & de prendre garde de n'y estre pas conduit pour y estre arrestez; car ce sont les prisons ordinaires du Lieutenant Civil & du siege Presidial qui y tiennent leurs Cours.

L'Hostel de Cuny, situé dans la ruë des Maturins, & qui sert depuis long-temps à loger les Nonces du Pape, merite encore d'étre veu ; parce que c'estoit autresfois les bains de Iulian l'Apostat, où l'on conduisoit l'eau par des acqueducs d'une fontaine qui est au village de Rongis pres de Paris, comme on le voit encore par les restes des ruines qui y sont.

La Bastille est un Chasteau extremement fort, basti sur la porte de S. Antoine. Sa forme est quarrée avec quatre grosses tours qui en défendent l'accez. Ses fossez sont fort profonds, & ses autres fortifications fort regulieres. C'est la prison ordinaire des personnes de condition qu'on soubçonne & qu'on croit estre criminels d'Estat. Il y a un Gouverneur entretenu par le Roy ; afin de prendre garde à cette place.

L'Arsenal est basti sur le bord de la riviere, & a de belles choses à voir, comme les belles armes qu'il y a, ses grands bastimens, ses beaux jardins, ses belles allées d'ormeaux, & l'appartement du grand Maistre de l'Artillerie, qui y fait ordinairement son séjour.

La maison de Ville a esté premierement bastie par François premier : mais Henry le Grand l'a fait rébatir de nouveau. Ce qu'il y a de plus rare, c'est la face de ce bastiment qui est travaillé avec tant de delicatesse, qu'on ne peut rien voir de mieux. Ses sales sont fort spacieuses, ses pavillons fort beaux, ses colomnes admirables, & la tour de son horloge tres-belle. Ses armes sont une Nef d'argent au chef d'azur, semé de fleurs de lis d'or sur un champ de gueules. Ses revenus

sont si immenses que le Roy remet toûjours
les payemens à faire sur la Maison de ville de
Paris, qui satisfait à tout ce qu'on luy remet.
Il faut estre bien puissant pour estre Échevin
dans cette maison, & il arrive bien souvent
que toute la Cour s'empresse pour faire tel
ou tel Prevost des Marchands, parce que cette charge est si importante, que celuy qui l'a,
peut soûlever tout Paris contre qui que ce
soit, tant il a d'autorité sur le peuple. Ie diray
icy en passant que toute la police de la ville
est entre les mains de ce mesme Prevost des
Marchands dont i'ay déja parlé, & de quatre
Echevins, lesquels ne sont en charge que
pendant deux ans. Il y a outre cela
vingt-six Conseillers de la ville & dix Sergens qui servent au Prevost & à ses Echevins:
Les seize Quarteniers avec leurs Commissaires, sans parler des Cinquanteniers qui dépendent des Quarteniers, lesquels ont intendance sur les Dizeniers, & doivent prendre
garde à la police, afin d'empescher que des
seditieux ou des étrangers ne troublent pas
le repos des habitans. Les 120 Archers, les
60. Arbalestriers, les 200. Arquebuziers, le
Guet de pied & de cheval commandé par le
Chevalier du Guet, & divisé en plusieurs endroits de la ville, le Procureur de la ville qui
s'appele Procureur du Roy, les 24. Crieurs
de vin en corps employez à faire les convois
funebres, & lesquels ne peuvent se trouver
tous ensemble que dans celui du Roy. Pour ce
qui est des 24 porteurs de sel, ils sont obligez

de porter les corps des Rois decedez. Toutes les causes qui concernent la ville & les fauxbourgs de Paris en corps, ne peuvent estre traittées que dans le Parlement. Il faut sçavoir que le Prevost des Marchands & les Eschevins sont nobles & ont la qualité de Chevalier apres la fonction de leur charge qui dure deux ans.

Quant à ce qui est de la justice de Paris. Il y a le Prevost qui est homme de Robbe courte, trois Lieutenants, sçavoir le Civil, le Criminel, & le Particulier, & certain nombre de Conseillers qui font un corps de Presidial, & qui tiennent leur Cour au Chastelet. Le Iuge & les Consuls des Marchands qui sont au nombre de cinq, sont pris d'entre les Marchands. Le plus ancien & le plus capable fait ordinairement l'office de Iuge, & les autres quatre de Consuls, apres avoir presté le serment entre les mains du Parlement. Ils tiennent leurs seances dans le Cloistre de saint Mederic. Il y a encore le Bureau des Marchandises, qui est une maison bastie pour ce sujet pres de saint Iosse. La Cour de Parlement, celle des Pairs de France, la Chambre des Comptes, la Cour des Aydes, celle des Monnoyes & le Grand Conseil. L'Evesché de Paris fut érigée en Archevesché l'an 1622. & on luy donna des Suffragans dépendants de l'Archevesché de Sens.

La Place Royalle est une des plus belles choses de la ville, si on considere sa grandeur & sa regularité; car outre qu'elle est fort vaste;

vaste; c'est que ses bastimens sont si bien proportionnez les uns aux autres, & leurs ornemens si égaux que c'est une merveille de le voir; au reste, ses arcades & ses allées couvertes qui l'environnent, & cette admirable figure de bronze de Louis le Iuste d'heureuse memoire qui est au milieu, rendent ce lieu un des plus beaux de la ville. La veuë y trouve tant de contentement qu'il n'est pas possible de la quitter quand on y est: c'est pourquoy les plus grands Seigneurs du Royaume y ont leurs Hostels, comme étant les plus commodes & les plus agreables, les plus superbes & les plus conformes à leur grandeur. Il y avoit icy autrefois un Hostel qu'on appelloit des Tournelles: mais parce que Henry II. y mourut de la blesseure qu'il avoit receuë à l'œil dans le tournoy, la Reine Catherine de Medicis le fit abbatre ne pouvant pas souffrir qu'une telle maison subsistast & renouveliast sa douleur par sa veuë, apres qu'un si bon Prince y avoit perdu la vie; les Magnificences du Carrousel qui se fit à Paris l'an 1612. pour les publications du mariage du Roy & de Madame avec l'Infante & le Prince d'Espagne furent celebrées en cette place.

Le Louvre qui est le sejour ordinaire de nos Monarques, est un des plus superbes bastimens qui soit au Monde. Ie ne m'amuseray pas maintenant à rechercher le temps de sa fondation; mais je diray que cette Maison Royalle en comprend deux, à sçavoir le Louvre & le Palais des Tuilleries qu'on a unis tous deux par une des plus belles galleries de l'Europe. On seroit bien en peine de dire ce qui merite le plus d'attache pour estre consideré, & ce qui y est plus rare & plus curieux à voir dans cette maison : car soit qu'on considere sa forme & sa structure, son bâtiment ou ses ornemens, on trouve que tout y est admirable : la profondeur des fondemens qu'on a pris, l'épaisseur & la hauteur de ses murailles sont si admirables, qu'on ne peut rien voir de semblable, les ornemens qu'on y a fait & qu'on y met tous les jours au dedans & au dehors, joints à la commodité de ses Offices sont si rares, que cela surpasse la croyance des hommes. Sa forme sera pluftost longue que quarrée, parce qu'on a uny le Palais des Tuilleries au Louvre par une gallerie qui n'a point d'égale dans l'Europe, laquelle doit avoir sa pareille si le dessein peut estre achevé : Le Roy qui regne heureusement à present, a fait faire (à ce qu'on dit) un Tapis des plus riches qu'on puisse jamais voir, lequel prend d'un bout de cette mesme galerie jusques à la sale des Audiences : afin que les Ambassadeurs puissent remarquer en toutes choses la magnificence de nos Rois, qui paroistra encore incomparablement mieux par le lieu où le Roy sera assis sur son trône, qui est une grande sale extremement haute & enrichie de tout ce qu'il y a de plus rare & de precieux dans la nature. Les chambres & les appartemens, les cours & les jardins, les sources admirables & les bois charmans, les rares peintures & les pieces curieuses qui sont dans cette maison Royale, marquent bien qu'il n'est rien d'égal à la France, & que l'ancienne Rome ne sçauroit en aucune façon luy estre comparée. Ie ne diray qu'un seul mot pour faire le tableau de cette Royalle demeure, c'est que le dessein n'approche pas seulement de celuy du Palais d'Auguste, qui estoit le plus beau de l'Empire Romain; mais encore qu'il le surpasse infiniment: Au reste l'on ne pretend pas le faire pour le Roy; mais encore pour toute sa maison, pour les Princes du sang, & pour tous les Ambassadeurs Chrestiens qui seront auprés de sa Majesté, & ce qui fait voir encore plus parfaitement la grandeur de ce Louvre & la magnificence de ce bastiment; c'est que le Roy a fait un fonds tres-considerable pour sa batisse, & on a resolu de le faire si superbe, quoy qu'il y ait plus de deux mille ouvriers qui y trauaillent continuellement, il ne sçauroit estre achevé de long-temps. Enfin, tout ce qu'on en peut dire, c'est que comme Paris est l'abbregé du monde, le Louvre est l'abbregé de tous les Palais de l'Vnivers: De sorte que le Serrail du Turc, ny la maison Imperialle du Roy de la Chine & de Perse, semble n'estre rien à sa comparaison, à plus forte raison quand il sera parfait. Les curieux n'ont qu'à visiter les Antiques qui y sont, & ils y trouveront des Dianes d'Ephese, & mille autres belles

F ij

Antiquitez. Les Peintres y verront les plus belles pieces du monde, les Sculpteurs y remarqueront des chefs-d'œuvres de leur art; mais sur tout un escalier fait en limaçon, & suspandu en l'air sans aucun noyau qui en soûtienne les marches, lequel est une de plus hardies entreprises de toute la France. Les Estrangers y pourront voir des Ours & des Lions, des Austruches, des Cameleons & des Tygres, & de toutes les bestes que l'on estime rares en l'Europe: De sorte que tout le monde y a dequoi admirer & dequoi se satisfaire: Enfin ie n'aurois iamais fait si ie voulois décrire toutes les beautez de cet illustre sejour de nos Rois; c'est pourquoy ie me contenteray de l'appeller le plus beau Palais qui se puisse voir.

I'estime que quand Paris n'auroit pas d'autres choses remarquables que celles que ie viens de dire maintenant, il y en auroit assez pour la rendre la plus recommandable du monde: Ie remarque neantmoins que le Ciel a pris tant de soin de la rendre illustre, qu'il semble qu'il a voulu en faire l'abbregé de l'Vnivers. Car outre toutes ces riches Eglises & ces superbes bastimens que vous venez de voir, il y en a une infinité d'autres, dont la magnificence n'est guerre moindre. Ie voudrois en pouvoir faire la description, afin de faire voir avec plus d'evidence les merveilles de ce petit monde; mais comme ce seroit trop entreprendre, ie me contente de donner icy le tableau d'un seul, qui est le

Palais d'Orleans, & de dire le nom des autres principaux.

Le Palais d'Orleans est celuy dont ie vous donne maintenant le tableau. Il ne faut que voir la belle disposition de ses corps de logis, la beauté de ses jardins, & la reguiarité de ses bastimens, pour dire que c'est une digne demeure des fils de France, & qu'il n'appartient qu'à de semblables Princes d'avoir de tels Palais. On dit que celuy de l'Empereur Neron estoit si beau, qu'il ravissoit tous ceux qui le voyoient, mais ce n'estoit pas tant pour la structure & la juste proportion de ses départemens que pour ses grandes richesses: au lieu que celuy-cy a l'un & l'autre: car outre qu'il est extrememēt regulier, c'est qu'il est enrichi de plusieurs belles statuës, de tres-rares peintures, & de tout ce qui peut embellir un lieu: c'est une merveille de voir ses jardins & ses parterres, ses bois & ses canaux, ses cabinets & ses grottes, ses sources admirables & ses jets d'eau miraculeux, avec ces compartimens de parterres, & des perspectives surprenantes, dont la veuë est si belle qu'on ne se lasse jamais de les voir. Le nom des autres sont celuy que la Reine Marie de Medicis a fait bastir au Faubourg de saint Germain, qui conserve encore le nom de Luxembourg. Celuy de Bourbon, de Navarre, de Soissons, d'Angoulesme, de Longueville, d'Espernon, du Maine, de Montmorency, de Boüillon; mais sur tout celuy de feu Monseigneur le Cardinal Duc de Richelieu, dont la richesse & l'ornement surprennent toute sorte de gens: ceux de Vendosme, de Guise, de Chevreuse, de Nevers, de Sulli, de Schombert, & plusieurs autres capables de loger les plus grands Rois de l'Europe.

Pour ce qui regarde les places publiques, il y en a beaucoup; mais les principales sont celles qui suivent. La Place Royalle dont j'ay déja parlé, le Cimetiere de saint Iean, la Greve, la Valée de Misere, la Place Dauphine, le Parvis de Nostre Dame, le Marché Neuf, la Place Maubert.

Ce qui est plus merveilleux à Paris, c'est de voir qu'une si grande ville, où il y a une infinité de peuple soit si commode pour la demeure de nos Rois, & pour l'entretien de tant d'habitans: car outre que la mer luy communique par le moyen de Roüen tout ce dont elle a besoin; c'est que toutes les Provinces du Royaume sont en occasion de luy fournir tout ce qui luy est necessaire; au reste, c'est que la situation en est si belle, qu'il n'y a pas un endroit dans le Royaume si propre que celuy-cy pour la demeure d'une si belle Cour. Les logis y sont si grands, si hauts, & si spacieux, les ruës extremement nettes depuis l'ordre que sa Majesté en a donné, les places fort belles & bien garnies, les commoditez pour la vie fort grandes: l'air fort bon & fort doux, les eaux salutaires & les fontaines communes: car il n'y a point d'endroits à Paris (ce qui est tres-remarquable) qui n'aye des sources pour ses necessitez ; mais entr'autres les ruës de saint Iacques, de S. Honoré, S. Innocent, S. Avoye, du Ponceau, de la Trinité, des Hales, de la Croix du Tiroir, de la Reine, du Marle, de Maubui, de S. Iulien, de Biraque, de la porte Baudets, des cinq Diamants, de Paradis, de la Barre, du Bec, du Palais, &c. Les vivres à bon marché, & vous avez cet avantage, à Paris, que si vous estes riche, vous pouvez dépancer des tresors immenses; mais aussi si vous estes pauvre, vous pouvez vous moderer comme il vous plait, & vivre aussi mediocrement qu'il est possible. C'est la coustume que les Estrangers cherchent toûjours le bon marché ; parce qu'ils n'ont pas toûjours de l'argent ny des lettres d'échange pour en avoir ; c'est pourquoy, ceux qui sont sages tâchent de se gouverner sagement, & de faire le moins de dépence qu'ils peuvent. Que s'il y en a de cette humeur, ils n'ont qu'à loüer une chambre pour coucher, & s'en aller chez des Traitteurs qu'il y a à tous les coins des ruës, & ils mangeront leur saoul pour cinq sols par repas ou quelque peu davantage, ou bien on n'a qu'à s'unir trois ou quatre ensemble, & faire une bource commune, & on trouvera que la dépence sera tres mediocre, quoy qu'on fasse bonne chere : parce que la viande, le pain & le vin y sont à fort bon marché, si on prend la peine de l'achepter soy-même : ainsi c'est un abus du commun, de croire qu'il faut un tresor de Cresus pour pouvoir vivre dans cette capitale du Royaume. Ie n'oublieray pas de mettre icy comme quoy il y a maintenant un si bel ordre dans Paris qu'on peut aller de iour & de nuict par tout, sans craindre aucun mauvais rencontre; parce que le guet est si exacte, que s'il se trouvoit un voleur qui attaquast le moindre enfant, il luy seroit impossible de se sauver, veu le grand nombre de lanternes qu'il y a par tout, & l'exactitude des gens du quartier à lever les chaînes & à courir au bruit & au secours de ceux qui les appellent. Si un grand Seigneur veut estre habillé à la mode, il n'a qu'à advertir un tailleur le soir auparavant, & le lendemain il trouve son habit prest à son lever; aussi bien que ceux de tous ses domestiques, selon la liurée qu'il veut. Que si un homme n'a pas dequoy se faire habiller selon sa qualité, & qu'il veüille neantmoins paroistre en honneste homme, il n'a qu'à s'en aller chez un parfumeur, & loüer les habits qui luy plairont le plus pour tout le temps qu'il en aura besoin, & il en trouvera de toutes façons & d'aussi riches qu'il en pourroit souhaitter pour un prix assez mediocre. Ceux qui n'ont pas assez dequoy pour faire rouller le carosse, peuvent se faire porter en chese sans dépencer beaucoup d'argent; que si la bourse ne peut pas fournir à cette dépense, on n'a qu'à se mettre dans un des carosses communs, où pour 5. ou sept sols on vous portera d'une extremité de la ville à l'autre: Enfin il y a toutes les commoditez imaginables pour vivre avec épargne. Que si l'inclination des personnes est de faire grande chere, & que l'on ait dequoy, l'on peut trouver cent mille occasions pour faire une dépense de Roy; que si on ayme l'entretien des Dames; je diray sans mentir que c'est le plus beau sejour du monde pour ce sujet: Que si au contraire l'on aime la solitude ou la science, la conversation des saints & des devots, & la pratique de la vertu, on y trouvera mille avantages qui ne sont pas ailleurs. Enfin je n'aurois jamais fait, si je voulois mettre icy tout ce qu'il y a de rare, de beau & de merveilleux; parce que comme j'ay déja dit, c'est l'abbregé du monde, le centre des plaisirs & des tresors de la Nature, & le throsne de la gloire & de l'honneur.

Les Medecins & les Apotiquaires & tous les Disciples de Galien & d'Hippocrate peuvent aller voir le Iardin Royal qui est dans le Fauxbourg de saint Victor, & ils y trouveront tous les simples les plus exquis & les plus rares qu'on puisse trouver: Le premier Medecin de sa Majesté en a la direction. Les sçavans & les personnes de lettres peuvent aller visiter la Bibliotheque Royalle chez les RR. PP. Cordeliers, celle de saint Victor dans l'Abbaye de ce nom, remplie de Livres tres anciens & des tres-rares manuscrits, celle de Navarre; mais sur tout celle de Monsieur le President de Thou, laquelle est tres-bien entretenuë Chaque Maison Religieuse en a une, & il n'y a point de Convent pour si pauvre qu'il soit qu'il n'en ait de tres-belles, comme celle des Recolets, que le R. P. Damascene le Bret, un des premiers Predicateurs du Royaume a taché d'enrichir d'une infinité de Volumes. Les Dames y ont mille contentemens, à raison de l'honneur qu'on leur rend, des divertissemens, des dances, des collations, des concerts, des voix, des rendez-vous, des partis, des promenades, des regales, des jeux, des cercles, & de mille autres plaisirs innocens qui sont dans ce beau sejour comme dans leur centre. Les gens d'esprit y trouvent mille rencontres pour y faire fortune, & les artisans y gagnent plus dans une semaine qu'ailleurs dans un mois : De sorte que tout ce qu'on peut desirer de plaisir, d'honneur & de bien se trouve icy comme dans la source & avec toute la pureté imaginable. Ie pourrois en dire encore davantage, si je ne croyois pas d'être ennuyeux, & si ie n'étois pas asseuré que tous mes soins ne sçauroient iamais donner une parfaite idée de cette premiere ville du monde; c'est pourquoy ie remets mon Lecteur à la veuë de son tableau pour en donner une plus parfaite connoissance ; mais avant que de finir cette matiere, ie prie les curieux de ne sortir pas de Paris sans voir le Val de Grace, autrement il se priveroit de voir le plus superbe Monastere des Dames Religieuses de S. Benoist, qui soit dans la Chrestienté. La pieuse Reine Mere, Anne d'Austriche, dont la memoire & la vertu seront toûjours dans le souvenir des veritables François, en est la Fondatrice. Pour moy ie puis dire que le dessein & la magnificence de l'Eglise, & de tout ce qu'il y a, est quelque chose de si merveilleux, qu'il n'est pas possible de le croire; c'est pourquoy ie n'ay pas voulu l'oublier, comme estant un des miracles de la ville. Ie finis donc maintenant par les beaux vers qu'un grand homme a fait à la loüange de cette ville, ravi de voir tant de beautez dans l'enceinte de ses murailles.

Vrbs orbi similis, toto & celeberrima Mundo,
Musarum sedes, Regina Lutetia, salve.
Francigena tu Metropolis pulcherrima gentis
Hospitio Regem grato, Regisque Ministros
Excipis, & reliquas das iura suprema per verbes.

Les Estrangers aussi bien que les François naturels ne doivent pas se contenter de voir seulement Paris; mais encore il faut qu'ils prennent la peine de voir les beaux lieux des environs, qui sans doute meritent qu'on les voye pour les raretez qu'ils enferment. Ie mets en premier lieu le plus beau Chasteau qu'on puisse trouver dans l'Europe, selon le sentiment de tous ceux qui en ont écrit, & de tous les Estrangers qui l'ont veu.

C'est Fontaine-Bleau qui est ainsi appellé, à raison de la grande quantité de sources

G ij

d'eau vives, claires & belles qui y abondent : comme si on disoit fontaine & belle eau. On dit que cette maison fut bâtie par François I. à la sollicitation de Claudie sa fille, qui voyant un iour qu'un chien de chasse avoit découvert une belle fontaine, pria son pere d'y faire bastir une maison, ce qu'il fit ; mais avec un tel soin, que voyant tant de sources, il prit à tache d'en faire une maison Royalle, dessein qui a esté approuvé depuis par tous les Rois qui luy ont succedé. *Abraham Colnyszi* parlant de cet incomparable Chasteau, dit ces mots : *Ædificium hoc Franciscus I. cœpit: per subsequentes Reges continuatum, sed per Henric. IV. ad fastigium deductum ; ita ut hodie pulcherrimum, ampliss & magnificentissimum omnium in Gallia, Germania, Belgio, Anglia, & Italia, esse dixerim.* Ie m'en vais vous dire pourquoy il luy donne ces loüanges. C'est à raison de la grande quantité de ses sources, de la vaste étenduë de ses forets, de la beauté de ses jardins, de la longueur de ses canaux, du grand nombre de ses chambres & des appartemens qu'on y voit, des riches peintures qui y sont, des raretez & des admirables statuës qu'on y a mises. Ie ne m'amuseray pas à vous faire le recit de tout ce qu'il y a ; parce qu'il faudroit trop de temps, y ayant à ce qu'on dit 900. chambres ou cabinets, sales ou galleries, &c. Ainsi ie suivray le principal, & vous diray que la 1. chose qu'on voit en entrant, c'est la grande cour du cheval blanc, qui est d'une extraordinaire grandeur, aux environs de laquelle font les appartemens des Officiers : Apres on monte par un degré tout a fait beau qui conduit à l'appartement de la Reine, dans lequel il y a un jardin, avec une fontaine qui repreſente Diane tenant un Cerf par ſon bois, & qui eſt ſuivie de quatre chiens, avec quatre autres Cerfs au bas. On voit dans le même jardin une ſtatuë de bronze repreſentant un jeune homme nud, tirant une épine du pied, qui eſt admirable : une figure de Lacoont avec deux de ſes enfans, à qui des ſerpens donnent la mort, qui n'eſt pas moins curieuſe que les precedentes. Le jeu de paume & la voliere ſont à coſté, comme auſſi la galerie de la Reine. On vient enſuitte dans la galerie des Cerfs qui eſt extremement longue, & qui eſt ornée de pluſieurs belles peintures, & de 46. bois de Cerfs. De là on vient dans la chambre du Conſeil, où on voit la peinture du Comte d'Ombe, oncle de la Reine Marie de Medicis : dans celle des Eſtuues où il y a un S. Iean Baptiſte à la porte, & un Adonis avec une Venus ſur la cheminée ; dans la neufve où l'on voit le tableau de la Ducheſſe Gabrielle ſous la forme de Diane tenant un cœur de Cerf à la main. La grande galerie vient enſuitte, dans laquelle il y a les amblêmes qui ſuivent. On dit que Charles IX l'a fait baſtir.

Le 1. eſt celuy-cy. *Hunc ventus, ſed me ſpes fovet.* Le 2. *puro ardet & uno.* Le 3. *Numquam labitur iſta fides (naufragium alter iuvas.)* La 4. *Perrumpe obſtacula lente (quidam*

Truncos è via movet.) Le 5. *Tutum secreta silere.* Il represente Harpocrates. Le 6. *Pretiosior ipse lapillis* (c'est un Cupidon qui cherche des petits caillous.) Le 7. *Rex floret ab armis.* Le 8. *Vigilantia Regna tuetur.* Le 9. *Amat victoria curam.* Le 10. *Plebis amor Regis custodia,* sous la figure d'un essein d'abeilles. Le 11. *Cor Regis in manu Dei,* sous la figure d'une main qui sort des nuës. Le 12. *Arcani custodia fida.* Le 13. *Mens ardua tendit in altum.* Le 14. *Eloquium tot lumina claudit.* Le 15. *Nulla altius ardet.* Le 16. *Non frangunt obstacula vires.* Le 17. *Animos alligat aquos* (*Iustitia & Religio.*) Le 18. *Manet victoria constans.* Le 19. *Hoc fædere lilia florent* (*Gallia tota secum concors.* Le 20. *Ortus occasibus aquat.* Le 21. *Obsequium nihil impedit umbra.* Le 22. *Casus hærebit in omnes.* Le 23. *In splendore tuo labor & quies.* Le 24. *Agitatus cresco* (*Ignem feriens*) Le 25. *Comitantur furta dolores* (*favum puer rapit.*) Le 26. *Mox toto radiabit in orbe.* Le 27. *Mea clauditur hic spes.* 28. *Innocuo non uritur igni.*

La chambre & le cabinet de Madame la Duchesse Gabrielle, au dedans desquels il y a un Adonis & une Venus à chacun.

La galerie de François I. autrement la petite galerie, à l'entrée de laquelle il y a un Bachus, une Venus & un Cupidon. Ce lieu est remarquable en ce qu'il a servi à l'assemblée qui se tint pour les matieres de Religion, à l'occasion de Henry le Grand, entre les Catholiques & les pretendus Reformez ; où Monsieur du Plessis Mornay chef des Religionnaires fut vaincu par Monsieur le Cardinal du Perron qui estoit un des plus sçavans hommes de son temps. Il y en a là auprès une autre remplie de tres-belles statuës de marbre à demy corps.

La chambre du Roy vient ensuitte, où Monsieur le Maréchal de Biron fut desarmé par ordre du Roy; l'anti chambre de la Reine, où nâquit Loüis XIII. la sale de la garde est enrichie de peintures & de tapis qui representent les trophées de Charles VII. sur les Anglois qu'il chassa de son Estat. La sale des festins où on voit sur la cheminée la figure de Henry IV. representé sur un beau cheval de marbre qu'on estime un tresor, ayant à ses costez la Clemence & la Paix, & foulant aux pieds tous ses Ennemis. La sale des bals qui est fort grande, dans laquelle il y a un arc ou un demy rond avec ces mots : *Donec totum impleat orbem.*

Il faut voir ensuitte les jardins qui y sont; mais sur tout celui du Roy, où il y a une Cleopatre de cuivre admirablement bien faite, qui est un ouvrage d'Ange Politian, que la Reine Catherine de Medicis fit apporter d'Italie venant en France. Vn Neptune d'airain, aux pieds duquel il y a une louve qui alaitte Remus & Romulus. Il y a trois canaux couverts de signes & remplis de gros poissons. Celuy des fontaines, où l'art s'est épuisé pour le rendre beau, celui des pins, celui des étangs, celui de la Reine, &c. Apres quoy il faut aller voir le grand canal & les cascades qui sont auprès, pour dire que tout y est admirable, & qu'il n'y a point de lieux dans les païs étrangers qui puissent égaler la magnificence, la richesse & la beauté de cette maison Royale. On nous asseure que la Reine de Saba dit au Roy Salomon qu'elle avoit trouvé plus de merveilles en sa personne qu'on ne luy en avoit dit; mais j'estime que ceux qui verront ce lieu en feront de mesme, & qu'ils asseureront que tout ce qu'on pourra dire de cette maison, n'est rien en comparaison de ce qu'elle est en effet.

MELVN.

Cette ville qui portoit autrefois le nom d'Isis, est semblable à Paris pour sa situation: car outre qu'elle est bastie sur la Seine, c'est qu'elle est divisée en trois parties, dont la communication se fait par le moyen de plusieurs ponts. Sa grandeur est assez considerable; mais elle l'est encore davantage à raison des braves gens qui y sont, du siege Presidial, du grand nombre des belles Eglises & des beaux Convents de Religieux & de Religieuses qui y sont, entr'autres un de saint Bernard qui est à une lieuë de là, où il y a une illustre Abbesse: & à cause de la belle maison d'Esvaux, dont la magnificence de ses bastimens, la richesse de ses meubles, la beauté de ses parcs, de ses jardins & de ses sources innombrables, meritent iustement qu'on les aille voir pour y admirer un si beau travail.

CORBEIL.

IL faut admirer icy l'assiette de cette ville que la Seine & l'Essone arrousent & divisent à méme temps, la belle Tour qui y est, & qu'on dit avoir été bâtie de temps immemorial, la belle Eglise de S. Spire où il y a des Chanoines pour y faire l'Office, comme aussi le sepulchre du Comte Aymont, & le Convét des RR. PP. Recolets qui est une des plus agreables maisons de ce païs ; il y a plusieurs autres lieux aux environs qui sont recommendables pour leurs ornemens & leurs beautez.

Charanton est une petite ville qui est assez jolie, qui est plus connuë : parceque Messieurs de la Religion pretenduë reformée y font leurs assemblées, & qu'elle a quelque chose de curieux. Il y a une chose assez remarquable entre Conflans & Charenton : Sçavoir un écho si merveilleux parmi de certaines ruines d'Eglise, qu'il repete onze fois ou davantage. Il est vray qu'il est gasté depuis que les RR. PP. Carmes y ont bâty une maison ; voici comme parlent les Antiquitez de France. *Entre Conflans & Charenton s'entendoit un Echo des plus merveilleux de l'Europe avant que les Peres Carmes y eussent fait bastir : La voix (parlant de ce mesme Echo) frappe souvent l'oreille iusqu'à dix fois, & d'un son si violent que les boulets de Canon emportés des feux & de la poudre ne soufflent pas avec plus de violence.*

Conflans est une maison de plaisance appartenante à Mr. de Villeroy: Remarquez de grace que ie ne parle pas du village qui est sur la colline. Ce lieu est admirable, à raison des riches peintures qui y sont, & des beaux ameublemens qu'on y voit. Il y a entr'autres choses remarquables une gallerie voutée, enrichie de quantité de portraits au naturel qu'on a portez d'Italie tous à demy corps. Voicy à peu prés ceux dont il me souvient. 1. Il y a XXI. tableaux de la maison de Medicis. 2. les Sibiles, 3. les Empereurs Romains. 4. les Papes, les Empereurs Turcs, & les grands hommes d'armes entre lesquels on remarque entr'autres l'illustre Scanderberg ou Castriot. Les hommes sçavans comme Platine, Seneque, Guicciardin, Iovius, saint Thomas d'Aquin, l'Incomparable & le tres-subtil Scot. Les Ducs de Savoye & de Lorraine, les Rois d'Angleterre, la maison de Bourbon, celle de Valois, de Navarre & de Nassau, tous ornez de corniches dorées & d'un artifice miraculeux. Les jardins, sur tout l'orangerie, meritent encore d'estre veus, comme des choses curieuses.

Ruel est aussi une place tres-belle à voir. Ceux qui prendront la peine de la visiter, trouveront quatre grands corps de logis entourez de bons fossez avec une belle cour au milieu. On y voit deux grands chiens de cuivre qui jettent de l'eau par leurs genitoires, & en déchargent la cour pour en remplir lez fossez. On verra un peu plus avant une fontaine faite en forme de rofe, dans laquelle il y a un Hercule, tenant fa maffuë en main & le Cerbere à fes pieds, qui vomit des fources d'eau vives auffi claires que le chriftal. On doit auffi prendre foin de vifiter les belles allées, les beaux jardins, les labirinthes & les aqueducs qui y font ; parce qu'il eft vray, qu'il femble qu'il ne fe peut rien voir de femblable dans la nature.

S. GERMAIN.

JE ne pretends pas mettre icy, ny qui eft le 1. fondateur de ce lieu de plaifance, ny le motif qui a obligé Charles V. dit le Sage, qui a efté le 1. qui y a bâti, de faire icy une fi fuperbe maifon ; mon deffein n'eft autre que de faire en peu de mots la defcription d'un fi beau palais. Ie dis donc en 1. lieu qu'on conte jufqu'à 63. chambres dans fes corps de logis, dont les ornemens & les meubles furpaffent tout ce que Rome pourroit avoir de plus fuperbe & de plus riche dans fes maifons. Il y a un jeu d'émail, le long duquel les pavillons quarrez faits exprez pour la commodité des joüeurs & des affiftans, & on voit au deffus les grotes & l'endroit où l'on tient les beftes rares & curieufes. Il y a un quartier de ce beau chaftiment, fait par Henry IV. dans lequel il y a une galerie avec cet amblême : *Duo protegit unus*, c'eft à dire, qu'un feul Roy gouverne deux Royaumes ; fçavoir celuy de France & de Navarre. On voit fur la porte le Chasteau de Fontaine Belle eau, & à costé les villes qui suivent, Hux, Venise, Prague, Namur, Mantouë, Adem en Arabie, Compiegne, Sion en Suisse, Moly, Tingis, Stafin en Afrique, Terracine, Ormus en Perse, Bellitri, werderberg en westphalie, Nemegue avec cette inscription, ville du fondement de l'Empire: parce que Charlemagne la fit Imperiale, Passauu, Mastricht, Thessala ou Tempe & Florence. Deux degrez de pierre de taille d'une structure admirable, servent a cette illustre maison pour voir ses riches appartemés, & pour décendre dans les plus beaux jardins qui soient en Europe La 1. chose qui se presente à la veuë, à costé de la maison est un bois taillis, au milieu duquel il y a une grande table, laquelle est cause qu'on appelle ce mesme bois, le bois de trahison: parce qu'on convint de l'executer en ce lieu. La 2. chose qui merite d'être veuë, ce sont les grottes que j'estime les plus belles qu'on puisse jamais voir, quoy qu'en disent les Italiens & les Messieurs de Bruxelles, & qui sans contredit passent pour telles dans le sentiment des Estrangers. Vous devez sçavoir qu'il y en a de deux sortes, les unes qui sont séches, & les autres humides; pource qui regarde les premieres, je n'en dirai rien, parcequ'elles ne servent qu'à donner du frais en Esté; mais je m'atacheray aux dernieres comme estant admirables. Voicy ce qu'il y a de plus rare & de plus merveilleux. La 1. de ces grotes a un dragon qui hausse la queuë & remuë les aîles, vomissant de l'eau en abondance, tandis que les Roſſignois & les Cocus artificiels qui ſont à l'entour, font entendre leurs fredons & leurs ramages avec une melodie admirable. On voit auſſi a coſté deux ſtatuës de marbre noir qui ſont tres-agreables, leſquelles jettent auſſi une grande quantité d'eau.

La 2. fait voir un ſerpent ſur la porte qui jette de l'eau, & beaucoup de roſſignols aux environs qui gaſoüillent à ravir; mais ſur tout une belle fille qui joüe admirablement bien des orgues, & qui cependant tourne les yeux d'un coſté & d'autre avec tant d'agreement que les aſſiſtans ont de la peine de diſcerner, ſi ce n'eſt un effet de la nature ou de l'art. Il y a une belle table de marbre noir du milieu de laquelle ſort un tuyau qui jette de l'eau de pluſieurs façons & en diverſes figures. C'eſt icy où l'on voit beaucoup d'autres curioſitez merveilleuſes dont ie ne fais pas de mention, pour faire remarquer une table de marbre de diverſes couleurs qui eſt pres de la feneſtre, les miroirs, les coquillages, &c. Mais ſur tout un Dauphin tres-bien repreſenté, leſquelles choſes ſont toutes admirables. Ie prie le curieux de prendre garde à ſoy quand il entrera icy; parce qu'autrement il pourroit y eſtre attrapé.

La 3. expoſe un Neptune avec un globe couronné, lequel eſt porté par les eaux, dont les gouttes repreſentent les perles & les diamants. Il y auſſi la fournaiſe de Vulcain, des moulins à papier, des roſſignols qui fredonnent, deux Anges à côté qui joüent du trompette, & qui ouvrent la porte du côté où leur trompette resonne, & un Neptune armé de son trident, assis sur un char de triomphe, tiré par deux chevaux blancs, qui sort d'une caverne, lequel apres s'être un peu aresté, rebrousse chemin, & r'entre dans le même endroit d'où il estoit sorty, faisant entendre un bruit extraordinaire de trompettes & de cors. Il y a encore un banc qui semble estre mis expressément en ce lieu pour ceux qui veulent se reposer, mais ce n'est que pour attraper les personnes, & afin de les faire bien moüiller quand ils ne sçavent pas bien conduire le clou qui est au dessous: que si on a cette adresse on se preserve: On verra à même-temps que le pavé donnera mille petits jets d'eau qui sont imperceptibles, & lesquels moüillent les assistans dans un moment.

La 4. (qui est sans contredit la plus belle de toutes) a une entreé tout à fait difficile; parce qu'un regorgement d'eau en interdit le passage quand on n'y met pas ordre. On n'y est pas si tost entré, qu'on voit paroître un Orphée joüant de sa lire & remuant sa tête & son corps, selon la cadence de son instrument, lequel ravit en admiration tous les assistans: mais ce qui est encore plus surprenãr, c'est de voir un assemblage de toute sorte de bestes qui le suivent, enchantées des doux accords de sa lire, & une infinité d'oyseaux, qui chantent; des rochers, des arbres & des plantes qui s'inclinent devant luy pour luy marquer leur respect. On y voit les 12. signes du Zodiaque qui roulent & font leur cours avec une harmonie merveilleuse. Il y a outre cela un Bachus qui est assis sur un trône, tenant un verre en main: Enfin on y a si bien representé le Paradis, l'enfer, la mer, des navirres de guerre, les 4. élemens, le Chasteau de saint Germain, le Roy, les Princes & sa Cour qui voguent d'un autre costé sur l'eau, qu'il est impossible de le croire. Mr. le Dauphin paroist aussi avec des Anges qui décendent du Ciel. Cet ouvrage est si bien fait, qu'on l'estime un miracle de l'art. On y remarque encore un Neptune, un Mercure, un Iupiter, & beaucoup d'autres belles choses qui surpassent infiniment l'attente & la croyance des hommes: On y voit sur tout la representation des quatre Vertus Cardinales de marbre blanc, qui ont appartenu autrefois aux PP. Iesuites. Enfin il y a une chose remarquable dans ce lieu, c'est que tout y est miraculeux & capable de ravir toute la nature: dequoy il ne faut pas s'étonner: puisque c'est une maison destinée pour les delices du plus grand Roy de l'Europe, sans en excepter pas un. Ie me souviens qu'il y a prés de cette maison un bois qui s'appelle le bois de la trahison, au milieu duquel il y a un chemin dont les arbres d'un costé s'enfoncent dans l'eau comme une piece de fer quand on le jette dans la Seine, tandis que les autres qu'on a pris de l'autre costé du chemin nagent comme du liege sur l'eau, ce qui est un prodige étonnant. On dit bien davantage, que les arbres ne reviennent iamais quand on les a une fois coupez, par une espece de malediction, à cause que Ganellon sieur de Hauteville, dont le nom est odieux à toute la France, convint icy avec ses detestables associez de faire mourir les Messieurs d'Ardennes, & les Ducs & Pairs du Royaume : ce qu'ils executerent cruellement du temps de Charlemagne, lequel les fit brûler dans ce mesme lieu.

Madrid a esté autresfois une maison assez belle ; parce que François I. qui est un des plus grands Rois que nous avons eu, avoit pris a tache de la rendre accomplie ; mais maintenant elle tombe en ruine, & on ne se soucie pas de la maintenir dans son premier estat. On dit qu'on y remarque encore la fenestre qui represente celle où les Espagnols avoient fait paroistre le Roy devant le peuple de Madrid.

Saint Clou est une maison qui reconnoist le quatriéme fils de Clodovée le grand pour fondateur, lequel apres avoir esté mis dans un Cloistre, fit bastir cette Eglise, & y voulut estre ensevely : il y a des choses assez curieuses dans ce lieu; mais il est plus connu par le detestable Regicide qu'y commit F. Iacques Clement, dont l'Anagrame porte iustement, *c'est l'Enfer qui m'a creé*, que par toutes ces raretez, ainsi ie n'en dis pas davantage, pour ne renouveller pas la douleur que les veritables François doivent avoir d'une telle playe.

Le

Le Chasteau de Meudon est basti sur un rocher & au milieu d'une petite forest qui est tres agreable, ce qu'il y a de plus remarquable en ce lieu, c'est une grotte qui donne de l'eau en abondance, & qui moüille tous ceux qui sont dedans quand on veut, sans qu'on puisse s'en empescher, les chambres sont ornées de plusieurs belles statuës de marbre. On y remarque un miroir de marbre sur la cheminée, dans lequel on voit de belles choses, comme aussi les figures de Iules Cesar, d'Auguste, de Tibere, de Caligula, de Neron, d'Otton, d'Aristote, de Demosthene, de Ciceron, &c. Les dernieres troubles de Paris ont beaucoup ruiné ce lieu; c'est pourquoy il n'est plus maintenant ce qu'il a esté. Il y a au dessous de ce chasteau sur le bord de la riviere une agreable maison des RR. PP. Capucins, fondée par Charles IX.

Vanves est aussi fort recommandable à raison de son Beurre qui est excellent, & à cause du jardin de Monsieur de Portes qui est admirable pour ses belles promenades, ses rares fontaines, & toutes ses autres admirables raretez.

Gonnesse est assez connu pour son pain, sans que j'en dise davantage. L'Histoire remarque que François I. voulant répondre à tous les beaux titres de Charles V. qui luy avoit écrit une lettre pleine de qualitez, ne fit autre chose que mettre ces mots: *François premier Roy de France, de France, de France* & toûjours ainsi jusqu'à la fin de la page où il mit ces mots ; Seigneur de Vanves & de Gonnesse.

Issi, a esté autrefois l'endroit où l'on adoroit Isis. Bisseftre a esté autrefois digne d'estre veu; mais maintenant il n'y a rien a voir. Gentilly est un petit lieu qui a servy de titre à Henry IV. pour se mocquer des Espagnols, lesquels avoient rempli une lettre de titres & de qualitez, au lieu que ce grand Prince ne mit autre chose que Henry par la grace de Dieu, Roy de Gentilly.

Le Bois de Vincennes.

CE lieu de plaisance qui n'est qu'à une lieuë de Paris, situé sur la riviere de Seine, est une place entourée de bons fossez, & de huict grosses tours quarrées pour sa deffence. Sa Cour est fort spacieuse & fort belle. On voit a costé la sainte & Royalle Chapelle, dediée à l'honneur de la tres-Sainte Trinité & à la glorieuse Vierge Marie par le Roy Charles V. lequel y fonda 15. Chanoines, pour y faire l'Office. On voit encore en ce lieu les chaisnes de Paris, que Charles VI. fit enlever pour les mettre icy ; afin de punir la revolte de cette ville. Ce sejour est si agreable à raison des belles promenades qu'il y a dans les bois qui l'environnent, qu'il y a plusieurs Rois qui y ont voulu finir leurs jours ; comme Loüis Hutin, Charles le beau, Charles le Dauphin, & Charles IX. les Messieurs de Paris trouvent cette forest si char-

mante qu'ils s'y en vont en foule tous les
soirs en Esté, pour y prendre le frais, & s'y
divertir à la promenade: de sorte qu'on y
voit une infinité de carosses, de chaises &
de caleschees, remplies de gens qui viennent
pour s'y divertir, & on y voit une si grande quantité de personnes bien-faites, qu'on
diroit que c'est le sejour des Grâces & des
Muses. Il y a tant de plaisir d'entendre ces
confusions de voix & de paroles, & les
bruits sourds causez par tant de gens, qu'on
est ravy de s'y trouver. Les devots qui n'aiment pas ces plaisirs innocens, & qui cherchent des douceurs plus severes, n'ont qu'à
pousser plus avant dans le bois, & ils y trouveront un sejour de saincteté dans le Convent des RR. PP. Minimes, surnommez les
Bons-hommes, qui est une des plus agreables
maisons Religieuses qui se puisse voir. On
y conserve de tres-belles Reliques qu'on fait
voir aux Estrangers, quand on en prie ces
bons Religieux. Pource qui est du Chasteau,
la peinture que ie vous en donne, vous fait
assez connoistre sa magnificence & sa grandeur, sans que i'en dise davantage: c'est
pourquoy il ne reste rien à dire, si ce n'est
que le dedans est aussi superbe que le dehors:
En un mot, que ses meubles & ses ornemens
répondent dignement à cette belle apparence de maison que vous voyez maintenant:
On mit icy Messieurs les Princes du sang
apres leur prise au commencement des dernieres troubles de France: comme estant le

H ij

lieu le plus propre pour recevoir des personnes de cette qualité, & le plus asseuré pour les garder en cas de violence.

S. Maur est un chasteau basti sur une éminence joignant une agreable forest: mais imparfait a cause que François I. qui avoit commencé à le faire bastir, n'eust pas le temps de le faire achever. On découvre neantmoins tant de beautez dans ces commencemens imparfaits, & dans ce beau lieu, qu'il n'est pas possible de le croire. La negligence qu'on a pour entretenir cette maison est fort grande, quoy qu'elle merite un plus grand soin, ce qui fait que les choses n'y sont pas dans l'ordre qu'il faut; neantmoins on y voit encore des raretez assez curieuses, comme la statuë a demy corps de bronze de François I. laquelle est tres-bien faite, comme aussi la devise du mesme Roy sur la porte, sçavoir une Salemandre entourée de lis avec ces mots: *Non deflorebimus isto præside & istis ducibus.* Henry IV. donna cette maison à Monsieur le Prince de Condé.

Montmartre étoit autrefois une montagne hors de Paris; mais on a maintenant si fort agrandy la ville, qu'elle est presque dedans. Ce lieu est remarquable pour trois raisons. La 1. qu'elle a servi de retraite à S. Denis & à ses compagnons durant le temps de la persecution, & qu'il a esté le theatre de leur constance & de leur vertu dans le temps de leur martyre, & qu'ils y furent cruellement mis à mort. La 2 c'est qu'on en tire tout le plastre dont on se sert à Paris, ce qui a donné occasion de dire qu'il y a plus de Montmartre à Paris, que de Paris à Montmartre : Et la 3. c'est qu'anciennement on y adoroit Mars ou Mercure, d'où quelques-uns veulent dire qu'il conserve encore le nom : & je pourrois en mettre encore une 4. sçavoir la belle maison des Dames Religieuses de S Benoist qui est bastie au haut de cette montagne, dont la vie est exemplaire, leur saincteté & leur vertu les rendent assez considerables à Paris, & par tout où elles sont. Ceux qui voudront bien voir cette grande ville n'ont qu'à venir icy, & ils seront entierement satisfaits.

Pour ce qui est des autres lieux considerables qui sont aux environs de ce petit monde, il y en a si grande quantité, qu'il n'est pas possible de les pouvoir mettre icy : on peut neantmoins aller visiter S. Lazare, autrement l'Hospital de S. Loüis, basti par Henry le grand, lequel est admirable pour sa grandeur, la beauté de ses fontaines, ses cours & ses corps de logis; mais sur tout l'Apotiquairerie qui est une des plus belles du Royaume. Chaliot avec le beau Convent des P. Minimes, dont la Bibliotheque est tres-curieuse & tres-riche : Chailly & Long-jumeau bastis par le Marquis d'Effiat, Surintendant general des Finances : la maison de M. l'Archevesque de Paris qui est pres S. Clou, laquelle est enrichie de plusieurs belles statuës antiques de marbre & de bronze : le nouveau bastiment fait a Bissetre pour les estropiats de guerre : le beau lieu de Versailles que le Roi Louis XIII.

d'heureuse memoire a fait bastir, & une infinité d'autres, dont la magnificence & la beauté surpassent tout ce qu'il y a de plus rare & de plus charmant dans les pais étrangers.

S. Denis est une jolie ville à deux petites lieuës de Paris, laquelle porte le nom de ce grand Areopage, à cause qu'il porta sa teste depuis Montmartre jusqu'icy, où son corps fut ensevely avec ceux des SS. Eleuthere & ses compagnons. Le Roy Dagobert eust tant de devotion à l'endroit de ce saint, qu'il fit bastir ce superbe temple si favorisé du Ciel, que iamais il n'a esté pillé ny brûlé, pendant tous les troubles que les Heretiques ou les Rebelles ont suscitez dans le Royaume, ce qui est cause que iamais les invincibles Monarques de cet Estat n'entreprennent aucun voyage qu'ils n'aillent premierement visiter ce saint lieu, où il y a une Abbaye tres-celebre des Religieux reformez de S. Benoist avec un Abbé qui porte le titre d'Archichapelain du sacré Palais, & lequel a de tres-grands privileges. Voyons maintenant la grandeur de ce S. Temple, ses beautez, ses richesses & ses fontaines : Pource qui est de sa grandeur, on a remarqué que sa longueur est de 300. pieds, sa largeur de 200. & sa hauteur de 80. Ce grand édifice est soûtenu par 60. piliers, & a trois portes de bronze a son entrée, qui estoient autrefois dorées : le chœur est divisé en trois parties, dont la 1. qui a 68. pieds de longueur, & 35. de large sert pour les Religieux. Le 2. en a 45. de large & 35. de long. Et le 3. quelque peu moins.

Quand à ce qui est de la sepulture des Rois, qui fait sa beauté, il faut sçavoir qu'elles sont divisées en trois rangs, dans le premier desquels on voit le monument de Charles le Chauve avec ces vers.

Imperio Carolus Calvus regnoque potitus
Gallorum iacet hic. Sub brevitate situs.

Les corps de Louïs & de Dagobert Rois sont à la droite, ceux de Hugues Capet & d'Odon à la gauche, & au milieu de tous ceux-cy les saintes Reliques de S. Denis richement enchassées. Le 2. est le depositaire de plusieurs Monarques, comme aussi le 3. mais on doit sur tout considerer la Chapelle de Charles V. dans laquelle il est ensevely avec toute sa posterité, & le magnifique sepulchre de François I. & de ses enfans avec une naïve representation de ses guerres & de ses victoires, le tout sur un beau marbre; afin de servir d'autentique à tous les siecles de sa pieté envers son Dieu, son amour envers son peuple, & des nobles & genereux sentimens de son ame. On voit dans la Nef de l'Eglise le Mausolée de Loüis XII & d'Anne de Bretagne sa femme, relevez en Albastre. La Chappelle neufve & ronde qui est du costé du cimetiere possede les corps d'Henry II. de François II. & de Charles IX. ses enfans Rois de France, sa circonference est de 34. toyses. Il y a outre cela plusieurs autres sepulchres des personnes illustres, & de beaucoup d'Officiers de la Couronne, comme celle de Bertrand du Guesclin Connestable de France, &c.

Il faut venir maintenant à la richesse & aux grands tresors que possede ce S. lieu, soit en belles Reliques ou en autres choses. Il y a un Cloud dont les Iuifs se servirent pour attacher Iesus-Christ en Croix au temps de sa passion. La teste de S. Denis l'Areopage que le mesme S. porta depuis Paris jusqu'icy, enchassée d'un chef d'argent, orné de quantité de belles pierreries. Vn bras de S. Simeon. La teste de S. Benoist Fondateur de ce grand Ordre de Dames & de Religieux du mesme nom, qui a fleury depuis tant d'années, & qui triomphe encore tous les jours en sainteté & en vertu, des Langes du Sauveur. Des Reliques d'Esaye & de S. Nicolas, de S. Pantaleon, de sainte Catherine, de S. Loüis, de S. George, de sainte Odore & de S. Appolinaire. Le doigt que S. Thomas mit dans le costé du Sauveur, des cheveux de la Vierge, une coupe de Salomon, une cruche des nopces de Cana en Galilée. La Couronne, le Sceptre, & la main de Iustice de S. Loüis, des os des SS. Innocens, & une infinité de Croix d'or & d'argent couvertes de pierreries & de diamants. On y voit un bois de Licorne de six pieds de long & de 26. livres de pesanteur, la lanterne de Iudas, l'Epée de la pucelle d'Orleans, l'oratoire de Charlemagne d'un grand prix, les Couronnes de plusieurs Rois, & un nombre infiny de pieces dont la valeur & la rareté font qu'on appelle iustement ce
lieu

lieu le tresor de nostre France: on dit qu'il y a des pierreries de 50. mille écus la piece, & des medailles anciennes qui representent au naïf Salomon, & quelques autres Empereurs Romains, gravés sur les pierres precieuses, dont il n'est pas possible de sçavoir le prix.

On doit encore estre curieux de voir la belle fontaine qui est dans cette Abbaye, parce que son bassin est tres-curieux, & l'eau tres-salutaire, ce qu'il y a de plus rare pour ce point, ce sont les figures des Idoles anciennes qui sont à l'entour: Enfin il y a tant de belles choses dans cette maison, qu'il faudroit des volumes entiers pour en parler comme il faut: c'est pourquoy ie remets le Lecteur à la veuë de toutes ces merveilles pour le bien satisfaire.

I'oubliois de dire que S. Denis n'est pas seulement remarquable à raison de cette illustre Abbaye: mais encore à cause de la beauté de la ville qui est assez jolie, quoy que petite. Il y a une agreable maison des Peres Recolets, & deux ou trois Convents de Dames Religieuses. La scituation de ce lieu ne peut estre que tres-agreable; puis qu'elle est à deux lieuës de Paris & au milieu d'une plaine abondante en grains, & en toute sorte de choses, & si remplie de gibier qu'il n'est pas possible de faire dix pas sans trouver des lievres, des perdrix, & mille autres sortes de venaison. Nous pouvons croire qu'estant si prés de la cour comme elle est, les esprits n'y peuvent eftre que tres-doux, tres-civils, & tres amoureux de la douceur de la vie, & qu'ainfi l'on y doit paffer bien doucement fes jours.

Argenteüil eft auffi fort agreable par la mefme raifon : mais il eft encore plus heureux : parce qu'il a l'avantage d'avoir la robe de noftre Seigneur.

Alincourt, outre qu'il eft charmant pour la vie, eft digne d'eftre veu, quand ce ne feroit que pour y voir le fepulchre de cette mere & de cet enfant dont l'Hiftoire eft fi connuë, & dont l'Epitaphe eft celle-cy.

Cy gift le fils & la Mere,
La Fille & le Pere,
La Sœur & le Frere,
La Femme & le Mary,
Et il n'y a que trois corps icy.

Ie vous expliqueray icy en paffant une chofe fi difficile à entendre : parce que la chofe eft veritable ; il y euft autrefois un jeune garçon à marier, lequel follicitant a mal faire la fervante de la maifon, & ayant creu avoir à faire avec elle dans le rendez vous qu'elle luy avoit donné la nuict, joüit & engroffa fa Mere fans le fçavoir : parce qu'elle avoit pris la place de fa fervante qui luy avoit declaré le tout. Quelque temps apres cette mefme mere accoucha d'une fille qu'elle mit en nourrice dans un village fans que pas un en euft la connoiffance,

DE LA FRANCE.

jusques à ce qu'estant assez grande, elle la prit chez elle pour la nourrir: le fils qui estoit allé cependant faire un grand voyage, ne fust pas si tost de retour qu'il divint amoureux de cette fille qu'il avoit trouvée dans la maison à son arrivée, & qu'il creust estre une Orpheline selon l'asseurance que lui en avoit donné sa mere: Apres avoir donc long-temps pressé pour l'avoir en mariage, il en obtint enfin la permission de la mere; c'est pourquoy tous trois venant à mourir, & la chose estant declarée par ladite mere, on mit ces trois corps ensemble avec les vers que vous avez veu cy-dessus.

On peut voir encore plusieurs autres lieux qui sont aux environs, comme Poissi, où il y a un illustre Convent de Dames Religieuses: Ioye en-val qui est une celebre Abbaye de Premonstré: Mente bonne ville avec un siege Presidial, & où il y a une belle Eglise dediée à Nostre Dame, & bastie comme celle de Paris, avec un tres beau Convent de Celestins. Ponthoise dont la situation est tres-belle, les vivres à bon marché, & les habitans fort civils.

Le païs de Gastinois a pour villes principales, Estampes, Nemours, Rochefort, Moret, & Montargis, si on l'y veut comprendre. La premiere est fort longue avec une grande Eglise consacrée à nostre Dame, dans laquelle est representée l'Histoire de ce joüeur qui fut iustement puni des blasphemes qu'il faisoit contre la sacrée Vierge. Son

I ij

Chasteau est fort ancien, comme vous pouvez juger; puisque le Roy Robert l'a fait bastir. La seconde est honnorable à raison du nom qu'elle porte, & du siege de Iustice qu'elle a: & les deux dernieres meritent d'estre aimées à cause de leur belles situations & de quelques avantages particuliers qu'elles ont.

Montargis est beaucoup plus considerable que les precedentes, parce qu'elle est plus grande, plus forte & plus riche qu'elles: Ses ruës sont fort larges & fort droites, ses avenuës tres-agreables, à cause qu'on passe à travers de mille charmants vignobles, cependant qu'on voit une des plus belles prairies du monde. Le Chasteau Royal qui commande sur la ville est fort grand, & est bien fortifié. Il y a une sale si spacieuse, & d'un cerveau si élevé que l'on y peut joüer au balon, comme on dit que Henry IV. a fait: On voit sur une cheminée de ce Chasteau l'histoire du chien qui vengea la mort de son Maistre, reconnoissant un iour le meurtrier qui l'avoit commis: car il ne l'eust pas si tost veu, que luy sautant au col, nonobstant toutes ses défences & les efforts de ses armes, il luy arracha la teste, & punit ainsi le crime de cet homme detestable. Milly n'est pas à mépriser, à raison de sa situation & de plusieurs autres avantages qu'elle possede.

LA BEAVSSE.

Cette Province est sans contredit une des plus fertilles du Royaume pour les fromens, & peut disputer avec la Sicile & l'Angleterre pour ce qui est de sa fertilité en ce point. On l'appelle le grenier de la France, & moy ie l'appellerois le plus aimable païs de tout l'Vnivers, s'il y avoit un peu plus d'eau qu'il n'y a pas : parce qu'elle est la plus unie, la plus temperée & la plus propre à la vie qui se puisse trouver. Estant obligé d'en parler, ie diray que les Cosmographes la divisent communement en trois, en haute, moyenne, & basse, comprenant dans la haute le païs Chartrain, & les Comtez d'Evreux & de Montfort, dans la basse celuy d'Orleans, de Sologne & de Lorriz, & dans la moyenne les Comtez de Blois & de Dunois, avec le Duché de Vendosme. Les villes principales sont Chartres, Orleans, Blois, &c. Voyez-en les raretez ensuitte.

Chartres est une ville tres-ancienne. Cesar en fait grand estat dans ses Commentaires, & on dit qu'elle estoit autrefois la demeure des Druides Gaulois, & qu'il y en avoit quelques-vns, avant la naissance de Iesus-Christ qui prophetisoient; parce qu'ils avoient leu les livres des Prophetes à ce qu'on dit : c'est pourquoy ils avoient fait bastir un temple à l'honneur de la Vierge, en quoy i'estime cette ville heureuse d'avoir

I iij

esté la premiere qui a servy à la Divine Marie, qui est elle seule Mere & Vierge. On luy a donné plusieurs noms, selon le caprice des gens & des Auteurs, & tous se sont attachez à faire voir la verité de leurs opinions; ainsi ie ne dis rien de l'Ethimologie de celuy qu'elle porte maintenant: pour faire remarquer au Lecteur trois choses considerables dans cette ville. La premiere c'est sa pieté: La seconde c'est sa beauté: Et la troisiéme ce sont ses raretez: Quant à la premiere, elle est une des premieres converties à la Foy de Iesus-Christ: car elle fut éclairée depuis le temps de saint Pierre qui y envoya deux de ses Disciples pour cet effet; elle a esté sanctifiée par le sang de plusieurs Martyrs, qui ont constamment souffert la mort pour la défence du Christianisme, comme on en voit les marques par ie puys des SS. forts qui subsiste encore, & qui porte ce nom à cause qu'on y precipita des Deffenseurs de la foy par l'ordre d'un Preteur Romain. Tant de belles Reliques qu'elle possede : tant de superbes Eglises, enrichies de si precieux ornemens, tant de Saints Convents de Religieux & de Religieuses qui sont dans l'anceinte de ses murailles, sont des preuves infaillibles de ce que ie dis. Quant à la seconde chose remarquable qu'il y a, ce sont les beautez qu'elle possede, qui consistent premierement dans sa situation qui ne peut être que tres-belle, à raison de la riviere qui l'arrouse: secondement dans la largeur de ses ruës, la superbe de ses bastimens, & l'ornement de ses maisons. Pour ce qui est enfin de la troisiéme, c'est qu'elle a les plus belles antiquitez du Royaume, & un des plus agreables jardins de France à voir, à cause de ses promenades, de ses fontaines, & sur tout d'une table de marbre couverte de mets, & & entourée de plusieurs figures, qui passe pour estre un miracle de l'art. Ie pourrois en mettre davantage si ie ne croyois pas estre trop long: Ainsi ie finis par les plaisirs qu'on y peut prendre, & ie dis que l'on peut gouster tous ceux de la vie dans ce lieu; parce que la quantité & la delicatesse des vivres y sont: parce que l'air y est doux, le païs charmant, & les humeurs fort portées à la joye. On dit pour l'ordinaire que les Chartrains sont amiables, courtois, communicatifs, d'une douce conversation, paisibles entr'eux, amateurs des Estrangers qui le meritent, fort zelez pour la foy de tout temps, fort pieux, charitables, & grands amateurs du trafique: Enfin ils sont pleins de vertus presque sans aucun défaut. Iugez maintenant si ce païs, que quelques uns estiment digne de faire une Province à part, n'est pas un lieu de delices pour les honnestes gens.

I iij

ORLEANS.

LE seul nom d'Orleans donne une si haute idée de la ville qui le porte, qu'elle surpasse tout ce qu'on en pourroit dire. Toutefois comme il faut en décrire les beautez pour satisfaire les curieux, je tacheray d'en faire le tableau le mieux qu'il me sera possible. Elle est assise dans la Beausse sur la riviere de Loire qui arrouse ses murailles, sa forme est longue, & une de ses extremitez est élevée insensiblement sur un petit costeau qui est tres-agreable à voir : de sorte que quelques-uns la considerant du costé de la riviere, l'ont comparée à une ligne fort droite, & ont dit apres avoir fait le tour de l'autre costé, qeu c'estoit un arc tendu. Il y a une petite isle au milieu de la riviere remplie de belles maisons & de quantité d'arbres. On y va par un pont qui traverse depuis la ville jusqu'au fauxbourg Pontereau, defendu de plusieurs tours & par des boulevars, au milieu duquel il y a une belle Chappelle où se voyent un bel Image de la tres-sainte Vierge, & les figures de Charles VII. & de Ieanne d'Arc, surnommée la Pucelle d'Orleans. La ville est entourée de bonnes murailles, & fortifiée de quantité de tours rondes, remplies de terre, qui sont maintenant presque ruinées à cause des grands coups de canon qu'on leur tira pendant les dernieres troubles de la Religion. Les vins qui se cueillent aux

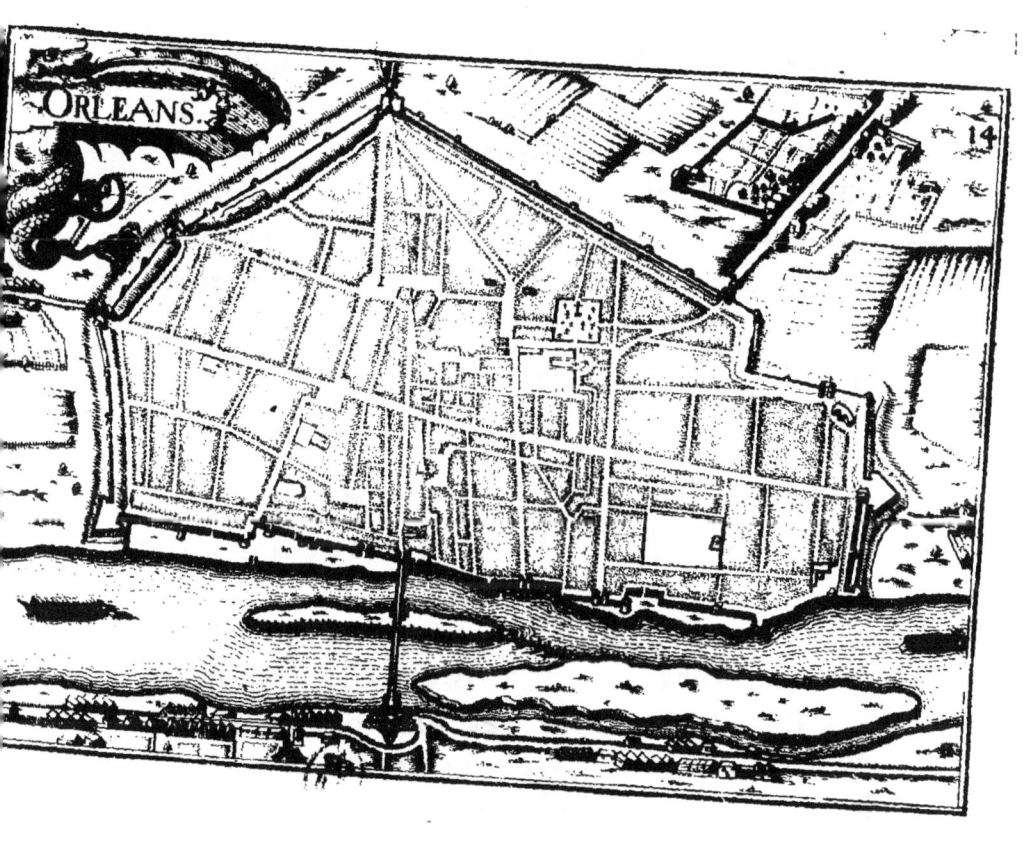

environs, passent pour si excellants, qu'on les estime des meilleurs de France, il est vray qu'ils sont trop violents pour la santé: mais aussi ils en sont plus propres pour estre transportez dans les païs septentrionnaux. Le païs où elle est situee, est remply de vignobles mélez de prez, de jardins, de vergers, & de terres labourables, dont la diversité est tout à fait admirable. Tout le monde est de ce sentiment; que si les Orleannois estoient moins picquans & moins Guespins qu'ils ne sont dans leurs paroles, ce seroit un des meilleurs peuples de l'Vnivers à raison de leurs autres belles qualitez, qui sont asseurement en bon nombre; puisqu'ils sont courageux, s'entretiennent bien les uns avec les autres, ayment le trafic, parlent mieux qu'en aucun endroit du Royaume, sont civils & charitables, & bien faits quant au corps & à l'esprit. Ie veux croire que c'est qu'autrefois il y avoit des Rois aussi bien qu'à Mets & à Soissons, & parce qu'elle est maintenant l'appanage ordinaire des Fils de France, & le sejour des plus beaux esprits du siecle. Elle a outre tous ces avantages celuy d'avoir un Bailliage considerable, une des plus celebres Vniversitez de France, fondée par le Roy Philippes le Bel l'an 1312. avec de tres-beaux Privileges confirmez par le Pape Clement V. en faveur des Allemans, des Normands, des Picards & des François, qui y sont en grand nombre. L'ordre est si beau dans cette école des Sciences, que c'est une merveille de le voir : Les Allemans y ont toûjours un Procureur qui ne dure que trois mois, comme aussi un Assesseur avec son Greffier & son Garde-sceau, sans parler des quatre Tresoriers, des huict Conseillers deputez pour la decision des affaires importantes, de deux Bibliothecaires, qui sont obligez d'être tous les jours dans la Bibliotheque, horsmis les iours de Feste, depuis une heure jusqu'à deux, pour donner les livres qu'on leur demande, en prenant les asseurances qu'il faut de celui qui les reçoit : c'est pourquoi ie ne m'estonne pas, s'il y a tant d'étrangers pour étudier dans cette Vniversité ; puis qu'il y a de si belles commoditez pour devenir sçavant. Le Bedeau a accoustumé de presenter la Matricule de la Nation aux Allemans quand ils arrivent dans la ville ; afin de s'y faire écrire si on veut.

L'Eglise de sainte Croix est sans contredit le plus superbe édifice de la ville ; quoy que les Religionnaires l'ayent ruinée dãs les dernieres troubles : son clocher estoit le plus haut de France, comme celuy de Strasbourg l'est maintenant de l'Allemagne. Henry IV. a remis en partie ce beau Temple, comme une inscription le témoigne. Sa longueur est de 180. pas, sa largeur de 140. les pilliers de 17. toyses, & le clocher en avoit 37. au dessus, & 34. de rez de chaussée : Elle est servie par 59. Chanoines & 12. personnes qui ont des dignitez. On y voit la representation des quatre Barons, qui se voyãnt captifs parmy les Turcs ensuitte des guerres de la terre sainte, firent veu à la Sainte Vierge de faire quelque chose à sa gloire, s'ils pouvoient estre delivrez; ce qui leur fut accordé; de sorte qu'ils furent transportez, sans sçavoir comment, dans ce lieu. Celle de S. Aignan n'estoit pas moins superbe auant qu'elle fut entierement ruinée l'an 1562. Il y a 31. Chanoines & 8. Dignitez. Pour ce qui est des maisons Religieuses il y en a de tous les ordres, tant de filles que d'hommes, lesquelles sont tres belles à voir, sur tout le Convent des PP. Recolets qui est dans le plus bel endroit de la ville, & où il y a toûjours des plus grands hommes du temps pour la vertu, la science, & la predication. Il y a encore un tres-beau cimetiere à voir pres de l'Eglise de Sainte Croix, l'Hostel de ville dont la tour est si haute qu'on voit à découvert toute la ville, le Chastelet où on tient les prisonniers, & plusieurs autres belles maisons qui semblent des Palais. Les ruës y sont fort droites & fort larges, on les a pavées d'une certaine petite pierre quarrée qui les rend tres agreables. Il y a aussi quantité de places tant grandes que petites; mais les principales pour la vente des bleds & des vins, sont celles de l'Estappe & le Matroy où l'on execute les criminels. S. Aignan, & les Mottes. On en voit quelques unes où il y a de grands arbres dont l'ombrage est merveilleux & charmant, & qui servent de promenade fort agreable. Il se fait tous les ans une Procession à Or-

Ieans le 12. May où tous les Ordres de la ville sont obligez de se trouver, & vont jusqu'au pont où on dit une Messe solemnelle en memoire de la délivrance de la ville, assiegée par les Anglois, & mise à couvert de leur violence par le moyen de Ieanne d'Arc la Pucelle. Ie diray icy en passant que l'Evesque de cet aimable sejour, a des privileges tres-remarquables : Entr'autres celuy de donner grace le iour de son entrée à tous les criminels qui se presentent à luy. L'Histoire remarque que cette ville a souffert trois sieges considerables, l'un en l'an 450. lors qu'Atila Roy des Huns estant devant fut défait par Aëtius General des Romains, aidé par Meroüée Roy de France, & par Theodoric Roy des Goths. Le 2. est celuy des Anglois sous Charles VII. en l'an 1428. & le dernier arriva l'an 1563. par François Duc de Guise pour le Roy Charles IX. Enfin on doit dire qu'Orleans est un lieu delicieux à raison de sa belle situation, de ses bons fruits, de ses excellents vins, de ses agreables promenades, de la courtoisie de ses habitans, de la douceur de son peuple, de la charmante conversation de ses Citoyens & des autres plaisirs innocens qui se trouvent dans ce beau lieu que François I. appelloit la premiere ville de son Royaume. I'ay creu estre obligé de vous en donner le Tableau, apres vous en avoir fait à peu prés la description, afin de vous satisfaire entierement.

On peut voir aux environs de cette ville,

Gergeau qui appartient à Monsieur l'Evesque d'Orleans : ce lieu à qui on donne le nom de ville est petit, mais il est assez fort. Il y a un pont pour passer la riviere de Loire à la faveur duquel on peut aller voir le beau jardin joignant le Chasteau de Senaille, où il y a une roche artificielle faite de coquilles, de tets ou coques de limaçon, & de certaines petites pierres luisantes de diverses couleurs qui jettent quantité d'eau en diverses figures, ce qui est tres agreable à voir. On peut aller de là à Montargis dont nous avons déja parlé, & visiter le Bourg & le Chasteau de Chasteau-neuf, le beau Monastere de S. Benoist basti sur le bord de la riviere de Loire, la grande forest d'Orleans qui a 70000, arpans de terre, & qui en auroit 140000. si elle n'avoit pas esté ruinée. Elle donne 16000.l. de rente tous les ans. La petite ville de Lorris laquelle donne son nom à tout le païs voisin, & qui est tres-divertissante : la belle source qui est à une lieuë de cette grãde ville, qu'on dit ne tarir ny ne se geler iamais : le beau bastiment qui est à costé du bourg d'Olivet, lequel appartient à Monsieur Descuir qui est un tres-galant homme, où il y a un jardin fort delicieux : un verger rêpli de tout ce que l'Agriculture a de plus rare, avec des grandes allées sur le bord du beau fleuve de Loire consacrées à tous les plaisirs innocens qu'on peut desirer dãs la promenade & dans l'entretien. Sully qui est une terre érigée en Duché & Pairie, a une maison si superbe, un parc si rare

& des jardins si merveilleux, qu'il ne se peut rien voir de semblable ; c'est pourquoy i'estime qu'on ne doit pas negliger de le voir. Que si on se plait au divertissement, on n'a qu'à faire son sejour dans ce païs, & on y trouvera des charmes si doux, qu'on sera obligé de dire que rien ne peut égaler ce païs : car outre que la conversation y est douce, c'est que toutes les humeurs sont si accoustumées au plaisir, qu'elles ne sçauroient passer un moment sans les gouster à longs traits.

Chambort est encore une maison digne d'être veuë : la grandeur de ses chambres & de ses appartemens, tous batis de pierre de taille, est telle, qu'on dit que tous les Rois & les Princes de l'Europe y pourroient loger ; ce que ie ne fais pas difficulté de croire, pourveu que leur suitte ne soit pas fort grande. Il y a une chose remarquable dans cette maison que François I. a fait bastir ; c'est que les degrez sont disposez d'une telle façon, que si on veut monter à une chambre plus haute que celle où l'on est, il faut descendre au lieu de monter, ce qui est un prodige merveilleux & difficile à croire à ceux qui ne l'ont pas veu. La veuë de cette Maison Royalle est si agreable, à raison de la grande quantité de petites tours qu'il y a, qu'on est ravy de les regarder. Il est vray que la negligence de ceux qui en doivent avoir soin est si grande, qu'elle laisse perir miserablement un si beau lieu qui a cousté des sommes immenses à faire bastir.

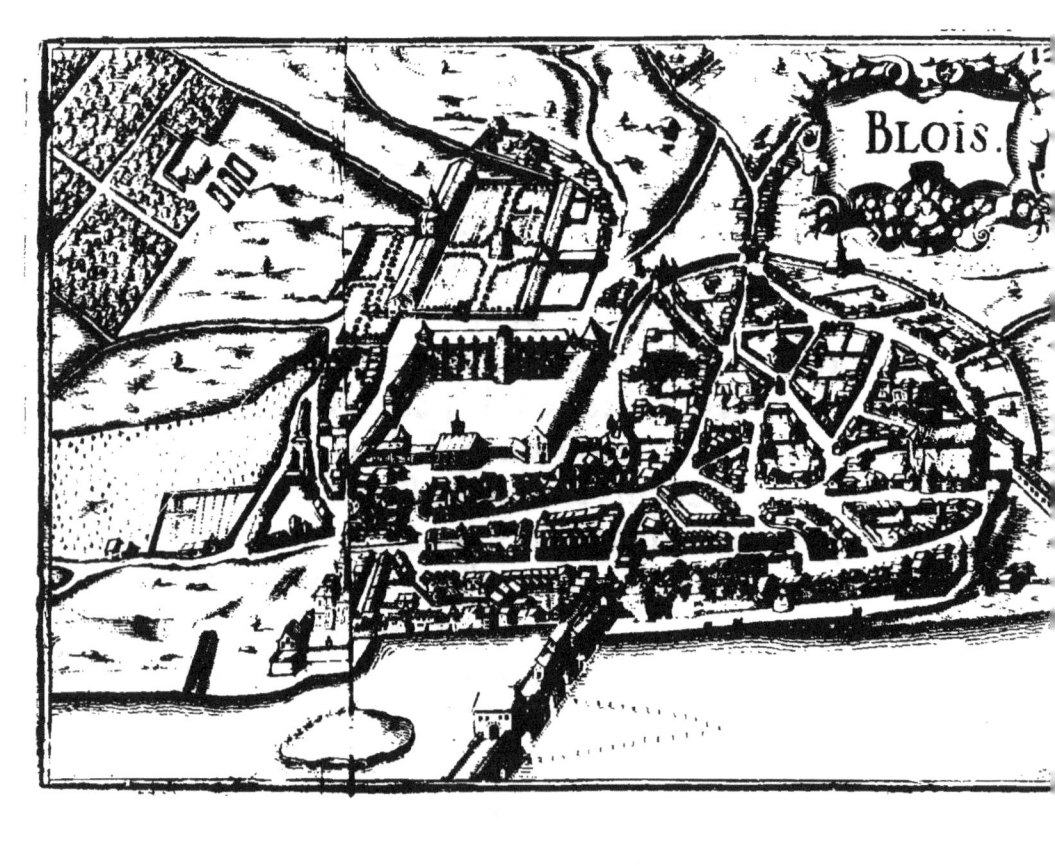

BLOIS.

Cette aimable ville est située sur le bord de la mesme riviere qui arrouse les murailles d'Orleans. Son terroir est si fertile & son Pays si beau, qu'on l'appelle communement le grenier de la France, comme la Sicille l'estoit anciennement de Rome: & la terre en est si grasse, que s'il plût un moment, il est presque impossible de pouvoir marcher: voila pourquoy on a mis ce Proverbe en usage En Beausse bonne terre & mauvais chemin. L'air y est si pur & si doux que les Rois y ont fait souvant leur sejour, & y ont fait élever leurs enfans, comme estant le lieu le plus propre du Royaume. Quoy que tout y soit considerable, il y a pourtant certains edifices qui meritent une particuliere admiration; comme les belles Eglises Collegiales de S. Iacques & de S. Sauveur qui sont tres-superbes, le Chasteau qui est à une extremité de la ville, basti sur un rocher, capable d'une bonne defence. On dit que Loüis XII. a fait bastir la porte ancienne qui regarde l'Eglise & la ville, & qu'il y fit mettre une statuë de Pierre blanche representant un homme monté sur un beau cheval. On voit encore dans cette maison la devise de ce Monarque qui representoit un porc espic couronné avec certains mots, pour marquer que comme il est impossible de toucher cet animal sans se blesser, il est aussi tout-à-fait impossible de pouvoir irriter un Roy, & s'approcher par trop de la couronne, c'est à dire de sa majesté, sans courir risque de porter la peine de son attentat : on y voit encore celle que François I. y a fait mettre, sçavoir une Salamandre qui vit dans les flammes, pour dire que sa prise ny la deffaite de son armée devant Pavie n'avoient pas esté capables d'abbatre son courage. Les beaux jardins qui y sont remplis de tout ce qu'il y a de curieux, & mille autres raretez qui sont dans ce chasteau meritent iustement qu'on les voye & qu'on les admire. Il y a encore de tres belles promenades au dehors pour la commodité des habitans, un Pont extrémement long basti sur le Loire, au dessus duquel il y a une pyramide eslevée à l'honneur de Henri le Grand : des aqueducs qui ne sont pas fort hauts, mais qui sont extraordinairement larges, lesquels marquent la magnificence des Romains, & l'antiquité de la ville. Enfin il y a une infinité de belles choses à voir qui peuvent contenter les plus curieux : mais ce qui est de plus aimable dans cette ville, c'est que le peuple y est le plus civil & le plus doux de France. La Charité, & l'hospitalité sont si naturelles à ses habitans, que les estrangers y sont traittez comme les enfans de la maison. La bonne chere n'y couste presque rien, & la conversation des hommes & des femmes y est si belle, qu'on ne sçauroit rien souhaiter d'avantage : ce qui me fait dire que c'est le lieu le plus charmant du monde, & le sejour

DE LA FRANCE.

jour le plus delicieux pour les personnes d'esprit & de ioye qu'on puisse trouver. Les lieux les plus considerables à voir aux environs de Blois sont, le beau chasteau de Buri, dans la cour duquel il y a une colomne fort haute avec la figure de cuivre du Roy David qu'on estime estre d'un grand prix. On dit qu'il y a plus d'un siecle qu'elle a esté portée de Rome. Il y a encore plusieurs autres statuës des Empereurs & des Rois, & sur tout celle de ce Religieux qui a inventé la poudre & les armes à feu. Vendosme qui estoit autrefois Comté & maintenant Duché: le lac admirable qui regorge d'eau pendant sept ans, & reste sec autres sept ans de suitte, pendant lesquels on voit des cavernes extrémement profondes & des abismes effroyables. Les païsans de ces endroits ont remarqué que si l'eau revient iusques à certain lieu, & d'une certaine maniere, ils sçavent si les sept années suivantes seront steriles ou abondantes. Chasteau-dun basty sur une coline au pied de laquelle passe le Loire, où il y a un chasteau assez fort, & dont les fauxbourgs ont des maisons tres-agreables. Les dernieres guerres ont ruiné ce lieu: mais maintenant il se remet tous les jours: c'est pourquoy il a pris cette devise *extincta reviviscit*. Chaumont qui a un chasteau fort esleué, & beaucoup d'autres logemens sousterrains.

Amboise est une ville fort ancienne & dont la situation est tres-agreable, à cause de la fertilité de son terroir, qui ne cede en rien

Tom. II. K

aux autres païs du Royaume. Cette ville a esté si agreable de tout temps, que nos Monarques l'ont estimée digne de servir de retraite à leurs enfans aussi bien que Blois : c'est la raison pourquoy il y a un tres beau Chasteau bien fortifié & bien muny de tout ce qui est necessaire pour la defence, dans lequel il y a un bois de cerf pesant quarante livres. Prodige si extraordinaire, que cela a donné occasion à beaucoup de gens de croire, que c'est une invention de l'art & non pas une production de la nature. On voit encore sur une de ses cheminées la representation d'un homme & de sa femme, dont la grosseur surpasse toute sorte de croyance.

Chanonceau qui est à trois lieuës d'Amboise, & à douze de Blois, est une maison bastie par l'ordre de Catherine de Medicis Reine de France, dont la magnificence est tres grande. On y voit quantité d'anciennes figures portées d'Italie, qu'on dit estre tres-riches : mais sur tout celle de Scipion l'Affricain, faite d'une certaine Pierre qu'on met au rang des precieuses, & quantité d'autres belles raretez qui meritent d'estre veuës. On pourra encore voir un lieu assez curieux qu'on nommé Mont-Louys, lequel est basty dans le rocher.

LA TOVRAINE.

Cette Province est d'un air si doux, d'un Pays si fertile, & d'un naturel si aimable pour ses habitans, qu'elle passe avec justice pour estre une des plus agreables & des plus delicieuses de la France : c'est pourquoy on l'appelle par excellence le Jardin de la France. Les fruits y viennent comme à souhait, & passent pour estre des meilleurs de l'Europe. Il y a du bled & du vin en abondance, & on peut dire que l'on ne sçauroit rien desirer pour la necessité, & la commodité de la vie qui ne se rencontre dans cet aimable sejour. On y trouve encore des carrieres de pierre blanche en si grande quantité, que les maisons des païsans en sont basties. C'est icy où l'on peut gouster tous les plaisirs innocens de la vie, & passer aussi doucement ses iours qu'en aucun autre lieu du Royaume, soit qu'on aime la compagnie, le ieu, la promenade, le divertissement, la chasse, le doux entretien, les belles maisons & les lieux de plaisance : car il semble que c'est le rendez-vous de tout ce qu'il y a de beau dans les autres Provinces de cet Estat. Voyons maintenant les villes & les curiositez qui y sont.

TOVRS.

C'Est avec raison que cette ville passe pour estre la premiere de cette Province, & qu'elle donne son nom à tout ce beau païs qu'on appelle les delices de la France : car outre que sa situation est dans le plus bel endroit du monde ; c'est que sa grandeur, la magnificence de ses bastimens, la superbe de ses Eglises, & ses autres raretez la rendent tout-à-fait considerable. Voyons à peu prez ce qu'il y a de plus remarquable.

I'ay deja dit que sa situation estoit tout-à-fait belle : mais ie n'ay pas donné la raison pourquoy : ainsi, ie dis qu'elle est dans une tres-vaste campagne, feconde en toute sorte de fruits & de grains, arrousée d'un costé du fleuve du Loire sur lequel il y a un Pont de Pierre de dix-sept arcades, prez duquel on voit les Barques, qui vont & qui viennent sur le mesme fleuve. Ses fossez & ses murailles la mettent à couvert de toute surprise : mais ne la rendent pas capable d'un long siege. Le peuple y est fort doux & fort civil, & le commun s'y adonne fort à toute sorte d'ouvrages de soye qui passent pour estre les plus beaux de toute l'Europe, & qui sont en effet les plus exquis & les plus recherchez de toutes les nations estrangeres & barbares. Les Machines dont on se sert pour les faire sont si merveilleuses qu'on ne sçauroit les voir sans estonnement. On dit que l'illustre Iacques de Baulne a esté le premier qui a introduit cette sorte de manufacture, & qui apres avoir fait bastir des aqueducs pour la commodité de ses Concitoyens, a pris soin de faire transporter de toutes les parties de la terre les fruits les plus exquis qui s'y peuvent trouver. On dit qu'auparavant que ce grand homme eut fait venir des Italiens pour apprendre le mestier de faire des ouvrages à Soye, il sortoit plus de 40. tonnes d'or par an du Royaume pour en avoir: mais depuis qu'il a rendu ce service à l'Estat, on peut dire que bien loin d'en sortir, il y en entre tous les ans des sommes immenses. Les plus superbes temples de cette belle ville, sont ceux de S. Gratian & de S. Martin. Le 1. de ces deux n'est pas fort ancien: mais il est tres beau. Il y a trois tours extremement hautes, & des statuës merveilleuses aux environs qui sont rompuës & à demy cassées depuis les troubles de la Religion, qui meritent d'être admirées. L'horloge, le chœur & la Chappelle, dont les pilliers & le lambris sont dorez & embellis de mille raretez: & l'Eglise bastie à l'honneur de S. Martin (dont les Huguenots ont brûlé les Reliques) avec son Autel & ses Orgues, meritent encore d'estre veus. Le mesme Temple a 160. pieds de longueur, 52. fenestres, 20 colomnes, 19. portes, & 3. tours, dont l'une a 329. degrez pour monter jusqu'au bout où l'on trouve une cloche de sept pieds & demy de largeur, 22. de tour, & dont le seul battan pese presque cent livres. Le Chasteau qui est tres-ancien est assez bien fortifié. On y trouva en l'an 1591. deux urnes remplies de cendres de plusieurs corps consommez par le feu. Son jeu de mail est sans contredit le plus uny, le plus long & le plus beau du Royaume; mais ce qui rend cette ville plus aymable, c'est qu'elle a servy de retraite à Charles VII. pendant qu'il estoit privé de son patrimoine par les Anglois, & à Henry III. chassé de Paris par ses habitans:

Et parce que ſes Bourgeois & ſon peuple ſont doux, civils, charitables, amis des étrangers, point inſolants ny quereleux, & fort portez à la douceur d'une vie innocente. Les vivres y ſont à bon marché, & les divertiſſemens aſſez communs. Ie voudrois que tous ceux qui ſe plaiſent à paſſer doucement leurs jours & qui pourroient douter des delices de noſtre France, qu'ils euſſent veu ce beau ſejour, parce qu'ils diroient avec moy que rien ne peut égaler cette ville.

L'Illuſtre Convent des PP. Minimes dont la vie auſtere & penitente eſt telle, qu'ils ne mangent iamais rien qui vienne de la chair, non pas meſme du laiēt, du beurre, ou du fromage, merite encore d'eſtre veu, non ſeulement parce qu'il eſt la retraitte de pluſieurs ſaints hommes, mais encore à raiſon de la magnificence de ce baſtiment dont la grandeur ſemble une ville, & dont l'enclos enferme ie ne ſçay combien d'arpans de terre: On le doit voir au reſte à cauſe de la grande quantité des preſens qu'on a fait à l'honneur de S. François de Paule, dont les ſaintes Reliques furent brûlées par les Religionnaires pendant les dernieres guerres, & à raiſon de mille autres choſes qu'on voit dans la Sacriſtie. Les ſçavans & les curieux y trouveront une Bibliotheque tres-belle, des peintures tres-rares, & un Convent où tout eſt magnifique. Le General de cet Ordre fait ordinairement ſon ſeiour en ce lieu.

Marmonſtier eſt une Abbaye reformée de

S. Benoist, trop illustre pour n'en dire pas quelque chose; mais elle a aussi trop de raretez pour les enfermer en un si petit espace. Ie diray pourtant qu'il y a 67. Moynes Benedictins, dont S. Martin est le Fondateur, que son revenu est fort grand, que l'on conduit le vin de la montagne qui est proche par des canaux de plomb dans les caves qui sont excessivement grandes, & qu'il y a une sainte Ampoulle que l'Ange porta du Ciel, remplie d'un huile sacré pour oindre S. Remy, Clovis premier Roy Chrestien, & dont Henry IV. s'est servy le iour de son Couronnement. Le chœur merite d'estre veu, non seulement parce que la tombe de S. Martin y est; mais encore parce que la Passion de Iesus Christ y est tres bien representée. Enfin tout y est rare, sur tout les caves gouttieres où l'eau se change en pierre & fait diverses figures, & les Chapelles des Dormants. On peut voir une infinité de maisons de plaisance aux environs de ce beau lieu, où tout ce qu'il y a de beau & de curieux dans le Royaume se trouve dans Toute la perfection. Le Chasteau de Duplessis où le Roy a acoustumé de loger quand il vient à tours. Il y a prés de cette maison l'Eglise de S Cosme, où Ronsart, qui est le Prince & l'Homere des Poëtes François est enseveli: le beau Convent des Peres Capucins: La ville & le chasteau presque imprenable de Loche sur l'Yndre, le Monastere de Beau-lieu où on voit une belle pyramide couverte de lettres Gothiques.

Le tres-agreable chasteau de Paulmi, & la jolie ville de Chinon, illustre en ce que Jeanne Darc fut premierement presentée icy à Charles VII. On dit que Rabelais dont l'esprit estoit le plus facescieux de son temps, est né dans ce mesme lieu : & plusieurs autres lieux semblables, comme l'Isle Bouchard, entourée de la riviere de Vienne, Chastillon, Assay le Brusle, Sur-Say le Ferron, & Montrichard.

L'ANIOV.

CEtte Province qui est une des mieux arrousées de France pour les rivieres; puisque le Loire, le Maine, la Vienne, la Dive, la Loire, la Sarte, &c. parcourent son païs, est bornée de la Touraine & du Vâdomois, à son levant du Poictou, & à son midy du Maine, & Laval au nort, & de la Bretagne au couchant. La Duché vint à la Couronne sous Loüis XI. par la mort de Charles néveu de René. Cette Province est un païs inégal : mais c'est une merveille de voir ses costeaux chargez de vignes, & des valons remplis de tout ce qui peut estre necessaire à la vie ; & qui peut mesme la rendre delicieuse. Elle produit des vins brancs tres-delicats, dont on fait grand estime, des chanvres & des lins en grande quantité. L'Ardoise est si commune qu'on en bastit les maisons, & on en fait les clostures des prez : Ses principales villes sont Angers, Saumur, Montraineau, Beaugé, Beaufort, Brissac, Montreuil-Bellay, Maulevrier, Chantourceau,

tourceau, Duretal, la Fieche, Chasteau-Gontier, &c.

ANGERS.

Cette belle ville que les Croniques d'Angers disent avoir esté bastie par les Philosophes, & augmentée par les Troyens, est située dans un agreable valon, entourée de tours fort hautes, & arrousée d'une belle riviere. Sa grandeur est mediocre, quoy qu'elle soit la Metropolitaine du païs: mais sa richesse est tres-considerable, sa beauté merveilleuse & ses delices tres-grandes. Voyons ses Eglises, son Academie, son chasteau, sa cour. Le principal de tous les lieux sacrez est dedié au grand S. Maurice. Sa structure est tres-rare, à raison de ses trois tours extremement hautes, dont l'une semble estre suspanduë en l'air. Il y a quantité de Chanoines, les Benefices y sont si considerables que les Rois de France ne dédaignent pas d'y avoir un Canonicat. L'Evesché est d'un beau revenu, il y a plusieurs Epitaphes à voir, entr'autres celle de Iean Olivier Evesque de la mesme ville, de René Roy de Sicile, & de S. Licin. On y voit encore une tuille de la S. Maison de Lorette. Il y a un grand tresor, qu'on expose les iours des grandes Festes, dans lequel il y a l'épée de S. Maurice, une urne de celles de Cana, dont la couleur est rougeastre, & semblable au jaspe. L'Eglise de S. Iulien a une Image de la Vierge semblable à celle qui est à Nostre Dame *del Populo à Rome* que S.

Tome II. L

Luc a faite, la tunique de S. Licin qui demeura 32. ans dans le tombeau sans se corrompre. L'Eglise de S. Cir merite encore d'estre veuë, à cause de deux tables de pierre sur lesquelles on a gravé l'Assomption de la tres-S. Vierge, & l'onction de Iesus Christ quand on le mit au tombeau, & sur chacune des deux un saint Iean si bien fait, qu'on a de la peine de discerner s'ils ne sont pas le mesme, tant ils ont de rapport l'un avec l'autre. L'Vniversité est tres-celebre, & a eu quantité de grands personnages ; il y a outre cela trois Colleges, sçavoir celuy du Nœuf, de la Porte de Fer, & de la Fromagerie, où l'on enseigne la Medecine. Le Chasteau est tres-ancien & tres-bien fortifié. Il est basti sur un haut rocher, & est défendu de dix-huict tours extremement grosses, & qui font peur à voir, à raison de leur pierre noire. On peut voir encore le jardin & la galerie de René Roy de Sicile, peinte de sa main, les ruines du theatre qu'on appelloit autrefois Grehan, qui sont au faubourg appellé de Saumur: le lieu d'où l'on tire l'ardoise qui est extremement profond, & où il y a une machine merveilleuse pour tirer l'eau, qui ne s'arreste que le iour de Pasques, & que des chevaux font aller incessamment. Brissac maison de plaisance tres-agreable, le chasteau du Verger que la magnificence des possesseurs a rendu tres remarquable. Les ruines de la tour de Rochefort qui incommoda si fort les Angevins pendant les troubles. Montejam qui est sur la riviere, aux deux bords de laquelle il y a deux maisons tres belles à voir & plusieurs autres agreables sejours qui sont aux environs. Ie conseille les curieux d'aller voir la Beaumete, qui est un Convent de Peres Recolets, ils y trouveront un des plus Saints & des plus beaux lieux de France, & où il y a les meilleurs Predicateurs du Royaume.

SAVMVR.

Saumur est la seconde ville d'Anjou; quoy qu'elle soit fort petite, quand à ce qui est de l'enceinte de ses murailles, si on n'y comprend pas les fauxbourgs qui sont bien fortifiez, tres-grands & tres beaux. Elle est située au pied d'une montagne sur la Loire, & a des habitans tres riches. Son pont est tres-rare pour son batiment, à raison de la belle place qui est à un de ses bouts, laquelle sert de promenade à ses Bourgeois quand le temps le permet. Il y a un chasteau au dessus de la montagne, qui est capable d'une grande defence, & lequel a trois bastions ou esperons qui regardent la ville. Ie puis dire que ie n'ay iamais rien veu de si beau que la veuë de cette campagne quand on est au chasteau, ainsi ie conseille aux curieux de prendre ce plaisir. Nostre-Dame des Ardilliers, si renommée par tout le Royaume à raison de ses miracles, merite d'estre veuë, comme aussi les carrieres d'où l'on tire la pierre qui vont demy lieuë sous terre, avec l'Abbaye de S. Florian qui est tres-superbe & tres-bien fortifiée.

Les autres villes qui sont considerables, sont la Flesche, dont le College est tres-celebre. Henry le grand avoit pris si fort à tache de rendre ce lieu illustre: parce qu'il y avoit esté conceu, qu'il y a fait bastir une maison aussi superbe qu'il s'en puisse voir: car on dit qu'elle est capable de loger trois Rois avec leur suitte. Les Peres de la Societé de Iesus en ont la possession: le Chasteau de Resay bien fortifié, & aux environs duquel il y a quantité de grandes caves sous-terraines qui le rendroient presque imprenable, s'il y avoit une forte garnison pour le défendre. Toüars qui est une ville tres-plaisante & un chasteau tres-agreable, le tout appartenant au Prince de la Tremoüille, qui est une des plus anciennes familles de l'Europe: le village de Bovay qu'on croit avoir esté quelque chose de plus considerable qu'il n'est, à cause du bel amphiteatre qu'il y a, lequel est taillé dans le rocher; quoy qu'il soit de 22. degrez de hauteur. Lipsius parle fort avantageusement de ce lieu, & c'est avec beaucoup de raison, durant que les ruines qui y sont marquent quelque chose de plus grand qu'on ne se persuade: le Pont de Sé que quelques uns disent tirer son nom de *pons Cæsaris*, ou bien de Pont de Zee, qui veut dire *pons stagni aut maris*, parceque le Loire fait icy comme un lac, & plusieurs autres lieux remarquables qui tous en particulier font voir les plaisirs qu'il y a d'être en France.

BRETAGNE.

CEtte Province est bornée de la Normandie, du Maine, & de l'Anjou au levant, du Poictou au midy, & de la mer oceane au septentrion, & au couchāt. Elle a des campagnes fort abondantes, des prez en quantité & beaucoup de landes pour les pasturages des animaux, comme aussi de grandes forests propres a toute sorte d'usages. Elle a la mer tres-commode pour trafiquer, dont les habitans ne se servent pas mal, comme on le peut juger par les grandes richesses qu'ils possedent. Elle a de tres-bon sel qui est transporté dans tous les païs étrangers, & des mines de fer, de plomb, & mesme d'argent en plusieurs endroits. Il y a encore du vin en assez bonne provision ; mais les habitans ne s'en contentent pas ; c'est pourquoy ils en vont chercher en Anjou, en Poictou, & en Gascogne, tant ils ayment cette bonne liqueur. Le grand trafic de cette Province sont les belles toiles qu'on y fait, qu'on transporte dans tous les endroits de l'Europe. On divise communement cette grande Province, (qu'on ne peut voir d'un bout à l'autre en moins de six jours, à bien marcher, ny traverser à moins de trois) en deux ; sçavoir en Françoise qui est la haute, & en basse, c'est à dire les Bretons Bretonnants. Les villes principales sont, Nantes, Rennes où est le Parlement. Les moins considerables sont

Dol, saint Brieu, saint Malo, Dinan, Rieux, Chasteau-Briant, Lamballe, Vitray, Iugon, saint Aubin, du Cormier, Plerel, Ioë in, Malestroit, Pont gni, saint Iulien, & Anceniz, dont nous avons parlé. Vannes, dans la basse, saint Paul de Leon, l'Andtriguier, Blavet, Brest, Morlaye, Guincamp, Quinperlay, Couquerneaux, Quimpercorentin, saint Regnauld des bois. Voyons ce qu'il y a de plus considerable dans la plus renommée de ces places.

NANTES.

CEtte ville est considerable pour plusieurs choses, premierement en ce qu'elle est riche & Marchande: car il y a des Marchands qui trafiquent par tout le monde: Secondement, c'est parce qu'elle a des Eglises superbes & des maisons magnifiques, des habitans assez sociables, fins, agissans, & attachez à leur profit, & un peu trop addonnez au vin, ils sont fort pieux, & Catholiques jusqu'à la mort. Ils ont une aversion si grande pour les Normands qu'ils ne peuvent pas les souffrir. Il y a une tres-belle Eglise Cathedrale & quantité de maisons Religieuses, tant d'hommes que de femmes. Le Loire arrouse ses murailles, & un chasteau extremement fort qui est à une de ses extremitez la défend de ses Ennemis: quoy qu'elle soit capable de se bien deffendre elle mesme. On doit voir le sepulchre de François II. dernier Duc de

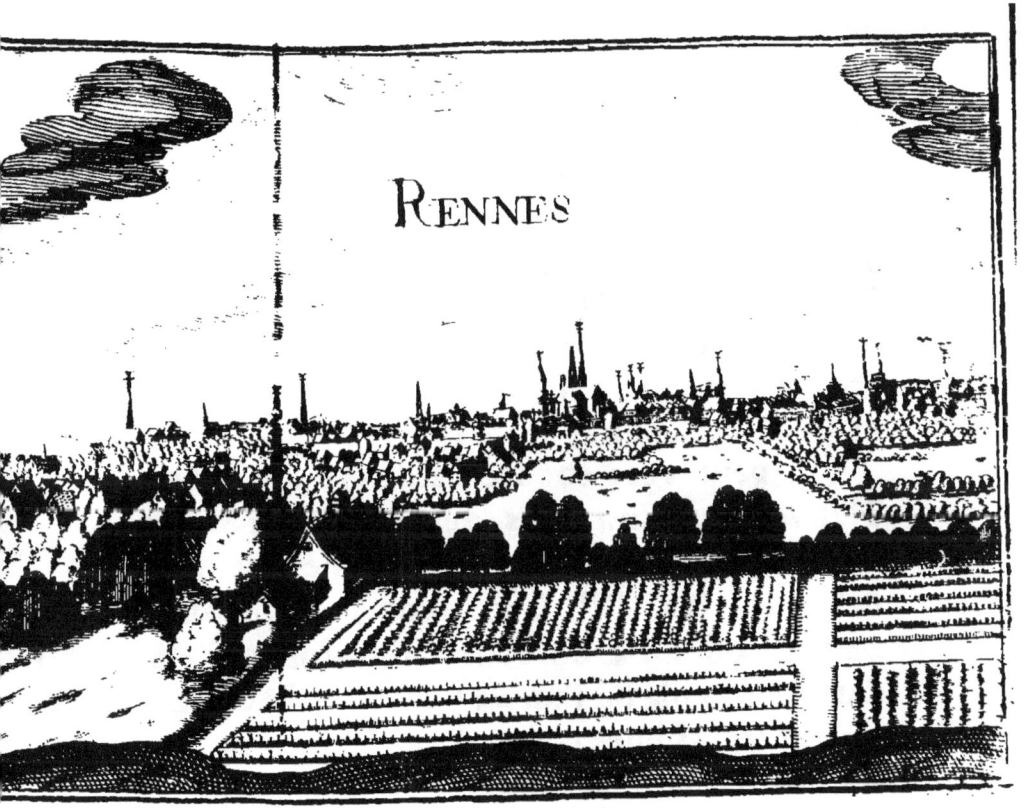

Bretagne fait par le brave Michel Colomb, dont l'ouvrage est tres curieux. C'est une merveille de voir que cette ville peut se vanter d'avoir eu depuis le commencement du Christianisme octante-six Evesques envoyez par les Souverains Pontifes, à commencer depuis saint Clair qui est le premier, jusqu'à celuy qui gouverne maintenant si sagement la mesme Eglise : ce qui m'oblige de deplorer l'aveuglement des heretiques qui n'ont ny Pasteur, ny Evesque, ny Mission aucune, & de leur dire en passant ces paroles du grand Tertullian. *Dent Haretici Origines Ecclesiarum suarum, evolvant ordinem Episcoporum suorum ita per successiones ab initio decurrentem, ut primus ille Episcopus aliquem ex Apostolis, aut ex Apostolicis viris habuerit Authorem aut Antecessorem.* Tertul. de Præscrip. hæretic. cap. 31.

On peut voir encore l'Abbaye de Ville-Neuve, les Convents des Religieux & des Religieuses qui y sont, tres superbes, sur tout celuy des RR. PP. Chartreux basty depuis peu, & où il y a de belles fontaines. C'est dans cette ville où l'on fit l'Edit de Pacification entre Messieurs des deux Religions, la Catholique & la pretenduë Reformée.

RENNES.

Quoy que cette ville ne soit pas la capitale de toute la Province, elle ne reste pas pourtant d'avoir le Parlement, & d'avoir de tres grands privileges. Elle a un Evefque suffragant de l'Archevefque de Tours: fa situation eft dans un beau païs, couvert d'arbres & fur le bord de la riviere de Vellaine la rend tres-agreable; mais fes belles Eglifes, les celebres Monafteres, la beauté de fes promenades, la douceur de fes habitans, l'enjoüment de fes Dames, & les autres plaifirs qu'on y goufte la rendent affez recommandable, fans que ie m'attache d'en faire de plus grands difcours, ainfi ie crois que c'eft affez de dire que c'eft un petit Paradis.

S. MALO.

LE renom de faint Malo eft affez bien étably dans tous les endroits de l'Europe, & prefque du monde; fans que ie pretende en augmenter la reputation; c'eft pourquoy ie diray feulement que la bonté de fes Pilotes, le grand trafic de fes Marchands qui vont par toute la terre, la richeffe de fes Bourgeois, & l'humeur fociable, fidelle, amie du divertiffement & de la joye de fes habitans les rendent tout à fait aimables. Pour moy ie vous avoüe que ie n'ayme rien tant que de faire amitié avec des Saint-Maloins, veu les belles qualitez qu'ils poffedent, & ie pafferois agreablement mes iours dans cette ville s'il m'étoit poffible. Elle eft petite, il eft vray, mais elle eft riche, belle & divertiffante. Il ne faut que voir fon affiette pour juger qu'elle eft tres forte, & tres propre pour le commerce; puisque la mer l'enferme tout à fait, & puis qu'un chasteau imprenable qui est en terre ferme la deffent encore merveilleusement bien. On dit qu'il y a une chose remarquable dans l'Isle qui est proche, laquelle n'arrive pas souvent; mais qui est pourtât une espece de miracle: c'est qu'il n'y a jamais qu'un corbeau & qu'une corneille dans tout ce païs entouré d'eau: de sorte que si l'un des deux vient à mourir, tous ceux qui sont aux environs y accourent & y donnent un si cruel combat pour voir à qui appartiendra l'Isle, qu'il y en a je ne sçay combien qui restent sur la place: de sorte que le plus fort chasse tous les autres hors du païs, jusqu'à ce qu'il en soit l'unique possesseur. La seconde chose qui est remarquable à saint Malo; c'est que des chiens gardent la ville, j'estime que c'est une merveille de voir que ces animaux ne sont pas si tost détachez qu'ils s'en vont visiter tous les ramparts avant que de manger quoy que ce soit: & ils sont si dangereux qu'ils égorgent tous ceux qu'ils trouvent: c'est pourquoy on sonne une grosse cloche quelque temps auparavant leur sortie, afin d'avertir le monde, & pour le faire retirer. On doit voir encore le Couvent des Peres Recolets qui est dans l'Isle, comme estant un lieu tres agreable & un azile de science & de vertu, comme aussi plusieurs maisons de plaisance qui sont aux environs. C'est un delice d'estre dans cette ville quand la belle saison vient: parceque l'on se va promener à la campagne, & l'on fait mille partis de joye. Au reste, c'est que du haut des maisons on voit aller & venir les vaisseaux, lesquels ne sont pas si-tost arrivés, que d'abord on voit toute la parenté en joye, tous les amis en réjoüissance, & toute la ville ravie d'un si heureux retour. On ne parle apres cela que de boire & de rire, de danser & de faire bonne chere, ce qui arrive tres-souvent: dautant que comme la ville est petite, qu'il y a beaucoup de navires en mer, & qu'on invite tous le parens, les amis & les voisins, il arrive aussi que les festins & les bien-venuës y sont presque ordinaires. Il y a plusieurs autres villes considerables comme ie vous ay déja dit cy dessus, & où il y a un mesme Evesché; mais ie les laisse pour dire ce qu'il y a de plus rare dans l'estenduë de la Province. Ie sçay bien que Dol, Iocelin, Ploërmel, Vitray, Dinan, saint Brieu, Freguier, saint Paul, Conquest, Quinpercorentin, Quemperlay, Blavet, Hannebon, Vannes, meriteroient qu'on en parlast: comme ayant beaucoup de raretez, mais comme ie serois trop long, ie les laisse pour dire en passant quelque chose de Brest qui est une petite ville fort agreable avec un chasteau extremement fort. Le Roy qui a connu l'importance de cette place, tant pour favoriser son commerce que pour la belle commodité qu'il y a de faire bastir de beaux vaisseaux, & d'y mettre à couvert les navires, soit de guerre ou de Marchandise, a pris soin

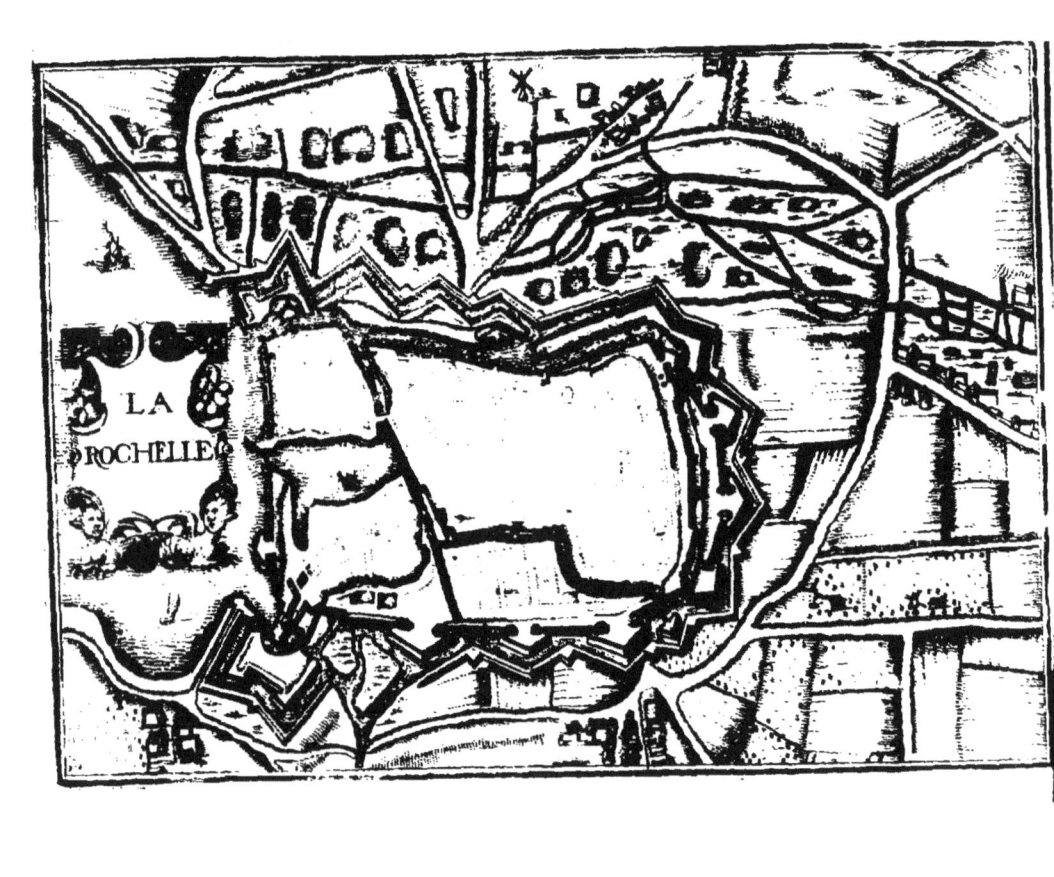

DE LA FRANCE.

de le rendre plus propre qu'il n'estoit : afin de mieux seconder ses desseins. Il y a toûjours une flotte considerable dans ce havre non seulement, parce qu'ils y sont en seureté; mais encore parce que c'est comme la clef de l'Ocean.

LE PAIS D'AVNIS.

CEtte petite étanduë de Païs est si fertile en toute sorte de grains, de bons vins, de sel, & de tout ce qui est necessaire à la vie qu'il ne seroit pas juste de la laisser passer sans en dire quelque chose; dautant mieux qu'elle a une ville tres celebre pour capitale; sçavoir la Rochelle : j'avouë que ie m'écarte; mais ce n'est que pour mieux suivre mon dessein.

LA ROCHELLE.

ON croit qu'il n'y a pas plus de 600. ans que cette ville a esté bastie, & que ce n'a esté qu'en consideration du port qu'on l'a mise dans l'estat qu'elle est maintenant: Quoy qu'il en soit elle est devenuë si belle & si marchande, qu'à peine en trouvera-on une semblable pour sa grandeur. Messieurs de la Religion pretenduë Reformée en avoient fait leur lieu d'armes, & l'avoient si bien fortifiée qu'elle estoit imprenable, & l'Histoire nous apprend que sans un miracle particulier on n'en seroit jamais venu à bout,

Ses privileges ont esté autrefois fort grands; mais depuis la revolte elle s'en voit privée. Loüis XIII. la remit dans son devoir apres un long siege, & se contenta apres l'avoir reduite à l'extremité, de la démenteler en faisant grace à ses Citoyens. Son port est fermé d'une grosse chaîne, qui va d'une tour à l'autre, & les Navires y sont si bien en seureté qu'ils ne craignent ny les tempestes ny les ennemis : Les Marchands peuvent décharger les Marchandises du navire dans leurs magazins, & le trafic y est si grand qu'on peut aler de là dans tous les coins de la terre habitable; aussi est-ce le rendez vous de toutes les Marchandises des Indes & de la Chine. Il y a une Eglise Cathedrale fort superbe, que Messieurs de la Religion pretenduë Reformée avoient fait bastir, le grand Temple a une des plus belles charpanteries de l'Europe. De sorte que l'on croit qu'il ne se peut rien voir de plus beau que cette structure : le commun du peuple y est mal élevé & d'assez insolante humeur; quoy que ce soit contre l'ordinaire du Royaume; mais les personnes de qualité y sont civils, honnestes, & bien faits : Ainsi on peut s'y divertir fort agreablement, sur tout si on se plaist à la conversation & au jeu : dautant que les femmes y sont douces & d'assez belle humeur.

DE LA FRANCE.

LE POITOV.

CEtte Province est si grande qu'on conte 1200. Paroisses 42. Abbayes & une infinité de Convens dans les trois Eveschés de Poitiers, de Maillesay, & de Lusson qui sont de ses dépendances. Ses bornes sont du costé de l'Orient le Berry, la Touraine, & le Limozin; l'Angoumois & la Xaintonge au Midi; l'Ocean au Couchant, & la Bretagne & l'Anjou au Nort. Le païs a porté autrefois le titre de Royaume des Goths: qui en furent chassez aussi bien que du reste de la Guiene par Clovis: mais maintenant elle n'a que celuy de Duché. On dira que j'ay de la complaisance pour cette Province si je dis, que si elle avoit autant de Rivieres que beaucoup d'autres elle seroit la premiere de toutes celles qu'on estime le plus: mais on ne me faira pas ce tort, si on sçait qu'elle a tout ce qui est necessaire au plaisir, & à la vie de l'homme, comme de tres belles maisons de plaisance, de grandes Forets propres pour la chasse, de belles personnes, des humeurs enjoüées, des divertissemens de toutes façons, des bleds, des vins, de la chair, de la venaison, des poissons, des fruits, des bois, des laines, des lins, & generallement de tout ce qu'on peut desirer. J'ay dit en plusieurs endroits que la France estoit un lieu de delices, & je dis maintenant que le Poictou est le délice de la France: car je n'ay jamais veu de la noblesse si bien faite que celle-cy, des Dames si civilles ; des Bourgeois si obligeants, un peuple, si doux & des paisans si amis de la joye & de la douceur de la vie. Il ne faut que parcourir toute cette Province pour voir l'experience de cecy, & s'informer d'où viennent les plus aggreables airs, & les plus iolis menuets, pour sçavoir que ie ne trahis point la verité. Voyons un peu les merveilles de sa capitalle, & les raretez qui sont dans les autres villes moins principales de cet aimable païs.

POITIERS.

CEtte ville qui donne le nom à toute la Province fait voir de loin ce qu'elle est, & comme quoy elle est une des plus grandes du Royaume. Cette élevation où elle se trouve semble la rendre fiere de tant de belles choses qu'elle enferme au dedans de ses murailles, & ces augustes edifices qui s'eslevent iusques aux nuës & qui paroissent de plus de deux ou trois lieuës font bien voir son antiquité & l'avantage qu'elle a au dessus de tant d'autres villes de nostre celebre Empire. Sa situation est tres-belle ; quoy qu'elle soit sur le panchant d'une montagne : parce qu'elle est arrousée de la riviere de Vienne & entourée de vignes & de iardins tres-agreables: sa forme est confuse : mais aggreable pourtant, & sa disposition est telle, qu'on ne sçauroit l'assieger que tres-difficillement, &

sans une puissante armée. Les anciennes murailles qui restent encore font bien voir quelle est son antiquité & son Evesché qui a eu autrefois le grand S. Hilaire deffenseur de la foy contre les Arriens, son Academie, & son Siege Presidial, la rendent encore aujourd'huy une des plus illustres de l'Estat. Il n'est rien qui marque mieux ce qu'elle est que ses lieux sacrez, ses autres edifices & ses coustumes, soit pour la creation du Maire, ou soit pour les divertissemens ordinaires de ses habitans: Elle a plusieurs Eglises qui sont toutes magnifiques : mais les plus celebres sont, la premiere celle de S. Pierre où est le Siege Episcopal bastie de pierre de taille, & dont la structure est tres superbe. S. Martial l'Apostre de la Guyenne est celuy qui en a jetté les fondemens en suitte d'une revelation qu'il eust du martire de S. Pierre. On y garde une partie de la barbe de ce Prince des Apostres que S Hilaire porta de Rome apres avoir triomphé des Arriens qui avoient si long temps persecuté l'Epouse de Iesus-Christ : ses murailles sont si fortes qu'à peine peut-on discerner où est-ce qu'on luy a tiré des coups de canon. La 2. est celle de Nostre Dame la Grande, où on voit la figure du grand Constantin monté sur un beau cheval, ayant l'espée à la main, avec une Epitaphe qui marque ce qu'il est. La femme du Maire a accoustumé de presenter tous les ans une chasuble extremement precieuse le Lundy de Pasques à cette Eglise. La 3. est celle de S. Hilaire qui eſt au plus haut de la ville, & lequel a une tour quarrée d'où l'on voit parfaitement bien toute la ville. Il y a un ſepulchre qui conſomme les corps dans 24. heures, & qui devient puant quand on le frotte avec du fer. On y conſerve encore celuy de Goffri de belle-dent fils de Meluſine: comme auſſi le tronc d'arbre qui a ſervy de Berceau à S. Hilaire & dans lequel on fait repoſer ceux qui ont perdu l'eſprit; apres quoy Dieu leur fait bien ſouvant la grace de revenir en leur bon ſens, d'où vient qu'on a accouſtumé de dire à ceux que l'on raille, tu as beſoin d'aller au Berceau de S. Hilaire, comme à Narbonne aux Reliques de S. Tubery. Les 4. Mandians ſont encore tres-bien logez comme auſſi les Peres Capucins, les P. Fuillans & les Peres Ieſuites: il y a outre cela quantité de Paroiſſes & de tres-anciennes Abbayes tant d'hommes que de filles qui ſont tres-celebres: les maiſons des particuliers ſont des Palais, & on diroit que tout ce qu'il y a de beau dans les autres lieux ſe trouve icy. Les Places y ſont belles, grandes, & nettes, les ruës fort ſpacieuſes, bien frequentées, & tres-bien garnies de toute ſorte de fruits. Outre cela il y a à voir le Chaſteau qui eſt à la Porte de S. Lazare fait en forme de triangle avec trois groſſes tours pour ſa deffence, le Palais qui eſtoit anciennement un beau Chaſteau, les reſtes de l'Amphitheatre baſty par les Romains & appellé vulgairement les Arenes, le College, les ruïnes

des

des Aqueducs qui sont hors des murailles, la belle Fontaine qui est prez de la Plateforme dont l'eau est transportée par des asnes par toute la Ville: le Cabinet de Monsieur Content rempli de plusieurs belles raretez, comme c'est un homme d'esprit & d'estude & qui aime les honnestes gens, il ne manquera pas d'accorder cette grace à ceux qui la luy demanderont. La pierre levée qui a soixante pieds de circuit: la caverne qui est à quatre lieuës, laquelle a une entrée malaisée & une sortie plus difficile, dans laquelle on dit que les anciens avoient accoustumé de se promener, apres les rejoüissances de leurs nopces: mais du depuis qu'une ieune épousée y tomba & s'y écrasa la teste, on a aboly cette coustume. Ie souhaiterois que tous les curieux des belles choses fussent à la Rochelle lors qu'on fait le Maire, & à Angers au temps de la Procession de la Feste Dieu pour voir la magnificence de ces lieux: Mais ie souhaiterois plus encore qu'on fût à Poictiers dans la belle saison de l'hyver, lors qu'on se divertit quand on fait les Rogaisons, apres Pasques, & lors qu'on fait le Maire, pour dire que cette ville est un des plus aggreables sejours du Royaume. Ie ne diray rien icy de ces magnifiques banquets qu'on y fait, ny de ses superbes collations qu'on donne apres le bal & le ieu, ny de ces augustes assemblées qui se font pour créer le premier Magistrat de la ville qu'on proclame premier Baron apres son election; par ce que ie n'aurois iamais fait, pour dire que cette ville semble estre la cour de quelque grand Prince. On fait un festin au iour de cette election où les Dames mesmes se trouvent, où la ioye regne. L'Vniversité est tres-celebre, & les trochisques de viperes y sont si excellens, qu'on les porte dans toute l'Europe & sur tout à Venise, où il s'en debite une extraordinaire quantité. La maison de ville conserve des antiquitez tres curieuses, & des privileges tres-particuliers, accordez par les Rois ensuite des grands services que la Guyenne & le Poitou ont rendu à la couronne, & lesquels sont gravez sur des lames de cuivre pour une memoire eternelle. Enfin je n'aurois iamais fait, si ie voulois mettre icy tout ce qu'il y a de rare & de beau: c'est pourquoy ie viens aux autres lieux de cette mesme Province.

Laudun qui est une petite ville assez iolie & dont le Chausteau est tres bien fortifié merite d'estre veu, comme aussi les lieux qui suivent. Bonivet superbe maison dont l'architecture est si belle qu'elle passe pour estre une des plus belles de France, & il est dômage que le dessein n'en soit pas achevé. La Fosse de S Pierre qui n'est guere moins curieuse, & dont la voute de l'entrée est tres bien faite: les iardins tres-agreables, & les armes à feu dôt l'artifice est si beau qu'on ne peut pas discerner par où est ce que la balle sort. Chasteleraut qui est honorée d'un titre de Duché &assez bien munie. On doit voir icy trois choses assez curieuses: La 1. est le beau travail que les ouvriers de Cousteaux & de Ciseaux y font, le beau Pont que la Reine Catherine de Medicis y a fait faire lequel a 250. pas de longueur & 66. de large comprenant neuf arcades, & les pierres qu'on appelle les Diamants de Chateleraut à raison de leur fidelle rapport avec les veritables. Champigny qui est un Bourg tres-aggreable avec un beau Chasteau qui appartient à Mademoiselle. Montcoutour où Monseigneur de Coligni perdit la Bataille : la belle Fontaine de Grimeliere qui fait moudre un moulin à 20. pas au dessous de sa source, & Mirebeau où il y a un Chasteau assez considerable.

Maillesay & Lusson sont deux villes Episcopales tres-divertissantes & où les plaisirs de la vie sont assez communs. Niort est celebre pour ses foires, comme aussi Fontainé le Comté, Cusignan pour la belle situation, Montmorillon pour sa beauté, & la celebre Abbaye des PP. Augustins qui y est: le Dorat, S. Maixant, Sivray & le celebre lieu du Sinot où est le grand Cimetiere, & plusieurs autres lieux qui sont charmants à raison de la douceur de leur climat, & où le divertissement est presque continuel.

LE BERRI.

Cette Province est tres-riche en vignes, terres, bois, chairs, fruits, & laines, & a beaucoup de Rivieres pour transporter ses denrées ailleurs: comme le Cher, l'Indre, la Creuse, Azin, Choeftre, Colin, la Tripandre, Moulon & Auron, qui se rendent presque toutes dans la Loire. Sa ville capitale est.

BOVRGES.

CEtte Capitale qui est un des plus anciens Archevefchez de France, & dont l'antiquité est assez recommandable chez les Autheurs, est située dans une belle plaine & à demi enfermée de Marais qui la rendent assez forte, & arrousée des eaux de l'Auron, qui depuis quelques années porte des bâteaux par l'industrie des habitans: les campagnes des environs sont abondantes en excellents vins, les prez sont remplis de chevaux & de moutons, les bois de lievres, de lapins, & de toutes sortes d'oiseaux, les fleuves & les étangs de canards & de poissons, les jardins de fruits & de fleurs, les maisons pleines de gens doux & civils, sa forme est fort approchante de l'ovalle. Elle a sept portes & tout autant de fauxbourgs, de bonnes murailles & de grosses tours, entre lesquelles il y en a une qu'on appelle communement la grosse Tour, laquelle est si haute qu'on la voit de quatre milles loin de la ville. Ses murailles sont si épaisses, qu'elles ont dix-neuf pieds de largeur, & elle est si bien bastie que le canon n'y peut rien faire à cause de ses pierres qui sont taillées en forme de diamant. L'Eglise Cathedrale qui est dediée à saint Estienne est si superbe, qu'à peine en peut-on trouver de semblable, tant à raison de sa grandeur, de son artifice, de ses belles fenestres peintes, de 59. pilliers qui portent cette grande masse, que de ses richesses, de ses dignitez & de ses Chanoines. On voit dans la Chapelle qui est au delà du chœur le sepulchre de Claude de la Chastre qui servit six Rois, sçavoir Henry II. François II. Charles IX. Henry III. Henry IV. & Loüis XIII. La 2. est celle de S. Sauveur, qu'on appelle communement la Sainte Chappelle où il y a un tresor fort precieux, lequel a 50. Chappes fort riches, dont l'une est couverte de perles, d'émeraudes, de chrisolithes, de saphirs, & de Rubis 22. Tapis d'un grand prix & tres-bien travaillez, une couronne d'or couverte de pierreries, qui enferme une partie de la Couronne d'épines, une Croix d'or couverte de diamants & de pierreries, avec un morceau de la Croix, qui a d'un costé l'image du Sauveur, & de l'autre celle d'Alexandre. Deux Tasses d'Agathe, un plat de jaspe, deux Mitres couvertes de pierreries precieuses, un Calice d'un prix inestimable, un corps artificiel si bien fait, qu'il est impossible d'en voir un semblable, un os de geant d'une extraordinaire grandeur, & mille autres belles choses tres-curieuses à voir. Le College des PP. Iesuites, l'Amphiteatre où il ne reste que la place, la belle maison de M. Iacques du Cœur, dont les galeries & les chambres sont admirables, qui a autant de fenestres qu'il y a de jours en l'an, & où on voit une vitre qui represente merveilleusement bien le sacre de nos Rois. La place de S. Pierre qui est tres belle, à raison des grandes rangées d'arbres qu'il y a. Le Palais Archiepiscopal, l'Academie où on voit les tableaux d'André Alciat d'Equinard Baron, de Pierre Rebuffe, de François Baldüin, de François Duarenus, d'Antoine Contius, d'Hugon Donellus, de François Hottoman, de Iacques Cujas & de Iean Mercier: qui ont enseigné dans ce lieu, qu'on peut estimer un des plus celebres du Royaume pour la Iurisprudence: le Presidial, les Convents des quatre Mandiants, les Abbayes des hommes & des filles qui y sont, & mille autres belles choses qu'il y a. Cette grande ville a esté souvent affligée par les guerres, car les Romains, les Goths, & plusieurs autres nations l'ont ruinée, comme il paroist encore dans le fauxbourg de S. Privat. Mais tout cela n'empesche pas qu'elle ne dise comme beaucoup d'autres, *extincta revivisco*.

On ne doit pas mépriser la ville de Boybelle, que M. le Duc du Sus a fait bâtir dans toute la regularité possible. Issodun est encore assez belle, & a quantité de superbes Eglises. Il y a une grosse tour qu'on dit estre semblable à celle de Bourges; mais il y a bien de la difference. Chastre & Argenton toutes deux bien fortifiées. Celle là a ses étuves, & celle-cy ses antiquitez, entre lesquelles on voit la tour d'Heraclius, où on voit encore la figure d'un Taureau avec ces mots, *Veni vici*.

Chasteau-roux mérite d'estre veu, comme aussi son chasteau. Le Blanc en Berri n'est pas moins agreable. S. Amand charmant pour sa situation. La forte place de Mouron qui est à Monsieur le Prince, laquelle a donné tant de peine pendant les dernieres guerres civiles. Ainay qui est assez fort & tres divertissant, & plusieurs autres places tres-agreables à voir.

LE BOVRBONNOIS.

Cette Province est fort petite, mais elle est considerable à cause qu'elle a la gloire de voir que l'illustre branche de Bourbon est parvenuë à la Couronne. Son païs est bon & fertile en tout, & ses villes principales sont Moulins où il y a de belles Eglises, un beau chasteau, le jardin Royal où il y a quantité de citronniers & d'orangers, & un grand nombre d'ouvriers qui font de tres-bons coûteaux, ciseaux, &c. Bourbon si celebre pour ses eaux minerales, & à raison de son chasteau, où il y a une sainte Chapelle à l'exemple de Paris, qui est enrichie d'une partie considerable du bois de la vraye Croix, & une partie de la Couronne d'épines enfermée dans le christal & des vitres admirablement peintes. Mont-lusson tres-agreable & tres-divertissant, & plusieurs autres villes assez considerables, comme l'Archambaut, Bourbonancy, Montmeraut, S. Poroin, Cussao, Chasselle, Charroux Verneüil, Varennes

Ganat, le Mont aux Moines, Souvigny, la Palisse, S. Geran, S. Pierre le Monstier, Aynay le Chasteau, S. Amant, &c. beaucoup de Cosmographes comprennent dans cette Province les deux Comtez de Baujelois & de Forest; c'est pourquoy ie diray icy en passant que Baujeu est la principalle de celuy là, & Montbrison de celuy-cy: toutes deux fort agreables & fort jolies, sur tout la derniere qui passe pour un petit Paradis: aussi fait elle le sejour d'un des plus braves Seigneurs de France, & d'une des plus honnestes, des plus belles & des plus spirituelles femmes du Royaume, Monsieur le Comte de la Roüe & Madame sa femme. Ie dirois beaucoup de choses à leur loüange: si ie ne sçavois pas que leur modestie en seroit choquée, & que ie courrois sans doute leur indignation: c'est pourquoy il me suffit d'asseurer qu'ils font les principaux delices de cet aimable sejour, & que Mademoiselle leur fille qui est une veritable image des vertus & des belles qualitez du pere & de la mere, & que ie puis appeller un Ange en tout, en fait une cour par les concours des plus grands Seigneurs qui la recherchent avec empressement & avec raison. Les autres villes qui en dépendent sont S. Estienne où on fait tant de fusils, de pistolets, d'espées & de mousquets. S. Guermier, Laval, S. Bonnet le Chasteau, S. Rambert: le haut Bourbonnois comprend la Combraille qui est fort montagneuse, & qui a pourtant de tres-brave Noblesse. Sa Capitale est
Montaigu,

Montaigu, où l'on se divertit assez bien.

L'AVVERGNE.

LE païs d'Auvergne qui a pour ses limites le Forets & le Lyonnois à son levant, le Rouergue & le Velay au midy, le Quercy, le Perigord & le Limosin au couchant, & le Berri & le Bourbonnois au Nort, est une des principales Provinces de France. On la divise ordinairement en deux, en haute & basse Auvergne, & c'est avec plus de raison que dans les autres; parce que la diversité des climats est tres different: car la haute est un païs remply d'inaccessibles montagnes qui ne sont propres que pour le pasturage, où la neige & la glace regnent presque toûjours, & ou l'hiver dure les deux tiers de l'année, au lieu que la basse est un jardin delicieux, où le prin-temps fait son sejour ordinaire, & où la vie est aussi delicieuse qu'en pas un païs du monde. On dit que les Auvergnacs sont rusez, attachez au gain, querelleurs, violens, & avec qui il ne faut pas avoir rien à démesler, ce qui pourroit les rendre odieux : mais aussi on ne dit pas qu'ils sont accorts, subtils, de bô esprit, vaillans & assez gens de paroles, en quoy ils sont aimables ; sur tout la Noblesse qui est une des mieux faites du Royaume. On remarque que cette seule Province donne plus de revenu à sa Majesté avec son infertilité que beaucoup d'autres qui sont plus abondantes & plus grandes. Parcourons un peu ses villes pour en voir les raretez.

ORILLAC.

ORillac est la Capitale de la haute Auvergne, & c'est avec justice qu'on luy donne cet honneur : car outre qu'elle est la plus considerable; c'est qu'elle est la plus agreable de toutes. Sa situation est dans une vallée entourée de montagnes, & arrousée d'une riviere fort riche en truites & en toutes sortes de poissons; sa forme est presque ronde, ses murailles & ses tours qui la defendent sont si belles, qu'on ne sçauroit s'empécher de les admirer, les maisons n'y sont pas fort superbement basties; mais aussi elles y sont fort propres. Les Eglises y sont magnifiques, sur tout celle de N. Dame qui est la principale, laquelle est servie par soixante Prestres habituez avec un Curé qui en est le Maistre. Celle qu'on nomme vulgairement le Monstier seroit encore incomparablement plus superbe que celle cy, n'étoit qu'on l'a ruinée dans les dernieres guerres de la Religion. On remarque pourtant encore par ce qui reste, que c'estoit un des plus beaux édifices de France : car la hauteur & la largeur de ses voutes font bien voir que c'estoit un ouvrage admirable, aussi fut-il bâti par le grand S. Geraut Comte d'Orillac, dont le chasteau reste encore. Il y a encore une partie du clocher de cette mesme Eglise, lequel n'a pas esté ruiné; parce qu'on n'a pas pû l'abattre si bien il est basti, ce qui fait bien voir combien cet édifice a esté magnifique. On voudroit bien pouvoir le restablir dans son premier estat; mais il seroit impossible, car il tenoit presque tout un quartier de la ville comme on le voit encore, quand bien tous les Messieurs du Chapitre voudroient y mettre leur revenus. Les autres lieux considerables de la ville sont les Convents des RR.PP. Cordeliers, où tout est admirable, sur tout l'Eglise & le Cloistre des Carmes, où le Refectoir est tres-rare pour sa grandeur & ses peintures: des Iesuites où l'Eglise est tres-magnifique: des Dames de S. Claire qui y ont deux Convents: des Filles de la Visitation: des Dames de S. Vrsule & de l'ancien Monastere du Buis, où sont renfermées les nobles Dames de S. Benoist. Il ne manque rien à cette ville que d'avoir un siege Episcopal, comme elle a celuy de Presidial, où la justice s'exerce aussi severemēt qu'en aucun lieu de France. Les vivres y sont bons & à bon marché, la joye y regne, & la familiarité y est assez grāde, les Ecoliers y sont bons enfans, & les personnes de condition tant hommes que femmes y aiment le divertissement. L'on y fait les dentelles qui ont vogue dans le Royaume, & il n'y a que ce défaut que la vanité y regne un peu trop. Ceux qui se plaisent à voir de belles femmes & des teints delicats, doivent aller en ce lieu pour y estre satisfaits, car ie doute s'il y en a des plus belles en France. Il y a un beau Chasteau sur le bord d'une forêt à un quart de lieuë de la ville, qu'on appelle Conros, lequel est assez beau.

La 2. ville est S. Flour qui est élevée sur le haut d'une montagne où est le siege Episcopal. Elle est remarquable pour sa situation, & pour le Palais de M. l'Evesque qui a un tres-beau degré. Il y a un Convent des PP. Observantins dãs le fauxbourg qui est au bas de la montagne, & un autre des Peres Iacobins qui est dans la ville, sans parler de ceux des Religieuses. Murat est une petite ville assise au pied d'un grand rocher, au haut duquel il y avoit autrefois un des plus forts chasteaux du Royaume, laquelle est fort riche, & où on ne hait pas le divertissement. Il semble que la proximité du Cantal qui n'en est qu'à une lieuë, devroit la rendre inhabitable ; mais c'est une merveille, de voir qu'il y a d'aussi bons fruits qu'il s'en puisse trouver dans la Limagne. Il y a une Eglise servie par des Chanoines, laquelle est assez belle. Le Prieuré de Bredon basti sur un rocher a un jet de pierre des fauxbourgs de la ville en est la paroisse: c'étoit autrefois la prisõ de l'Abbaye de Moyssao, où il y avoit mille Moines ; mais maintenant c'est un Benefice separé, qui vaut à celuy qui en est pourveu douze où quatorze mille livres de rente. Il y a un petit Convent de Recolets à un quart de lieuë de la ville, lequel est tres-celebre & en tres-grande reputation dans toute l'Auvergne, & i'estime que ce n'est pas sans raison: puisque les Religieux qui l'habitent sont des images vivantes de la vertu, des hommes tres-sçavants, tout à fait saints. Ils ont auprés d'eux un tres-brave Seigneur qu'on nomme d'Anteroche, dont la mere illustre en pieté a esté bien-factrice. Chaudes-aigues est assez renommée pour ses eaux chaudes qui servent pour peler cochons au sortir de la source, & qui sont miraculeuses dans leur diversité. Il y a une belle Eglise avec un nombre de Chanoines pour son service. J'oubliois à dire qu'il y a encore une petite ville sur les montagnes de Cantal, laquelle est des plus riches de tout le païs, & une des plus élevées du Royaume. Son nom est Salers. Il y a de fort bons esprits & des gens assez aimables si l'envie ne les divisoit pas entre eux, si la vanité ne les rendoit pas odieux à leurs voisins, & si leur médisance n'obligeoit les Estrangers de fuïr leur compagnie. Il y a un chasteau qui appartient aux Barons de ce nom, & un Convent de Recolets avec plusieurs autres Eglises assez bien ornées. Til-vie est tres-agreable dans la belle saison; parceque ses eaux minerales y attirent une infinité de personnes de toute sorte de condition, soit pour y joüer & pour s'y divertir, soit pour y trouver leur santé, à des eaux. Il y a si grande quantité de nobles dans cette Province, & de si puissantes maisons, qu'il n'y en a peut estre pas tant en aucune autre de France: ce qui fait que le sejour des villes est charmant en Hyver, & la campagne en Esté. Il y a plusieurs autres lieux moins considerables dont je ne parle pas pour n'être pas ennuyeux. On dit qu'il y a une belle mine d'or prés la source d'Allier, & une d'azur. Si cela est vray ie m'en raporte.

LA LIMAGNE ou basse AVVERGNE.

Cette deuxiéme partie de l'Auvergne est non seulement les delices de la Province: mais encore un des plus beaux païs de l'Europe. Elle est petite: mais elle est un raccourcy de tout ce qu'il y a de plus beau & de plus charmant dans les autres endroits: car pour le dire en un mot, la beauté, la delicatesse, l'abondance, & tout ce qui peut servir & qui peut plaire se trouve dans son étenduë. Ses villes sont celles qui suivent.

CLAIRMONT.

Cette ville est appellée iustement la capitale de toute l'Auvergne: parce qu'outre qu'elle est la plus grande, la plus riche, & la plus illustre, à raison de ses Cours de Iustice, de son siege Episcopal, qui est un des plus considerables de la France; c'est qu'elle a des choses particulieres qui luy acquierent iustement ce nom. Premierement elle a des Eglises si magnifiques qu'on n'en sçauroit voir de plus belles. La Cathedrale qui est dediée à la tres-sainte Vierge, est une des plus rares pieces de France, elle est couverte de plomb, & l'on croit que cette matiere est si bien purifiée & si bien changée en argent, qu'il y a eu des personnes qui ont voulu donner je ne sçay combien d'argent, & recouvrir encore l'Eglise si on vouloit leur donner l'ancienne couverture qui y est, à quoy on n'a pas voulu consentir. Les Convents des Mendians, des Capucins & des Carmes Déchaussez, l'Abbaye de S. Alire, & les autres maisons de la ville sont de filles, sans y comprendre encore les autres paroisses de la ville, qui sont des prodiges en structure & en beauté. La magnificence des maisons y est si grande qu'on les prendroit pour des palais, si on ne sçavoit pas à qui elles appartiennent. Le Luxe y est si grand, qu'on n'y voit que satin & que clinquants, que carosses & que laquais, les divertissemens si ordinaires qu'on n'y parle jamais que de promenades & que de jeux, que de festins & de regales, les hommes & les femmes y sont si bien faits, qu'on ne s'ennuye jamais en leur compagnie. Si l'air & la situation de la ville estoit un peu plus beau, ce seroit un des plus agreables sejours du monde. On y si fait de si bonnes confitures, qu'on les transporte par tout, tant on en fait d'état, & on y voit une fontaine qui se change en pierre, laquelle a fait un pont de trente six brasses de longueur, de six d'épaisseur, & de huict de largeur, comme aussi une petite colline d'où le bitume coule comme si c'estoit de l'eau. Enfin les Histoires nous parlent trop avantageusement de cette ville, & les Conciles qu'on y a tenus la mettent dans un rang trop élevé pour ne croire pas qu'elle est quelque chose de bien noble.

Montferrant est à un demy quart de lieuë de Clairmont. Il semble que la proximité de ces deux villes devroit les ruiner toutes deux, ou du moins en détruire une; mais il en arrive tout au contraire, car elles semblent subsister l'une par l'autre, en ce que leurs privileges sont si bien distribuez entre-elles, que l'une ne peut pas se passer de l'autre, & quoy que Clairmont soit plus riche & plus grande que Montferrant, si est-ce pourtant qu'il faut qu'elle y envoye ses enfans pour y estudier, & qu'ils y viennent eux-mesmes pour d'autres choses. Il y a un beau pavé qui va d'une ville à l'autre, & qui continuë iusqu'à Riom, ce qui est tres-commode pour les voyageurs, à cause que les bouës en hyver empeschent que les hommes ny les chevaux ne peuvent pas aller. Il y a un beau Convent de Recolets entre Clairmont & Montferrant, qui merite d'estre veu pour son bastiment & ses peintures.

Riom qui s'appelle le parterre de la Limagne, est une ville si bien située, si bien bastie & si bien disposée, que ie n'ay iamais rien veu de si beau: car ses longues & larges ruës, ses grandes & belles maisons, ses magnifiques Eglises, ses illustres Monasteres, ses agreables fontaines & ses beaux jardins meritent iustement qu'on la compare à un parterre où tout est digne d'être admiré. Ie ne parle pas de la belle compagnie qu'il y a, du doux entretien qu'on y trouve, des gens d'esprit qui y font leur séjour, ny des beaux divertissemens qui y sont : parce que ie m'estime incapable de le faire : Ainsi ie me contente de dire que iamais pas un Etranger n'a veu ce beau séjour qu'il n'y ait esté charmé, & qu'il n'ait desiré d'y rester plus long temps. Les vivres y sont à si bon marché & les mets si delicats, qu'il n'y a point de ville au monde où on fasse si bonne chere qu'icy pour peu d'argent : dequoy Messieurs les Conseillers du Presidial ne sont pas marris sans doute, puisqu'ils sont obligez d'y faire leur séjour ordinaire. Il y a une Relique si remarquable dans l'Eglise principale de ce lieu, qu'elle fait des miracles continuels en la personne de tous ceux qui y vont. C'est une dent de saint Amant (si ie ne me trompe) laquelle estant appliquée sur la picqueure d'un serpent ou d'une vipere, ou sur la morsure d'un chien enragé, attire tout le venin hors du corps & sauve le patient : De sorte qu'on voit noircir la playe à son approche, & on voit couler enfin le venin apres son attouchement ; ce que mille personnes ont veu.

Issoire est un des plus agreables séjours de cette petite contrée, il faudroit l'avoir veu pour pouvoir comprendre sa beauté, autrement ce seroit travailler en vain que d'en vouloir faire la description : pour moy je m'estime incapable de le faire ; c'est pourquoy ie dis seulement ces mots, *veni & vide*.

Brioude est un peu plus grãde que n'est pas Issoire, & Selle tâche de luy disputer pour la beauté, plusieurs personnes sont de son sentiment, & beaucoup d'autres sont de contraire avis: Pour moy ie conclus qu'il faut qu'elles soient bien agreables toutes deux, puisque l'on est en peine à qui on doit donner le prix. Ie remarque pourtant que celle-cy a deux ou trois choses plus que l'autre: La premiere, c'est qu'elle est plus grande; la seconde, c'est qu'elle est plus noble: parce qu'elle a des Chanoines qui sont nobles de trois ou quatre generations comme ceux de Lyon: la troisiéme, c'est qu'elle a de plus belles Eglises, plus de maisons Religieuses: Et la quatriéme, c'est qu'elle a une des plus belles horloges du Royaume. Ie vous laisse à juger maintenant qui l'emporte. Il y a encore une autre ville qui porte le méme nom, & qu'on appelle Vieille Brioude, ie ne sçay si c'est parce qu'elle est plus ancienne: quoy qu'il en soit, elle est considerable pour ses antiquitez, & par le pont que Cesar y a fait bastir, lequel n'a qu'un arceau qui va d'une montagne à l'autre, & dont la hauteur est telle qu'on peut dire un *Ave Maria* avant que la pierre que l'on jette soit au fond de l'eau. On remarque deux choses assez curieuses de ce pont. La premiere, c'est qu'il y manque une pierre qu'on n'a iamais peu mettre. La 2. c'est que la Symetrie en est si belle, que deux personnes s'y peuvent entendre estant aux deux extremitez, pour si bas qu'elles parlent. Aygueperse est encore une jolie ville où il y a un celebre Convent des Dames de S. Claire, lesquelles vivent si austerement, qu'elles n'ont rien que des choses qu'on leur donne, ne vivent que d'aumosnes, jeûnent presque continuellemét, vont pieds nuds, sans linge, & menent une vie tout à fait penitente. Blaille est aussi une petite ville honorée d'un illustre Monastere des Dames de S. Benoist, qui a fleury depuis sa fondation, & qui est tout à fait en estime. Il y a une Dame de grand esprit pour Abbesse, & une Prevoste qui est sa sœur, dont les qualitez aimables meritent justement une crosse, & la font considerer de toutes sortes de personnes. Il y a beaucoup d'autres lieux que ie laisse pour parler du Puy en Velay, parce que le commun a accoustumé de mettre cette ville comme une dépendance de l'Auvergne.

LE PVY.

CEtte ville est plustost une ville de miracle, qu'un effet de l'invention des hommes : car elle n'est maintenant ce qu'elle estoit, parce que Dieu a voulu rendre ce lieu un des plus celebres de France pour la devotion de la sainte Vierge. Vous ne serez donc pas surpris si ie vous dis qu'elle est quelque chose de bien rare, puisque Dieu a pris soin de la faire bastir. Ie ne pretens pas vous parler de la bonté de son terroir, qui abonde en toutes choses, n'y de sa situation ; mais vous apprendre qu'elle a une Eglise dédiée à Nostre Dame, bastie au plus haut de la ville, dont la disposition est telle qu'on dit communement, qu'on entre par le nombril, & l'on sort par les oreilles. Elle est riche en or, en argent, en pierreries, en vases sacrez, en Croix, en Chasubles & en Calices, dont il y en a un qui est si grand qu'à peine le peut-on porter : mais sa plus grande richesse est en Reliques qui sont admirables : La premiere, c'est une image de la Vierge faite de bois de cedre, que quelques uns disent avoir esté faite par les mains d'un Prophete de l'ancien Testament, laquelle a un tour de Perles & une Croix de Diamans, donnée par une des Reines d'Espagne, qu'on estime chacun plus de 50000. écus, les deux patins de la Vierge admirablement bien travaillez, dont la grandeur fait bien voir la taille avantageuse de cette Reine des Anges & des hommes : de ses cheveux blonds, de sa ceinture, de son laict, l'Index de S. Iean Baptiste, un des saints Innocés qu'un demoniaque delivré dans cette Eglise a dit estre le propre enfant d'Herodes, certains flambeaux dont les Anges se servirent dans la consecration qu'ils firent de cette Eglise, & dont on ne peut pas connoistre la matiere, & une si grande quantité d'autres Reliques & de choses riches & curieuses, qu'il faudroit mettre icy tout le volume qu'on en a fait. Il y a un rocher qui est fort haut, auquel il y a une Eglise de saint Michel au bout qui merite d'estre veuë. Sa forme est tout à fait semblable à celle d'un pain de sucre, & c'est une merveille de voir que la nature l'a ainsi disposé pour le mettre au milieu d'une belle prairie qui n'a plus d'autres pierres que celle là. On dit qu'il y eut anciennement une fille, qui pour faire voir l'injure qu'on luy faisoit de la soupçonner d'impureté, monta au haut de ce mesme rocher pour se precipiter en bas, ce qu'elle fit par deux fois sans qu'elle eust de mal ; quoy qu'il y ait plus de 200. degrez ou davantage à monter, Dieu punissant sa presomption au troisiéme, en permettant qu'elle y perdist miserablement la vie. Il y a un Evesché, un Presidial, & quantité de belles maisons Religieuses. Le peuple y est doux, les vivres à bon marché & des gens d'esprit, les Papes & les Rois ont pris si fort à attache de faire des graces à cette ville qu'on n'en sçauroit trouver une qui ait de si beaux privileges qu'elle. On peut voir le Chasteau de Polignac qui est assez pres de la ville, & on verra un lieu basti sur un rocher si inaccessible, qu'on avoüera que iamais la nature n'a si fort advantagé une place que celle-cy.

ROÜERGUE.

CEtte Province est assez agreable & abondante en toutes choses, quoy qu'elle soit fort montagneuse. On la divise communemét en haute & basse Roüergue, & on dit que les peuples n'y sont pas si rustiques, ny si mal polis qu'on le pourroit croire. La haute a quelque chose de rude pour ses habitans: mais la b.sse est plus douce & mieux faite. Sa ville capitale est

RHODÉS.

Cette ville est fort belle, fort ancienne & assez riche. Elle a dequoy se faire admirer en beaucoup de choses, sur tout pour le grand clocher de son Eglise cathedrale dont M. l'Archevesque de Paris a esté premierement Evesque. Ie ne sçaurois mieux vous faire la description de cette rare piece qu'en vous disant que c'est un miracle de toute la Guienne. Aussi on a accoustumé de dire en Proverbe, Portail de Lonques, Voute de Cahors, Eglise d'Albi, Esqueille de Tulle, Cloche de Mende, & clocher de Rhodés. Parce qu'il ne s'en trouve pas ny de si haut ny de si bien travaillé. Il y a un siege Presidial qui rend encore cette ville considerable. Il ne faut pas avoir beaucoup d'argent pour faire bonne chere en ce païs: car les vivres y sont à fort bon marché.

Ville-Franche est la seconde ville de cette Province. Sa situation est tres-belle, ses habitans d'un bon esprit, & fort enjoüez, il y a aussi une cour qui la rend fort peuplée & fort riche.

LE QVERCI.

J'Avoüe qu'il y a des Provinces beaucoup plus grandes & plus renommées que celle-cy: mais je doute s'il y en a pas une qui soit plus abondante, & plus riche en elle-mesme qu'elle. On la divise ordinairement en deux, en haut & bas Quercy, & on dit que tous les plaisirs se trouvent dans cette mesme Province qui a l'Auvergne & le Rouergue au Levant, le Languedoc au Midy, le Perigord au Couchant, & le Limozin au Nort. Elle abonde en excellens vins, en bons fromens, segles & autres menus grains, en chanvre qui sont si renommez, en bois, en poissons, en venaisons, sur tout en perdrix rouges qui sont extremément grosses, en laines, en lait, en fromage, en beurre & en truffes, ce qui peut servir aux necessitez & aux delices de la vie. Trois belles Rivieres l'arrousent, sçavoir la Garonne, la Dordogne & le Tar, lesquelles portent toutes trois basteaux. Elle a deux Eveschez qui sont, Cahors & Montauban, & on peut dire que si le commun du peuple y estoit un peu plus civilisé, estant fin, subtil, rusé, vaillant, & d'un bon esprit, il ne manqueroit rien à ce païs. Elle a ses forests & ses mines d'or & d'argent, si on vouloit prendre la peine de les chercher, & elle ne manque ny d'eaux Medicinales, ny de raretez aussi bien que les autres; de sorte qu'on doit l'appeller un perit monde, ou un abregé de la France. Ses Villes principales sont,

CAHORS.

IL ne faut que voir cette ville pour juger qu'elle est tres ancienne : car ses baitimens hauts & eslevez, ses ruës un peu trop estroites, ses tours & ses murailles, son Amphitheatre & ses Ponts, sont des preuves infaillibles de ce qu'elle a esté par le passé. On dit que Cesar dit ravy d'admiration voyant sa grandeur & sa magnificence, *Video quasi alteram Romam :* tant elle avoit de rapport avec cette premiere ville de l'Vnivers. Elle a plusieurs choses qui la rendent tres-remarquable. La 1. est son Evesché qui est un des plus riches, des plus anciens & des plus nobles de France. Son Eglise Cathedrale qui est un miracle de l'art à raison de ses belles voutes qu'on dit estre les plus belles de France, de son Pont admirable qui porte trois belles tours, de son ancienne & celebre Vniversité, du grand nombre des belles maisons Religieuses tant de filles que l'hommes, de ses anciens Colleges, de sa belle Fontaine qui fait moudre des Moulins à sa source, de ses bons vins qui sont si renommez dans tout le Royaume, de ses bons fruits, de ses bons poissons, & de sa bonne chere, car on dit qu'il n'y a point de lieu dans tout le Royaume, où on soit si bien traité qu'icy pour si bon marché. Il y a un siege Presidial dont

l'estenduë

l'estenduë est tres-grande. Il y avoit autresfois une Chambre des Aydes : mais on la transportée à Montauban depuis quelque temps. Les autres villes du haut Quercy, sont Martel, ou il y a une petite Seneschaussée, Gourdon qui est tres divertissante & tres-commode pour vivre; Soüillac qui est une des plus anciennes villes du païs : A Roc Amadour il a une des plus celebres devotions de la Vierge qui soit en France, & où on voit une image de la mesme S. Vierge faite par S. Luc.

S. CERE'.

S. Cré est une petite ville, où Dieu semble avoir enfermé tous les plaisirs de la nature. Les anciens se sont imaginez mille païs enchantez qui n'ont esté rien en comparaison de celuy-cy. Sa situation me fait souvenir de celle d'Eden : car elle est entourée de plusieurs agreables montagnes, qui en luy donnant quantité de pasturages pour ses animaux, de bleds, de vignes, de chastaignes, & de fruits pour sa nourriture & ses delices; la mettent à couvert de la violence des vents & des incommoditez que la proximité des montagnes d'Auvergne pourroit luy causer. Elle a une petite riviere qui arrouse ses murailles & qui coule dans un des plus agreables canaux qu'on puisse voir : car outre qu'il est bordé de grands arbres des deux costez, c'est que ses

Tome II. O

agreables Prairies & les villages qui font à l'entour joints aux belles maifons qu'on y a bafties, charment agreablement la veuë. Elle a l'avantage de voir qu'un petit ruiffeau dont l'eau eft auffi claire que du criftal, luy porte des petites poiletes d'or auffi pur que s'il fortoit du creufet. On voit à un petit quart de lieuë une maifon de plaifance qu'on appelle Cantal capable de loger un Roy quoy qu'elle ne foit pas dans toute fa perfection. Il y a un Efcalier fi beau qu'on ne fait pas difficulté de l'eftimer des plus beaux de France. Prez de la il y a une Fontaine qui fait aller un Moulin à papier au fortir de fa fource. On voit encore aux environs les beaux Chafteaux de Caftelnau & de Loubreffac, defquels la veuë eft une des plus belles du Royaume, celuy de Prefques & d'Aynac, dont l'efcalier eft auffi tres-rare, la celebre Abbayes de l'Aymé poffedée par les Dames de S. Bernard & gouvernée par une des plus honneftes Dames du Royaume & dont l'efprit & la vertu, la douceur & les belles qualitez luy attirent les cœurs, & la font confiderer de tout le monde, & l'illuftre maifon des Dames de Malthe, nommée l'Hofpital S. Iean, qui peut paffer fans contredit pour eftre une des plus remarquables de France, non feulement à raifon du grand nombre des Dames nobles de trois generations qui y font; mais encore à caufe de la perfonne qui la gouverne, qui eft Madame Vaillac fœur de M. le Comte de ce nom grand Escuyer de Monsieur frere du Roy, & Chevalier du S. Esprit, homme de grande reputation, & de grand merite. Elle ne sçauroit, dis-je, qu'estre tres-celebre, à raison du merite de cette noble Dame dont l'esprit éclairé, la sage & douce conduite, & le zele a fait refleurir la vertu dans sa maison & le soin qu'elle prend d'eterniser sa memoire par les belles choses qu'elle fait, sont assez connus dans le Royaume sans en dire d'avantage. Il y a beaucoup d'autres lieux dignes de consideration aux environs, mais je les laisse pour dire que la ville dont ie parle est tres-commode, pour faire bonne chere & à bon marché, tres-propre à s'y divertir à raison des bons esprits qu'il y a, des humeurs enjoüées qui s'y trouvent, & des autres belles commoditez qu'il y a, & ie puis dire que rien n'y manque qu'une Seneschaussée, ou un Presidial pour la rendre une des plus iolies villes du Royaume. Elle est assez ancienne, mais non pas si forte que son Chasteau, qui est au haut de la montagne, au pied de laquelle elle est bastie. Il y a un tres-beau Convent de Recolets & une Eglise fort ancienne dédiée à S. Esperie Vierge & Martyre, qui porta sa teste depuis le lieu qu'elle mourut iusques à l'endroit où elle fut ensevelie, & où on bastit un temple à son honneur. Figeac est à 3. lieuës où il y a une Seneschaussée, & plusieurs maisons Religieuses, & le beau Chasteau d'Assier dont la structure est admirable. On peut voir le Puits de Patirac qui a plus de 200. pieds de largeur, qui est d'une profondeur effroyable, & au bas duquel il passe un petit ruisseau, qui s'en va sortir à trois lieuës de là.

MONTAVBAN.

CEtte ville si celebre pour les deux sieges qu'elle a soufferts sous le regne de Loüis XIII. & si long temps possedée par les gens de la Religion, est assise sur le bord du Tar. Elle estoit autrefois extremement forte ; mais elle ne l'est plus depuis sa prise. Elle a un Evesque, une Cour des Aydes & de belles Eglises. On en a osté depuis peu le College de la Religion. Les Dames y sont belles & bien faites, civiles, & d'un entretien fort doux: c'est en un mot un des plus agreables sejours de France. Il y a une belle maison de Capucins & d'Observantins, & beaucoup d'autres Monasteres d'hommes & de filles. Monsieur l'Evesque qui est de Toulouse, est un des plus grands Predicateurs de France, & un des meilleurs Prelats du Royaume.

MOISSAC.

CElle cy est proprement une ville de Moynes, parce qu'elle n'est ce qu'elle est qu'à raison de la grande Abbaye de mille Moynes qu'un Roy de France y fit bastir apres avoir gagné une grande bataille dans ses plaines. On y voit encore la belle Eglise de cette mesme Abbaye qui est tres-belle, sur tout son portail, le refectoir & plusieurs autres belles testes de ces bons Religieux qui se sont fait secularifer depuis peu, parce que les femmes venoient chercher de l'eau dans le Cloistre où ils ne demeuroient pas. Le Tar arrouse ses murailles & rend si fertiles ses campagnes, que l'Egypte n'est rien en comparaison, son pont qui estoit tres-beau, le Convent des Peres Recolets & le College des Peres de la Doctrine, la rendent encore illustre.

LE LIMOSIN.

CEtte Province dont Monsieur le Mareschal de Turenne est Gouverneur, & M. de Popadour qui est d'une des plus anciennes familles de France, le Lieutenant de Roy, est tres fertile en bleds, en vins, en chastaignes, en mines de fer, en forests, & generalement en tout, son peuple est doux & laborieux ; mais un peu attaché au gain, comme il y en a bien d'autres On la divise en haut & bas, & on y comprend la Marche qui est un païs assez grand & où il y a de tres brave Noblesse. Ses villes sont Limoges, Vserche, Tulle, Brive, Guerel, le Busson, le Doral, Coufolants, S. Leonard, S. Irieys, &c.

LIMOGES.

POur bien descrire Limoges il faut se representer une ville que l'antiquité a pris a tasche de rendre recommandable, que l'Esté rend illustre, & que le commerce fait fleurir: car ce sont proprement les caracteres de cette grande ville, assise sur le panchant d'une montagne, & arrousée par la riviere de Vienne: car elle est pleine d'antiquitez, de beaux aqueducs, & de maisons tres anciennes: elle est remplie de maisons Religieuses, de quantité de Monasteres de filles & de tres-belles Reliques. Son Eglise Cathedrale dediée à S. Estienne, & que S. Martial son premier Evesque avoit commencé à faire bâtir, seroit une des plus superbes de France, si elle estoit achevée. La Collegiale dediée a S. Martial est tres-ancienne, & a l'avantage de garder le corps du Saint, dont elle porte le nom. Les autres sont celle de S. Pierre & de S. Michel, &c. On n'auroit jamais fait si on vouloit mettre icy tous les Convents & les Eglises qu'il y a dans cette ville, & moins encore de dire toutes les Reliques qui y sont. Elle a un siege Presidial, une Election & une Generalité. On voit une belle fôtaine au plus haut de la ville, qui fournit de l'eau abondamment à tous ceux qui en ont besoin. On travaille icy le mieux en émail qu'en ville de l'Europe: parceque l'eau qui est au Cloistre de S. Martial est tres-propre pour cela. Le trafic est si grand dans cette ville qu'elle n'a point son égale dans toute la France, estant sans riviere navigable comme elle est. Il y a des Marchands qu'on estime riches de plus d'un million. Les habitans sont si attachez au travail, qu'ils ne cessent jamais de faire quelque choses jusques là mesme que les enfans de six à sept ans y gagnent leur vie. Le grand trafic se fait en fer, &c.

Gueret est la ville Capitale de la Marche, où il y a Presidial. Elle est fort agreable, mais fort froide. Les habitans y sont pleins d'esprit & de douceur, les veaux y sont les meilleurs de France, & les divertissemens les plus communs. Le Bailon est mal situé, mais on y fait bonne chere. Il y a beaucoup de Noblesse aux environs, laquelle est tres-bien faite. Il y a une petite ville qu'on appelle Chambon, qui est tres-agreable, & où il y a une Abbaye fort ancienne. Monsieur l'Abbé est un des plus genereux & des plus braves hommes du Royaume; aussi est-il sorty d'une des plus anciennes familles du païs. Les Dames de Blessac sont trop connuës pour les oublier, leur merite, leur bel esprit, leur vertu & leurs belles qualitez les rendent assez recommandables, sans que je pretende en rehausser l'éclat. Ussel est encore fort joly & tres-commode pour faire bonne chere, la joye & la gloire, l'esprit & la jalousie y regnent également, & les pierres de Vantadour qui sont des Diamans faux, n'y coûtent pas beaucoup, parce qu'on les tire a deux lieuës de là. Userche est agreable pour sa situation renommée pour ses bons esprits & pour l'inclination qu'ils ont à se bien réjoüir. S. Irieix est mal placé, mais il y a de braves gens qui tâchent de servir leur Roy, & d'être toûjours auprés de sa personne. Il y a un chapitre tres ancien & d'une grande estenduë, son Eglise est tres-belle. Il y a une custode tres-riche, & on peut dire qu'il n'y a peut-estre pas de ville en France où il y ait tant de noblesse aux environs qu'icy, car il y a plus de cinquante maisons de condition & des plus anciennes du Royaume.

TVLLE.

Cette ville est tres mal bastie & tres-mal situèe & n'estoit qu'il y a de tres-bons esprits, un Presidial & quelque peu de trafic, ie ne croy pas qu'il y eust personne qui la voulust habiter. On accuse ses habitans d'estre témoins à gages, d'avoir des femmes un peu faciles, ce qui leur a donné le nom de chauffe-pieds, & d'estre querelleux. Quoy qu'il en soit ie puis dire que les morts y sont fort ordinaires, & les querelles y sont continuelles, sans que la punition s'en ensuive. Pour les autres deux chefs, ie n'en diray rien d'assuré pour ne l'avoir sçeu que par une voix publique. Il y a un beau Convent de Recolets, une belle Eglise de Feüillans, un beau College de Iesuites, une iolie maison de Carmes, un Monastere des Dames de S. Claire qui remplissent tout le païs de l'odeur de leurs vertus & plusieurs autres : mais ce qui y est plus à remarquer, c'est le Clocher de l'Eglise Cathedrale : fait en Aiguille d'une hauteur surprenante ; le Pont de l'Ecurieu qui est tres-large & n'a qu'un arceau, &
la

la sale de l'Evesché qui est tres longue & tres belle. On dit que S. Martial, Apostre de Guyenne, fut foüetté par les Iuifes, & on monstre encore la maison où l'on dit que cette execution fut faite. Il y croist bien quelque peu de vin sur ses montagnes, mais il n'est propre qu'à donner la colique comme celuy de Limoges, si on ne le conserve trois ou quatre ans dans la cave.

BRIVE.

BRive est bien contraire à cette Ville que nous venons de voir, tant pour son humeur que pour son climat & sa situation: car au lieu que l'autre est dans un fond, celle-cy est dans une belle plaine, abondante en toute sorte de fruits, de grains & de vins: au lieu que celle-là est d'une humeur boüillante & querelleuse, celle-cy est douce & paisible; celle-là est spirituelle, & celle-cy passe pour estre un peu simple: en un mot celle là est desagreable & semble pleurer incessamment, au lieu que celle cy est toûjours riante & gaillarde. Ce qui est cause que toute la noblesse des environs y fait presque ordinairement son sejour. Les Tullistes ont donné le chaffre de teste de courge aux Bruvistes pour dire qu'ils sont simples, & la jalousie de ces deux Villes est si grande, qu'il n'est pas possible de le croire. Quoy qu'il en soit, ie prefererois toûjours le sejour de Brive à celuy de Tulle, à cause de la beauté, de la fertilité, & des douces humeurs de cette Ville. Les Iacobins, les Recolets, & les Cordeliers ont de tres belles maisons, & on voit à un quart de lieuë un hermitage, où S. Anthoine de Padouë a fait sa demeure, & où Dieu fait beaucoup de miracles. Il y a un College des Peres de la Doctrine & plusieurs Convents de filles. Les environs de cette ville sont si agreables & sa noblesse si polie & si bien faite, que c'est pour ce sujet qu'on a appelle cette Ville, Brive la gaillarde. Les vivres y sont à si bon marché qu'un homme peust estre traité a table d'hoste à pigeons, poulets, perdrix, lievres & dindons, &c. pour cinquante sols par couchée; ce qui a obligé bien souvent les estrangers d'y faire plus de sejour qu'ils n'avoient resolu. Enfin ce lieu est si delicieux qu'à peine en pourroit-on trouver un semblable. Il est vray que de semblables miracles ne sont pas extraordinaires en France; puisque chaque Province en a si grande quantité. Il y a encore plusieurs autres Villes assez considerables comme Ussel, S. Iulien Ville tres-agreable, Aines, Eymotier, la Sousterraine, Chambon, le Dorat & Consolant qui sont deux lieux aussi agreables qu'il y en ait dans toute la Province. Grammont est une Abbbaye de Religieux de S. Estienne de Murat où le General se tient. S. Leonard, où on fait de tres bonne poudre, Traignac, Donyenac, Alassac, Peaulier, &c.

DE LA FRANCE.

LE PERIGORD.

CEtte Province est fort Montagneuse, aspre & pierreuse, & remplie de boscages, dont la plus part sont de chastaigners, qui portent un grand revenu aux habitans du païs, tant pour leur nourriture, que parce qu'ils en nourrissent & en engraissent les pourceaux, quoy qu'ils en ayent en grand nombre. Vne chose remarquable de ces bois, c'est qu'ils reviennent bien-tost apres qu'on les a coupez & portent mesme en plus grande quantité & des plus grosses chastaignes qu'auparavant, ce qui est tres-commode pour ce païs qui a grand besoin de bois pour fournir du charbon à toutes les forges de fer ou d'acier qu'elle a en quantité. On diroit à voir cette Province qu'elle est tout-à-fait sterile : Mais elle ne manque, ny de bled, ny de froment & elle a mesme du vin extrememement delicat, bon & nourrissant, qui n'est point fumeux, ny incommode à l'estomac. L'Air y est si bon & si subtil, qu'il n'y a iamais de peste, ny de maladie contagieuse. Il y a aussi des eaux sulphurées & alumineuses qui sont fort medicinales, quantité de bons simples propres à plusieurs infirmitez. On divise cette Province en deux, en haut & bas Perigord, & on remarque que tous les deux sont arrousez de plusieurs rivieres.

P ij

PERIGVEVX.

CEtte ville est la capitale de tout le Païs, à qui elle donne le nom; & ce n'est pas sans sujet qu'on luy en donne le titre, veu sa grandeur, son antiquité & les autres beaux avantages qu'elle possede : Elle est honorée d'un siege Episcopal, & est arrousée de la riviere de l'Isle d'un côté & entourée de montagnes de l'autre. On dit que les enfans de Noé en sont les fondateurs, & qu'on l'apella pour cét effet, Iaphet. Elle est divisée en deux; en la ville & en la cité. On voit dans celle cy le Palais Episcopal, l'Amphitheatre fait en forme d'ovale, appellé communement les Rolphies ou Cacarota, la tour de la Vusoune ou Vezsonne d'une forme ronde & fort spatieuse, dont l'épaisseur des murailles est de 7. pieds, & sa hauteur de 100 armée au dehors de crampons de fer & si bien bâtie qu'il est impossible d'en arracher la moindre pierre. Elle n'a ny fenestres ny portes, & on n'y peut entrer que par deux grilles souterraines, ce qui fait croire que c'estoit autrefois un temple de Venus. Les places & les ruës de la ville sont un peu sales & les maisons n'y sont pas fort superbes. L'Eglise Cathedrale est un ouvrage admirable pour sa belle structure, son antiquité, & les 5. voutes faites en forme de Croix. Il y a un Bourg qu'on nomme Marsac, pres duquel il y a une fontaine qui a flux & reflux comme la

Mer; quoy qu'elle soit éloignée de deux grandes journées de Bourdeaux. Il y a aussi pres de l'Inde qui est une petite ville assise sur la Dordogne, une fontaine sortant d'une tour quarrée haute de 10 pieds & de demy toyse de largeur, qui fait moudre sans cesse & en toute saison deux moulins de bled. Il y a un lieu nommé la Roche à 4. lieuës de Perigueux, où il y a un creux fort large dans un rocher duquel on tire grande quantité de terre rougeâtre qui a la mesme couleur & la mesme vertu que le Bolus Armenius de nos Apoticaires & qui est fort recherché. On dit que la ville de Perigueux est bastie sur un Etang soûterrain, parce qu'on a remarqué que le grand puits de la place qu'on a bouché depuis quelques années, à cause que les femmes de mauvaise vie y precipitoient leurs enfans, estoit un abîme sans fond, & dautant que ceux qu'on y a décendus, ont raporté qu'ils voyoient une grande étenduë de Païs couverte d'eau. Au reste il y a beaucoup de maisons qui sont fort éloignées de l'embouchure de ce même puits qui trouvent l'eau de ce même Etang en descendant dans leurs caves. Il y a beaucoup d'autres raretez que je passe sous silence, comme le beau Convent des Recolets, le College des Iesuîtes & les autres maisons Religieuses, où tout est magnifique. Mr. l'Evêque a une belle maison pres de la Ville, comme aussi beaucoup d'autres Seigneurs qui sont en assez grand nombre en ce Païs. On trouve à deux lieuës une fontaine qui se convertit en pierre en toutes les figures qu'on veut. Cette Province est merveilleuse pour des lieux soûterrains ; par ce qu'outre ce que nous venons de voir, il y a une caverne prés de Miramont qu'on appelle le Cluseau, qui a 5. ou 6. lieuës sous terre, où on voit des sales & des chambres pavées à la Mosaïque, des Autels, & des belles Peintures, des Fontaines & des Fleuves, dont l'un a 120. pieds de large, au delà duquel on voit une vaste campagne, où pas un n'a eu encore la hardiesse d'aller & dont la rapidité est extreme.

SARLAT.

CEtte Ville est la deuxiéme de rang, & est annoblie d'une Evéché & d'un siege Presidial. Sa grandeur est mediocre, mais sa laideur est tres-grande. Les esprits y sont fort subtils & en quantité, & leurs richesses sont plus grandes qu'on ne le jugeroit pas, pour une ville qui ne trafique qu'en huile de noix. Mr. l'Evéque est de la tres-noble & tres-ancienne famille de la Motte Fenelon. Depuis que cette Ville fut prise par le parti de Mr. le Prince durant les derniers troubles de Guyenne, on y a veu des partis si ennemis les uns des autres, & des inimitiez si grandes parmi les principaux qui entraisnent tout le reste apres eux, qu'on les croit immortelles, ce qui cause des procez continuels, & bien souvent des querelles & des morts. La grande Eglise Cathedrale est belle : mais son carrillon passe pour estre un des plus accomplis de France. Il y a plusieurs maisons de Religieux & de Religieuses fort celebres, entr'autres de PP. Cordeliers, Recolets, Recoletes ; & la bonne chere y est ordinaire, les truffes à bon marché, & d'huile de noix plus qu'il n'en faut pour faire des sauces. L'on prend tant de saumons à deux lieuës de cette Ville qu'il est incroyable, d'où vous pouvez inferer le bon marché que l'on en a. L'Abbaye de Cadoüain est tres-celebre par le grand nombre des belles reliques qu'elle possede ; mais entr'autres celle du S. Suaire de I. C. dont on se servit pour envelopper son corps quand il fût mis dans le sepulchre. Celle de Terrasson est aussi fort ancienne. Les villes de moindre importance sont, le Salverat, Aymet, Sisgeac, Bergerac une des plus agreables villes du Royaume assise sur la riviere de Dordogne, où on se divertit le mieux, soit pour faire bonne chere, ou pour avoir des personnes bien faites pour s'entretenir, pour joüer, & pour se promener, qui est riche & marchande & où l'abondance regne avec le plaisir : car le Païs est si charmant qu'il ne se peut rien trouver de plus beau. Cousse, la Linde toutes deux pres l'une de l'autre, Beaumont, Molieres, Montnasier qui appartient au noble & à l'illustre Mr. de Biron dont les belles actions, le grand esprit & les belles qualitez sont assez connuës dans le Royaume sans

P iiij

que je veüille les publier; Ville Franche, Belvés, Limaul, S. Cyprian, Domme, Montagnac, Terrasson, &c. Tout le païs qui est sur la riviere de Dordogne est une petite Egypte, & on n'a qu'à descendre jusques à Libourne pour voir une des plus agreables villes de France, toute couverte d'ardoise, & arrousée de la Dordogne & de l'Isle. Le reflus de la mer y vient & les vaisseaux montent jusques à ses portes. Ou voit icy une chose tout a fait extraordinaire, & qui ne se trouve en pas un autre endroit du monde qu'icy ; c'est qu'il y a un certain tourbillon d'eau qui vient de la mer, gros comme un tonneau plus ou moins qui monte le long de la riviere avec tant d'impetuosité, qu'il se fait entendre de 3. ou quatre lieuës, & renverseroit les plus gros navires s'ils se trouvoient à sa rencontre, c'est pourquoy tout ce qu'il y a de barques & de bateaux se met au milieu du canal, dautant que ces ondes roulantes qu'on appelle Mascaret suivét toûjours les rives & vont si viste que la veuë a peine de les suivre: & c'est une merveille de voir que les oyes & les canards qui sont sur l'eau n'entendent pas plustost ce bruit qu'on les voit courir à terre avec un empressement extrême, connoissant le danger qu'elles courent pour lors. Ie mettray icy en passant la jolie Ville de Bourg qui est à l'emboucheure des deux Rivieres, dont la veuë est une des plus belles que j'aye jamais veuë, car outre que vous voyez floter les navires à vos pieds, c'est que vous descouvrez tout le beau païs d'entre deux, les belles campagnes de la Xaintonge, & l'aimable Ville de Bourdeaux.

L'ANGOVLMOIS.

LA Province de l'Angoumois n'est pas de grande étenduë : mais elle est riche en toute sorte de grains, en excellens vins, en bois & mesmes en mines d'argent. On y fait du meilleur papier de France apres Clairmont, & on peut dire que rien ne manque à ce païs. Ses peuples sont doux & civils, son air est subtil & ses vivres delicats. J'avouë que toutes les Provinces du monde ont leur douceurs & leur avantages : mais je doute si elles en ont de plus grands que celle-cy pour la douceur de la vie. Car si on se plaît à la bonne chere, on la fait icy telle qu'on veut, & sans beaucoup d'argent ; si on se plaît à la chasse, le païs est tres-propre, & si le jeu ou la compagnie agreent le plus, c'est ce qu'on trouve icy avec plus de perfection qu'ailleurs ; d'autant que les femmes y sont les mieux faites & les plus spirituelles du Royaume, selon le sentiment de tout le monde, sur tout à Angoulesme qui est la capitale de tout le païs, dont vous allez voir la description.

ANGOVLESME.

CEtte Ville est situé au haut d'une montagne & est bastie sur un rocher qui la rend extremement forte, quand bien elle n'auroit pas une citadelle pour sa deffence. L'air y est extremement subtil, & les eaux les meilleures du monde. Elle n'est pas fort grande quoy qu'elle soit assez longue: mais elle a des choses tres-remarquables à voir: sçavoir en 1. lieu son Eglise Cathedrale dediée à Saint Pierre, où on voit un monstre marin, pendu à une des murailles, lequel fut tué apres beaucoup de ravage qu'il avoit fait. Il y a plusieurs belles Abbayes tant d'hommes que de filles, & quantité d'autres belles maisons Religieuses, sans parler des Eglises qui sont dans les faux-bourgs. La Charante passe au bas & arrouse ses belles campagnes. Les femmes y ont communement plus d'esprit, & un air plus propre & plus aimable pour la compagnie, que les hommes, & leur humeur civile est si complaisante pour les étrangers, qu'elles ne refusent jamais d'estre d'un party de jeu, de promenade & d'un divertissement honeste, elles y sont belles & genereuses & leur entretien est des plus aimables. Leur langage n'est pas desagreable, au contraire a quelque grace en leur bouche qui n'est pas en celle des hommes. Les maisons de plaisance y sont fort communes, & les rendez vous assez frequens. Enfin il n'est rien de si charmant pour un honeste homme, que de passer un hyver en cette ville: parce que tout ce qui peut charmer, se trouve en ce lieu. Il y a un siege Presidial & une Seneschaussée. On voit à deux lieux de cette Ville, la source miraculeuse du Trouve, laquelle sort d'un abifme qui eft au pied de deux montagnes, dont l'une avoit un des plus forts Châteaux de France avant qu'il fut ruiné. On dit qu'il y eut autrefois une Reine de France, qui fit mettre un homme condamné à la mort dans une cage avec des flambeaux, pour voir d'où pouvoit venir cette fontaine, lequel raporta apres en avoir efté tiré, qu'il n'avoit rien veu que des rochers affreux & des poiffont monftrueux, & dit que fi on ne l'avoit pas bien-toft forty du lieu où il eftoit, il y feroit mort de froid & de peur. On croit que cette source n'eft autre chofe que le ruiffeau qui fe perd dans la foreft de Braconne. Vne de fes proprietez c'eft qu'elle ne groffit ny ne diminuë iamais, & qu'elle porte les plus belles truites du monde, & en plus grande quantité : Pour moy ie puis dire que ie n'en ay iamais mangé de fi bonnes que chez Monfieur de Fiffac, lequel en a toûjours une belle provifion dans fon refervoir.

Chafteau-neuf eft une ville fort jolie & bien peuplée. Les Meffieurs de la Religion y donnerent icy une bataille confiderable. Les Peres Minimes ont icy une belle maifon avec une Eglife fort fuperbe; il eft vray qu'elle eft la feule qui merite d'étre veuë : parce que les autres font toutes ruinées. Martou, Blaiffa, Chabannes, Buffer, Aigres, la Rochefoucault qui appartient à l'ancienne famille de ce nom Prince de Marfillac, laquelle a un Chafteau fort fuperbe où il y a une des plus belles Chapelles de France pour son dessein extremement hardy, & un des plus beaux pavez du Royaume, Gourville, Lansac, Mareüil, Ville-bois. Montberon où on a découvert depuis quelque temps une mine d'argent & Bontte-ville, sont les moindres villes de cette Province, lesquelles sont tres-divertissantes & tres-commodes pour faire bonne chere a peu de frais.

LA XAINCTONGE.

Ette Province est si belle, si abondante, si delicieuse, que l'on dit en commun Proverbe, que si la France est un œuf, la Xainctonge en est le moyeu: d'où l'on peut reconnoistre sa fertilité, la douceur de son climat & les delices qui y sont. L'Espagne, l'Angleterre, la Hollande, & les autres païs de l'Europe sçavent bien les commoditez qu'elles en retirent: c'est pourquoy ie diray seulement quelque chose de sa ville Capitale & des autres moins principales qui sont dans le païs.

XAINCTES.

JE laisse à part toutes les Ethimologies des noms que les esprits curieux recherchent avec empressement sur le sujet de cette ville, pour dire qu'elle est située dans une belle plaine, arrousée de la Charante, sur laquelle il y a un pont à démi miné fait par Cesar, avec un Arc Triomphal dedié au mesme avec ces paroles :

C. Iulius. C. Iulii Octaneuni. F. Rufus. C. Iuli. Gredomonis Nepos Roma & August.... ad Aramque est ad Confluentem Præfectus Fabrum. D.

& pour dire que son amphiteatre, l'aqueduc, la grande Eglise dédiée à S. Pierre, & bâtie par Charlemagne, comme il paroist par la figure qui est sur la muraille a costé du clocher que M. de la Religion ont rompuë en détruisant l'Eglise, qui estoit une des plus belles de France, & qu'on dit estre la 21. Eglise que le mesme Empereur avoit édifiée selon qu'on le remarque par l'Y qui est encore sur le Portail. La Citadelle qui est extrememement forte, & où le Roy fait fondre continuellemét des canons en fonte verte, & l'illustre & tres-celebre Abbaye des Dames de S Benoist, où il y a toûjours des Princesses pour Abbesses, ou des personnes de la plus haute qualité du Royaume, que les deux partis de Religion ont toûjours consideréé, meritét d'être veuës. Il y a un Eveiché, un siege Presidial, & quantité de belles maisons Religieuses, tant d'hommes que de filles Vn illustre Chapitre dans lequel il y a toûjours de tres sçavans hommes & qui est Coëpiscopal, c'est a dire qu'il tient ses Sinodes, consacre les Calices, &c. L'Eglise de S. Eutrope où on conserve la teste de ce Saint qui fait des miracles continuels pour toute sortes de maladies, la fontaine de S. Stelle qui guerit aussi de beaucoup d'infirmitez & plusieurs autres raretez. Les habitans sont fort doux, fort francs, & fort superbes en habits. Ils ayment le jeu, les instrumens & la bonne chere, & les personnes y sont bien faites de corps & d'esprit. Il y a un Presidial assez celebre & des maisons assez riches.

Coignac est la seconde ville de Xainctonge en gentillesse, en beauté, & la premiere pour les bons fruits qui s'y cüeillent, & dont sa M. Britannique se sert pour sa table, pour ses beaux étangs qui mettent les habitans hors de danger d'être pris, & par son beau chasteau & son beau parc dont les biches sont si familieres, qu'elles se promenent en ville. Les habitans y sont encore plus polis & plus sociables qu'à Xainctes, quoy que ceux cy le soient beaucoup. S. Iean d'Angely est illustre pour la celebre Abbaye de Benedictins qu'il y a. Tonnay-Charante est tres commode pour les vaisseaux à raison de son eau qui se conserve le plus long temps sur mer sans corruption & pour l'asseurance ou ils sont; mais la ville qu'on bastit au dessus par ordre du Roy le sera encore plus. Broüage est est une des plus fortes places du Royaume & son sel des meilleurs. S. Pons est une ville fort longue & fort ancienne, où il n'y a rien de rare que le chasteau avec ses Antiquitez. Cerchat a les meilleurs chapons de France, comme aussi un beau chasteau, un joli Convent de Recolets. Taille-bourg est une des plus fortes places de la Guyenne. S. Savinien est agreable. S. Iames a un des plus longs ponts du Royaume, &c. & tous ces lieux ont des vivres en telle abondance & si delicats qu'ils ont merité qu'on donnast le nom de la perle de France à toute la Province. Les Isles d'Oleron dignes d'être veuës pour leur grande fertilité: celle de Rhé est fort renommée pour son rossolis & le long siege qu'elle souffrit contre les Anglois.

La Tour de Cordoüan bastie à l'embouchure de la mer de Bourdeaux, est sur le Roc pour servir de phare, & une des plus belles choses de France, de sorte que le phare d'Alexandrie n'est rien à sa comparaison. Royan est une ville ruinée par les M. de la Religion, bâtie sur le bord de la mer qui arrouse ses murailles des deux costez, & où il y a des petites pierres dans le sable d'un éclat aussi vif que les vrais Diamants. Blaye est une place de guerre bastie sur le bord de la riviere pour empécher le passage des navires ennemis. On y voit le sepulchre de Charibert Roy de Paris, fils aîné de Clotaire I. Roy de France.

LA GVIENNE.

QVoy que ce mot de Guienne soit pris comunement pour une des trois parties de l'ancienne Gaule, ie ne pretends pas pourtant y comprendre toute cette vaste étenduë de païs : parce que nous en avons déja parlé: mais seulement du païs qu'on appelle Gascogne, & qui comprend sous soy les Senéchausssées & les Eveschez de Bourdeaux, de Basas, d'Air, d'Ags & de Bayonne: ainsi ie dis que la Guyenne est un païs des plus temperez, des plus fertiles en tout, & des mieux situez du Royaume pour le commerce. Les landes qui semblent estre un païs maudit, donnent grande quantité de pasturage au bestail, assez de grain, de vin, de liege, de raisine, & de laine. La Garonne l'enrichit de pastels, de vins, de grains, d'huiles, de prunes, d'eaux de vie, de linges, de syrops, de bois pour toute sortes d'usages, & generalement de tout ce dont elle a besoin. Le peuple y est fort spirituel & tres-propre à tout. On les accuse d'étre larrôs & fanfarôs; mais aussi on ne nie pas qu'ils ne soient tres genereux & tres-rusez. Le commun est un peu incivil & mesme insolent, pource qui est de ceux qui sont sur la riviere; mais les gens de condition y sont les mieux faits du monde. I'ay veu des personnes que la curiosité avoit fait voyager dans tous les beaux païs du monde, qui m'ont dit n'avoir jamais rien veu d'égal pour la bonté & la beauté a cet espace de terre qui est depuis Toulouse jusqu'à Bourdeaux: & pour moy ie puis dire que ie n'ay iamais rien veu de si charmant que la civilité des Dames de Bourdeaux, lesquelles vont à l'envy à qui rendra plus de civilité aux étrangers, & prennent tant de soin à paroistre genereuses à leur égard. Ie voudrois pouvoir faire une fidelle description des delices qu'on trouve dans cette belle Province: mais il me seroit impossible;

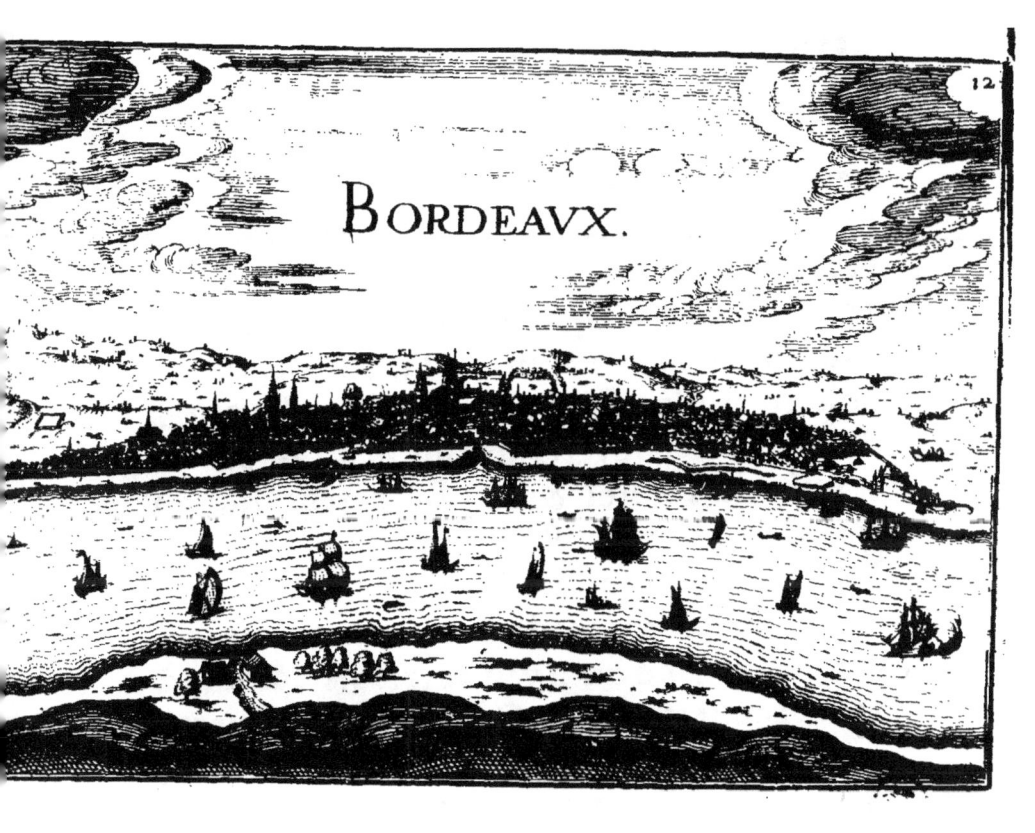

impossible : & tout ce que ie puis faire c'est de dire que tous les plaisirs de l'esprit & du corps s'y trouvent dans toute leur pureté.

BOVRDEAVX.

Bourdeaux est une ville sur la Garonne, dont le canal est si large & si profond à raison du flux & reflux de l'ocean, que les navires pour si grands qu'ils soient montent jusques dans son port qu'on nomme le port de la Lune, à cause de sa figure. Son ancienneté est tres-grande comme on le peut voir par les statuës de marbre blanc qui sont dans la maison de ville & qu'on trouva l'an 1594. par le Palais Galien où sont les restes de l'amphiteatre, par le Palais Tutelle, qui de 24. colomnes n'en fait voir que 18. par les restes des bains decouverts depuis peu, & par les statuës de Iupiter & de l'Empereur Adrien qui sont chez M. Raymond, Conseiller au Parlement. Elle est tout à-fait auguste à cause de son Parlement tres-renommé, de son Vniversité, où on a veu autrefois iusques à 1500. écoliers : de ses Colleges particuliers, de ses riches hospitaux, de son Archevesché, de ses cours subalternes, de ses belles maisons, de ses superbes Eglises, de ses magnifiques Convents & de ses Illustres Chapitres, de ses forteresses, de ses tours, & de ses richesses. Son Eglise Cathedrale dediée à S. André est tres-belle, le clocher de S. Michel tres-haut, & la cloche de la maison de ville

Tom. II. Q

une des plus curieuses du Royaume, à raison de son son harmonieux qui fait une espece de musique admirable. Les pierres creuses de S. Severin élevées sur des pilliers de la mesme matiere, meritent d'estre veuës, parce qu'elles sont vuides ou remplies d'eau selon que la Lune est dans son plein ou dans son croissant. Le Convent des Peres Observantins fondé par un Roy d'Angleterre, est encore digne d'estre veu, celuy des Recolets ne l'est pas moins pour ses raretez & sa Bibliotheque. Mais celuy des Peres Chartreux l'est encore plus à raison de ses belles allées & ses canaux, de son superbe édifice & de sa magnifique & admirable galerie, ou les peintures sont des chefs-d'œuvres, & ou les moindres ouvrages sont des miracles de l'art. Enfin tout est admirable dans cette ville, & les delices y sont si grandes, que generalement toute sortes de personnes disent qu'il ne se peut rien voir de plus delicieux, soit qu'on se plaise à la compagnie, ou qu'on aime le jeu, la promenade ou l'entretien, la bonne chere & les bons vins de Grave: car tout cela s'y trouve dans la perfection. Le grand Ausone a pris naissance dans cette ville, & on voit tous les jours que les beaux esprits du siecle sortent de cette mesme ville. Le Roy y a fait bastir de nouveau le Chasteau Trompette, avec des fortifications si regulieres, qu'on l'estime presque imprenable. Le Chasteau du Ha est encore assez fort; mais on n'en fait plus d'estat. La manufacture qui est au plus haut de la ville ne sert pas peu à enrichir cette ville qui est assez riche du commerce qu'elle fait avec les Etrangers. Il faudroit avoir passé un hyver, ou quelqu'autre saison de l'année dans ce beau sejour pour pouvoir s'imaginer les douceurs qu'il y a à gouster dans cette ville, & avoir esté un mois ou deux à la campagne, dans les belles maisons de plaisance qui sont aux environs pour pouvoir se persuader les grandes delices qu'il y a d'être dans ce païs, autrement il est impossible de se l'imaginer.

Les lieux les plus considerables des environs, sont Cadillac qui est une des plus superbes maisons de France ; S. Macaire, Langon où les vins blancs sont excellents, qui est une ville Episcopale. Dacqs tres-bien fortifié & où il y a un siege Episcopal & de tres belles Antiquitez. Bayonne, ville Episcopale, clef du Royaume, & Capitale de Biscaye. S. Jean du Lus & Cyboure, deux bourgs fort grands & fort riches, & où il y a un beau Couvent de Recolets basti au milieu du pont qui est entre ces deux lieux ; afin d'oster le sujet de jalousie qu'ils auroient entre-eux s'il estoit dans quelque autre endroit. On dit que les matelots de ce pays sont les meilleurs & les plus adroits du monde pour la pesche de la moluë & des balaines, c'est pourquoy ils sont recherchez de toutes les nations. Il y a une montagne à une lieuë d'icy nommée Rheume, au haut de laquelle il y a une Chapelle, de laquelle on voit quatre Royaumes, sça-

Q ij

voir la France, l'Espagne, la Navarre & l'Aragon. Mont de Marsan qui est une des meilleures villes de Gascogne, Oleron & l'Escar, deux Eveschez dans le Bearn, comme aussi Ayre ville Episcopale, S. Leve, Tarbe Evesché, Pau où il y a un Parlement pour le Bearn & la Navarre. Navarrins où il y a un beau chasteau où Henry IV. a esté nourri & la Reule où fut transporté le Parlement de Bourdeaux sont des lieux remarquables & tres-delicieux.

L'Armagnac contient deux Dioceses, sçavoir l'Archevesché d'Auch & l'Evesché de l'Eytoure : Auch est une ville fort ancienne & fort grande, & a de tres belles antiquitez, son Eglise Cathedrale dediée à N. Dame, est une des plus superbes de France, & son chœur & ses vitres passent pour estre sans égales. Le revenu de l'Archevesché va jusques a 50000. mille écus. Les poires de bon chrestien d'Auch sont si excelentes, qu'on croit qu'il est impossible d'en trouver de si bonnes dans l'Europe, & c'est une chose étrange de voir que celles qu'on cüeille à dix pas hors de la ville different comme de la nuict au jour, de celles qu'on a dans l'enceinte des murailles. Il y a un siege Presidial fort celebre, & un des plus sages hommes du monde pour Lieutenant Criminel, qui est M. Daspe, dont le fils est maintenant pourveu d'un Office de Conseiller au Parlement de Toulouse selon son merite. Il y a aussi un des plus celebres Chapitres de France & beaucoup de maisons

Religieuses. On dit que cette ville est en quelque façon semblable à Ierusalem à raison de sa situation & de sa forme ; mais je doute si elle estoit si sale & si mal propre. Les vivres y sont à bon marché & les compagnies fort belles ; parce qu'outre que la ville est fort polie & a de tres bons esprits ; c'est qu'il y a ordinairement quantité de noblesse. Viefesensac n'est est qu'à quatre lieuës, qui est une ville fort agreable.

LECTOVRE

Est une place extremement forte & fort ancienne, il y a un Evesché & des choses curieuses à voir. L'Isle Iourdain est aussi de l'Armagnac est une des plus agreables villes du païs. L'Agenois est encore une dépendance de la Gascogne ; c'est pourquoy ie le mettray icy ; quoy qu'on luy donne un rang de Province dans l'estat, & ie diray que ce païs dispute avec tous les autres de France en toutes choses. Sa ville capitale est Agen, où il y a Evesché, Presidial, & quantité de belles maisons Religieuses. Les habitans y sont si civils qu'on diroit que c'est la cour de quelque Prince, & les femmes y sont si bien faites qu'il n'y en a point d'égales dans le païs. M. Ioly qui passe pour estre un des premiers Predicateurs du Royaume en est Evesque. Il y a à un quart de lieuë de la ville une celebre devotion de N. Dame servie par les RR. PP. du tiers Ordre, il y a un celebre hermitage bâti dans le Roc qui merite d'estre veu. L'Eglise Cathedrale est fort magnifique; mais la musique y est encore plus rare. Villeneuve d'Agenois est arrousée par le Loth, est un parterre delicieux pour toutes sortes de choses, & où on trouve une grande abondance de vivres, d'excellents vins, & de venaison. S. Foy, Marmande, Tonnains, Castillonnez, l'Auzun, Ville-real, sont des villes tres-agreables, & où on peut passer doucement la vie. Le Condommois n'est pas si charmant ny si fertile que celuy-cy; mais il ne reste pas d'être fort riche en tout ce qui est necessaire à la vie de l'homme. Sa Capitale est Condom, où il y a Evesché, Presidial, Election & Bureau des Tailles Son antiquité est tres-belle, & ses maisons sont des preuves fort augustes de sa vieillesse. Il y a de bons esprits & des personnes assez bienfaites. Nerac & le Port Sainte Marie sont les deux plus agreables sejours de tout ce païs; Castel-Mauvoux n'est pas à mespriser, quoy qu'il soit dans les landes. Guse qui est une des plus anciennes villes du Royaume, Condrin ou est la belle maison de Messieurs de ce nom qui sont de noble race de Montespan, & dont le merite est assez connu dans le Royaume. Sa Majesté a donné depuis peu le titre de Duc à M. de Belle-garde qui en est l'aîné pour marquer l'estime qu'il fait de sa personne & de sa famille. Il y a un Convent de Recolets & des Dames de S. Vrsule dont ils sont Fondateurs, & où est Madame de la

Forcade, un des plus beaux esprits du siecle.
Le païs de Comminges est assez bon & a
grande quantité de vivres. Le haut est fort
montagneux & est moins agreable que le
bas. Ses Eveschez sont, S. Bertrand & Con-
serans qui sont dans les Pyrenées, & Lombez
qui est dans la plaine. Ses autres villes moins
principales sont S. Beat, S. Fregoux, Mon-
tageau, Samathan, l'Isle en Dodon, Muret,
&c. Grenade où il y a un beau Convent de
Capucins, Verdun où il y a une celebre Abbaye de Benedictins reformez, & un joly
Convent de Recolets, Castel Sarrazion où il
y a des Carmes & des Capucins & plusieurs
autres lieux assez considerables & fort delicieux. Les delices particulieres de toute cette
grande Province, qui est un des plus beaux
gouvernemens de France, sont d'avoir des
vivres en quantité, en toute façon & les plus
delicats du Royaume, sur tout pource qui
regarde les chapons qu'on estime autant ou
plus que ceux du Mans, & a qui on creve les
yeux pour les mieux engraisser : les pigeons
qui y sont extrememement gras, la venaison
qui y abonde, soit pour les lievres, les perdrix,
les cerfs & les sangliers, &c. C'est dans ce
païs ou on se sert le mieux de la pantene pour
prendre toutes sortes d'oyseaux de passage,
invention qui leur reüssit si bien qu'ils remplissent presque toute la Province de tous
oiseaux de passage, & les donnent presque
pour rien, tant il y en a. Le grain & le vin y
abondent si fort, qu'ils ne sçavent bien sou-

vent qu'en faire ; c'est pourquoy ils sont obligez de l'ensevelir dans des creux faits exprés, revestus de traisse de paille & couverts de feüilles de figuier, de paille & de terre pour empescher que ny l'humidité ny les crissons, & les autres petits animaux ne le gastent. Les divertissemens y sont grands, & les villes remplies de femmes bien faites, & d'hommes de grand esprit. Les fruits y sont excellents & tout y abonde, pourveu que l'on ait tant soit peu d'argent.

LANGVEDOC.

CEtte Province incomparable qui meriteroit de porter le nom de Royaume à raison de sa vaste étenduë, est bornée par le Rosne qui la separe de la Provence & du Dauphiné du costé du Levant, de la mer Mediterranée & des Monts Pyrenées au midy, de la Garonne au couchant, & du Roüergue, & du Quercy au septentrion. Sa situation est presque au 42. degré du Pole. Son climat est si merveilleux, qu'on ne peut rien desirer pour les delices de la vie, qui ne s'y trouve en abondance, & ie puis dire qu'elle est une des plus belles provinces, non seulement de France & de l'Europe ; mais mesme du monde. Car en premier lieu elle est arrousée de tres-belles rivieres & de deux grands fleuves : sçavoir le Rosne & la Garonne. Le Tar, le Vidour, le Eraut, Aude, &c. & plusieurs ports de mer pour favoriser son trafic,

trafic, 2. elle abonde en toute sorte de grains qu'on transporte en Espagne, en Italie, &c. 3. Elle a des vins des plus delicats & des plus exquis du Royaume, à Gaillac, à Rabasten, à Nismes & a Beaucaire, des vins blancs à Limoux, des Muscats à Frontignan, & en plusieurs autres lieux du Diocese de Montpellier, qu'on transporte en Angleterre & en Allemagne, & elle a les meilleurs huiles du monde. 4. Les sels en si grande abondance, quoi qu'il y en ait en plusieurs endroits, comme à Peyriac, à Lejan, les seuls de P. cais & de Narbonne suffisent pour fournir la Province & les fermes étrangeres. Ses fruits sont rares, delicats & en quantité, entr'autres les raisins, les muscats, les melons, les figues, les pavis, les auberges, les brignons, les mirecotons, les abricots, les pommes de grenade, les pesches, les marrons, les figues, les prunes, les capres, les olives, les citrons, les oranges, du saffran, & mesme des dattes, qui sont si difficilles à trouver. Frontignan donne les meilleures passerilles ou raisins secs qu'il soit possible de voir qu'on refere à ceux d'Espagne, & qu'on estime autant que ceux de Grece & d'Italie. 5. Elle a du marbre de toutes façons qu'elle polit elle mesme, 6. on trouve des paillettes d'or & d'argent presque dans toutes ses rivieres qui sortent de ses montagnes. 7. Elle a ses eaux minerales & ses bains chauds à Bagneux en Gevaudan & a Balaruc prés de Montpellier. Le Lauragués a une grande quantité de cailles au mois de Iuillet, d'Aouſt & de Septembre, qui ſont meilleures qu'en Italie. Les Benarets & les Ortolans qui ſe prennent dans les plaines de Touloufe, ſont ſi recherchez, qu'on les porte à Paris pour la table du Roy. Les Paſtels y viennent fort & y ſont ſi bons, qu'on les tranſporte en Eſpagne & par toute l'Europe pour en faire des teintures. Le romarin y abonde ſi fort, que les campagnes en ſont pleines & les montagnes couvertes, & le thim, le lentiſque, le ſerpoullet, la lavande, l'api, & les autres herbes odoriferantes naiſſent dans les campagnes, & ſe trouvent ſur le bord des chemins, ce qui donne un plaiſir nompareil aux paſſans. L'Abondance de ces bois aromatiques eſt ſi grande en ce païs, qu'on s'en ſert pour brûler & pour échauffer les chambres. 8 Elle a beaucoup de ſalicor ſur le bord de la mer pour faire le verre que des Gentilshommes font avec une adreſſe & une induſtrie merveilleuſe. 9. Elle a du ſaffran plus qu'il ne luy en faut; du vermillon ou graine d'écarlate qui ſert aux Apoticaires & aux Teinturiers à foiſon, & qu'on eſtime autant que la cochenille des Indes. Enfin elle a des laines tres-fines & des vers-à ſoye pour en fournir tout un monde; de ſorte que rien n'y manque, ſoit pour la neceſſité ou pour les delices de la vie. L'Air y eſt bon & temperé; mais l'Eſté y eſt un peu trop chaud & incommode à raiſon des mouches. Les eaux y ſont excellentes & la glace aſſez commune. L'hyver ny eſt pas fort rude ny pluvieux. Dieu qui a voulu rendre cette Province un Paradis terrestre, a fait qu'il y a un petit zephir qui regne pendant les brûlantes chaleurs de l'Esté pour en moderer les ardeurs. La mer & les rivieres y donnent grande quantité de toute sorte de poisson, la venaison n'y est pas rare, & les boissons delicieuses avec les confitures fort communes. L'humeur de cette nation est toute portée au bien, & à fort peu de panchant au mal. On dit communement que les Toulousains sont nez pour les lettres, de bon esprit, extremement civils, fort devots & grands Catholiques. Il est vray qu'on les accuse d'être un peu trop faciles à se mouvoir au moindre bruit, un peu trop farouches aux étrangers, sous prétexte de ne les connoistre pas, attachez au gain, & qu'ils se nourrissent un peu trop mesquinement chez eux. On dit aussi que les Toulousains sont sages, peu parlans & fort reservez. Ceux qui sont aux environs de Carcassonne, de Besiers, de Montpellier & de Nismes, sont prompts, grands parleurs, qui se vantent beaucoup, & qui gardent peu un secret. Mais aussi qu'ils sont francs & naïfs & pleins de courage. Les femmes y sont fort bien ajustées, & se fardent un peu trop, afin d'être estimées belles. Les hommes s'y ajustent bien, & souvent beaucoup mieux que leur revenu ne leur permet pas, ce qui fait que tous ensemble travaillent pendant toute la semaine & se nourrissent mal pour avoir quelque chose de beau pour les jours de feste & de Dimanche. L'estenduë de cette Province est si grande, qu'elle meriteroit un volume entier pour en parler dignement, dautant qu'on y conte jusqu'à 22. Eveschez; neantmoins ie tâcheray d'en faire un recüeil, afin d'en donner quelque connoissance, ie suivray donc les villes principales, & commenceray par la Capitale.

TOVLOVSE.

POur bien décrire cette ville, qui est sans contredit la plus grande de France apres Paris, que Rome a si fort estimée, & qui a eu son Capitole & son Senat, comme estant une Colonie des Romains; il faudroit faire un volume entier, car soit qu'on voye son antiquité, ses raretez, ses maisons, ses Eglises, sa situation & son terroir, on trouve tant de merveilles qu'on en reste tout estonné. Sa situation est si belle, qu'à peine en peut-on trouver une semblable: car outre qu'elle est bastie sur la Garonne, qui fait une Isle de tounains, & qui luy fournit tout ce qui luy est necessaire, c'est qu'elle est assise au milieu d'une plaine, aussi fertile que l'Egypte, & aussi divertissante que la Palestine. Sa forme se rapporte beaucoup à celle d'un arc, & son antiquité est telle qu'on dit que *Tholo* un des enfans de *Iaphet*, en est le Fondateur, ou du moins que les Troyens l'ont fôdée. Quoy qu'il en soit, les Histoires tant anciennes que modernes, s'accordent en ce point, que les Romains la trouverét fort fleurissante à leur

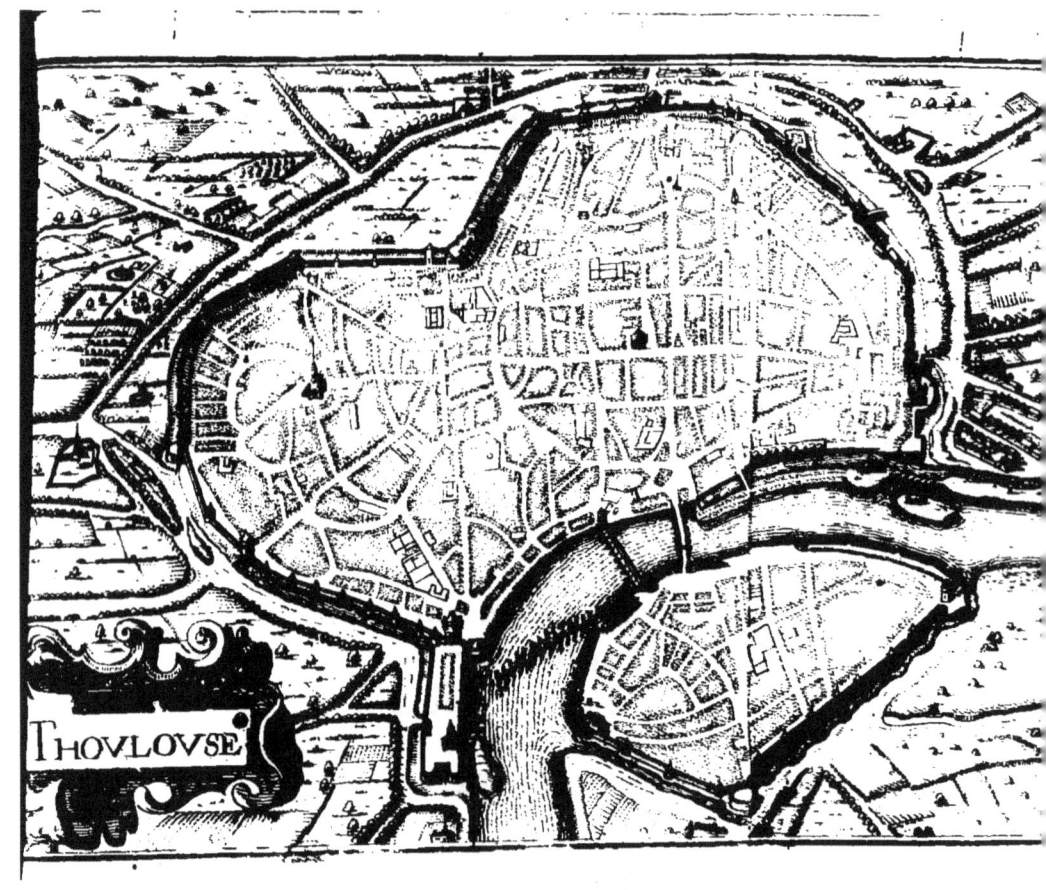

DE LA FRANCE. 197

arrivée dans les Gaules, & qu'elle a esté long temps le sejour des Rois des Goths, & il ne faut que voir ses amphiteatres, ses temples & ses aqueducs, pour dire qu'elle est une des plus anciennes du Royaume. Ses murailles & ses tours sont basties de brique, & son circuit est de plus de cinq ou six milles d'Italie. Elle a tout ce qui peut rendre une ville illustre, & qui peut la rendre recommandable à toutes les nations. 1. Elle un Archevesché & une des plus belles maisons Episcopales qui se puissent voir. Son Eglise Cathedrale est imparfaite; mais son chœur est des plus magnifiques, & j'asseure que son retable de marbre sera un des plus beaux de l'Europe: aussi dit-on qu'il coûtera 10000. écus à faire faire. Sa grosse tour qui sert de clocher est tres haute, & a une cloche qu'on nomme Jardaillac qui est une des plus grandes du Royaume, & qu'on n'ose pas sonner en branle, crainte d'abattre le clocher, ou peut estre parce qu'elle est un peu fenduë. Ce temple sacré est dédié a S. Estienne. Il fut brûlé malheureusement, il y a déja quelques années: mais on tâche non seulement, de le remettre dans son 1. état; mais encore de le rendre plus magnifique qu'il n'étoit auparavant. S. Saturnin est la seconde Eglise en rang, sur la porte de laquelle on a mis des vers à sa loüange:

Omnia si lustres aliena climata terra,
Non est in toto sanctior orbe locus.

parce qu'il y a en effet sept corps d'Apostres,

une espine de celles qui percerent le chef de Iesus Christ, & plus de cinquante chasses d'argent doré, remplies de corps saints: & dautant qu'on dit que cette terre ne peut pas souffrir le corps d'un reprouvé. La disposition de cette Eglise est si belle, qu'encore bien qu'elle soit remplie de piliers fort gros, pas un homme ne peut se cacher, en sorte que ceux qui sont au dessus des voutes ne l'en chassent ou ne le tuent. On voit sur l'entrée du chœur deux statuës qui fléchissent le genoüil, tandis que deux hommes de basse extraction blasphemoient contre I. Christ, sa Mere & ses Saints, comme on le voit écrit & dépeint dàs un tableau qui est au dessous. Les pretendus reformez ont fait tout leur possible pour se rendre maistres de ce S. lieu pour le piller & le ruiner; mais Dieu voulut que la femme du Capitoul qui trahissoit la ville, éventa la mine & sauva ce Temple sacré du pillage & de l'incendie, quoy que peut-estre ils n'en seroient iamais venus à bout, parce qu'il est bien garni de pierres de campagne pour sa défense, & bien capable de resister long-temps contre l'effort qu'on fit. On dit que le clocher est basty sur un abime, dans lequel il y a un tresor, & que la cave des Corps saints est immediatement au dessus. On asseure encore que la curiosité de quelques-uns a esté si grande que de vouloir creuser la dedans pour voir la verité de cecy; mais qu'il leur fut impossible de se satisfaire à raison des gouffres qui y sont, de la puanteur insupportable qui en sortit, & des horribles serpens qu'on y voyoit & qui faisoient ce semble leurs efforts pour en sortir, en quoy j'admire la Providence divine d'avoir voulu que ces monstres qui sont l'image des demons servent de marche-pied à ces Saints pour marque de leur victoire & pour les faire triompher apres leur mort. Les plus intelligens disent, que c'est le lac où les Theotosages jetterent l'or qu'ils avoient pris à la persuasion de leurs Prestres, afin d'estre délivrez de la peste. Ie voudrois que les curieux eussent veu la procession qu'on a accoustumé de faire tous les ans le jour de la délivrance de la ville le 15. de May, ou le jour du tres-S. Sacrement, ou quand on fait l'élevation de quelque Corps saints où tout le Clergé tant regulier que seculier assiste, où le Parlement & les autres Cours se trouvent, & où tous les mestiers assistent avec le plus bel ordre du monde. Pour moy ie puis dire que ie n'ay iamais rien veu de si magnifique ny de si devot que cette auguste ceremonie, où tous les païs des environs se trouvent. Nostre Dame de l'Adaurade, qui estoit autrefois un Temple du Soleil: & est le 3. & le plus ancien. Celle de S. Sauveur est encore fort ancienne avec son grand cimetiere. S. Sauveur qu'on nomme communement du Taur, parce que le Saint dont elle porte le nom, ayant esté traisné par un taureau, ne peut iamais estre traisné plus avant par ce méme taureau, quoy qu'on fist tout ce qui estoit

R iiij

possible pour le faire avances. S. Michel, S. Cyprien, S. Pierre, & beaucoup d'autres meritent encore d'être veuës. Les Hospitaux de la Grave pour les pestiferez, le grand Hospital de S. Iacques qui est dans le fauxbourg de S. Cyprian, autrement Subra. Les Colleges de Limosin, de Perigord, de sainte Catherine, de S Martial, de Magelonne, de Mirepoix, de S. Raymond, sont dignes d'être veus; mais les Eglises des Penitens noirs & bleux dont les peintures, les statuës & les ornemens sont si precieux qu'on les estime des tresors, sont encore plus dignes d'être veuës. La Daurade qui est un des huict quartiers de la ville, a une superbe Eglise, & un des plus hauts clochers de toute la ville. Celle des Peres Observantins est encore une des plus magnifiques pour ses rares figures, ses belles orgues, son grand nombre de Chapelles admirablement bien tenuës, dorées & bien servies. Leur cloistre est un des plus beaux de France, tant pour sa grandeur, ses beaux pilliers de marbre, la statuë qui est au milieu du parterre, representant S. François qui reçoit les stigmates, & qui donne de l'eau par les playes, qu'à raison de ses rares peintures, qu'on dit avoir cousté de grandes sommes d'argent, & qui representent la vie de leur Fondateur. Le Convent est tres-ancien, & passe pour estre le premier de toute la ville en toutes choses; car outre qu'il est le plus grād & le plus magnifique; c'est qu'il y a ordinairement 100. Religieux qu'on peut appeller des Saints Bonaventures en sainteté & en Doctrine, des Scots en subtilité, & des Saints Pauls en chaire. Leur Bibliotheque est une des plus grandes de la ville, & ils ont une Sacristie bien garnie de Calices, de Croix & d'ornemens, entre lesquels on monstre ceux de saint Loüis Archevesque du mesme lieu, Religieux de leur Ordre. On voit icy une cave qui consomme la chair des morts sans gaster leur peau, ny disloquer leurs membres: On y va pour voir ces curiositez; mais c'est le moindre de leurs miracles, quoi qu'on y montre la belle Paule qui a passé pour la plus belle femme de son temps; mais on n'y remarque rien qu'une peau fort delicate qu'on a noircie pour en avoir trop approché le flambeau. S. Antoine de Padoüe a fait icy quelque temps sa demeure, & on dit mesme que ce fut icy qu'il convainquit cet heretique qui nioit la realité du tres-saint Sacrement. La mule de cet obstiné adorant humblement l'Hostie consacrée que le saint luy commanda d'adorer. Les PP. Iacobins ont tout auprés leur celebre Convent, où repose le corps de l'Ange de l'école S. Thomas d'Aquin de leur Ordre. Leur Eglise est tres-belle & tres-bien ornée: tous les curieux doivent aller voir le pilier au bout, lequel quoy que fort menu supporte cinq ou six voutes au dessus l'une de l'autre, desquelles l'on a veu la sainte Vierge benir les Religieux qui chantoient le *Salve* à son honneur. L'Autel & le Mausolée où repose le corps de S. Thomas d'Aquin, est une piece si achevée, qu'il n'y en a peut-estre par une semblable dãs l'Europe. L'Eglise de la maison Professe. Ie croy qu'il n'y a point de ville qui ait tant de Religieux ny de Religieuses que celle-cy, aussi l'appelle-t'on la Sainte par Anthonomase. Ses autres raretez sont le Parlement, qui est un des plus Doctes & des plus Augustes de France. Il est si rigide pour les crimes, qu'il ne se passe point de semaine qu'il n'y ait des executions de mort. C'est pourquoy il y avoit anciennement un échaffaut de pierre à la place de S. George, lequel estoit toûjours sanglant: mais M. le President de Monrabe l'a fait abatre depuis quelque temps. L'Vniversité qui est une des plus celebres du monde pour les Droits Civil & Canon. On y enseigne aussi toutes les sciences & les langues. La maison de ville où tous les Capitouls sont dépeints en habits d'Office avec les entrées des Rois; l'arsenal tres-bien muny de Canon, la sale du Conseil où l'on tient l'assemblée pour jeux fluraux ou l'auglentine instituée, par Dame Clemence, & la court où mourut M. de Montmorency. On n'entre pas icy qu'apres avoir quitté les armes à la porte, où il y a toûjours un corps de garde. Le Pont-neuf ne cede en rien à celuy de Paris, & est mesme beaucoup plus large. Le Palais & chasteau où le Parlement s'assemble, qui estoit autrefois la demeure des anciens Comtes de Toulouse. Les moulins du Chasteau & du Basacle, l'écho qui est prés de ce dernier moulin qui repete jusqu'à trois fois presque des vers entiers, &c. Il y a une infinité d'autres choses que ie passe sous silence pour dire qu'il ne faut pas s'étonner, si les Rois y ont donné tât de privileges, puisque le Ciel l'a fait depositrice de tant de corps saints, & que les Romains l'ont favorisée d'un Amphitheatre & d'un Capitole, ce qu'ils n'avoient accordé qu'à Narbonne, qu'à la nouvelle Carthage & qu'à celle cy, laquelle n'est pas moins celebre ny moins peuplée qu'autrefois: & puisque la science & les muses, la sainteté & la vertu y font leur sejour. Ce qui a mis ce proverbe en usage: Lyon pour voir, Bourdeaux pour dépendre, Toulouse pour apprendre. Il y a une celebre devotion de N. Dame de Guerison, qui est dans la Gascogne, laquelle est frequentée par toutes les nations du Royaume, & enrichie d'une infinité de presens que les Rois & les grands Seigneurs y ont faits. Les villes moins principales sont celles qui suivent.

Castres qui est tres-bien située, où il y a un Evesché, une Châbre de l'edict, & des gens les plus polis du païs: son air est doux, les maisons agreables, & les vivres à bon marché. Lavaur est aussi fort joli; il y a un Evesque, & plus de vivres que d'argent. Pamiers qui est une des plus anciennes villes de Languedoc: Mirepoix, S. Pons, de Tomieres, Rieux, S. Leger, Aleth, Clairmont, sont des villes Episcopales qui sont toutes agreables, & où l'on fait bonne chere pour peu de chose, &

dont chacune a des particularitez assez curieuses à voir: mais parce qu'elles ne sont pas dans une si haute reputation que beaucoup d'autres, je les laisse à part pour dire que

Alby est celebre pour son Evesché qui vaut 50000. écus de rente ou du moins 100000. francs, parce qu'il y a une Eglise Cathedrale dediée à S Cirille, qui est dorée depuis le haut jusques au bas, & à cause qu'elle a un terroir qui rapporte grande quantité de safran.

Carcassonne est renommée pour la forteresse de sa cité qui n'a qu'une porte, où on fait quitter les armes en entrant, des murailles & des tours extremement épaisses, & des fossez fort profonds, pour la beauté de sa ville, de ses ruës longues, larges & nettes, d'un bout desquelles on voit l'autre extremité, ses belles Eglises, ses beaux Convents, son bon Evesché, ses belles Manufactures de drap, de la douceur de ses habitans, & de la fertilité de son terroir.

Narbonne est en reputation pour ses fortifications regulieres, pour son antiquité & son fondateur qu'on dit estre *Narbo*; Empereur où Roy de ce païs, où Harbon Roy de France, & à cause que les Romains l'ont fort consideré, comme les Histoires le marquent, & comme on le voit encore aujourd'huy par la pierre qu'on découvrit il y a quelque temps, & qu'on a mise dans le Palais Archiepiscopal, par son Archevesché qui est le Pri mar du païs, & Président aux Estats de toute la Province, par ses belles Antiquitez, ses beaux sepulchres des Rois de France & des Anciens Romains qui y sont; par ses belles pieces qui representent, l'une la resurrection du Lazare, & l'autre le Iugement & le Purgatoire, avec tant de perfection qu'il ne se peut rien voir de mieux. Par l'ancre sous la voute qui est pres du Palais, qui est d'une pesanteur immense, & qui n'est là que pour marquer comme quoi les Archevesques sont Seigneurs de la mer, & qu'ils l'ont esté de tout temps, par l'antiquité de son Palais Royal, qu'on croit estre un ouvrage de Charlemagne, à raison d'une Croix noire qu'il y a sur la muraille, par son Arsenal garny de plusieurs beaux & grands canons & par les restes de son amphitheatre que les Goths & les Vandales n'ont pas pû achever de ruiner, comme les autres superbes édifices que les Romains y avoient bastis tel qu'estoit le Capitole. L'Histoire nous asseure que la premiere colonie des Romains en Europe a esté dans cette ville, & que Rome & Narbonne estoient tellement amies, qu'elles se qualifioient sœurs, jusques là, que quelquesuns ont voulu dire que leur simpathie estoit si grande que celle-cy ayant esté affligée d'un funeste embrasement du temps de l'Empereur Antonin Pie l'an 145 de Iesus-Christ, Rome souffrit un semblable desastre dans le mesme têps, comme s'il en estoit de mesme de deux villes si fort éloignées que de deux freres qui contractent & communiquent la meſme maladie, parce qu'ils couchent enſemble. La mer qui n'en eſt pas loin, luy donne le moyen de faire un grand commerce, & de venir extremement riche, dautant mieux que le canal qu'on fait pour unir les deux mers & qui commence icy, la rend une des plus marchandes de France. Perpignan qui eſt une des plus fortes places de France & d'Eſpagne merite d'eſtre veuë. Il y a un Eveſché.

Beſiers eſt une ville ſi belle, ſi bien ſituée, & ſi fertille qu'on a mis ce Proverbe en uſage que: *Si Deus viveret in terris, habitaret Biterris*, tant elle eſt aimable, & c'eſt la raiſon pourquoy les curieux ont dit qu'elle ne portoit ce nom de *Biterra*, que parce qu'elle eſt plus fertile que les autres, & que c'eſt *quaſi bis terra* deux fois terre. Elle eſt ſur le panchant d'une montagne, d'où l'on découvre une des plus agreables campagnes du monde : ſon Egliſe Cathedrale bâtie ſur le plus haut lieu de la ville eſt tres-belle, & a les meilleures orgues de France : l'Egliſe des Ieſuites eſt tres-belle, mais celle des Recolets eſt mieux tenuë & plus frequentée ; auſſi dit on communement, allons entendre la belle Meſſe des Recolets, parceque tout ce qu'il y a de beau s'en va là. Il y avoit autrefois un Chaſteau bien fortifié qui ſervoit comme de citadelle; mais il eſt maintenant ruiné. On y voit encore les reſtes d'un Amphitheatre, avec une inſcription, qui fait bien voir qu'elle eſt bien ancienne. Quant à ce qui est de ses habitans, ils sont civils & affables aux étrangers tout autant qu'on le peut desirer. Les femmes s'y plaisent fort à la promenade, au jeu & au divertissement, aiment les nouvelles modes, recherchent à estre bien vestuës & n'espargnent rien pour estre bien ajustées. C'est un plaisir d'être dans cette ville dans la belle saison à raison des promenades continuelles, & des rendez-vous que l'on se donne pour manger des confitures, & pour entendre des concerts de voix. Il y a une montagne entre Narbonne & cette ville qui s'appelle Quarante, d'où l'on peut dire qu'étant au haut, on voit quarante & deux villes. En venant de Carcassonne on voit un étang fort grand qui est rempli de tres bon poisson, & couvert de plusieurs sortes d'oyseaux qu'on ne voit pas ailleurs. S. Signan est une ville voisine qui est tres-agreable, & où je me suis bien diverti. Gignac est encore plus riche & plus joly que celle-cy, & a une des plus celebres devotions du Languedoc tenuë par des Recolets & où le monde accourt des extremitez de la Province, toutes les festes de la Vierge, principalement le jour de l'Assomption.

Agde est une ville fort ancienne & mal saine, à raison de la hauteur de ses maisons & de ce que ses ruës sont trop estroites. Il y a un Evéché qui pour estre de petite estenduë, ne reste pas d'estre de grand revenu: car on dit qu'il a dix mille écus de rente, quoy que dans un jour l'on puisse faire le tour de tout ce qui reconnoît sa jurisdiction. Il y a icy pres une celebre devotion de nostre-Dame servie par les Peres Capucins, & on fait un Moleau fort de Brescou, qui est une torteresse dans la Mer pour mettre les navires en asseurance, lequel s'avance tous les jours. Marseillan est une petite ville assise sur le lac de ce nom, tres jolie, & où il y a des personnes fort civiles & bien faites, & où le poisson & les vins delicats ne manquent pas. Pezenas est encore plus joli & plus delicieux, & les habitans y sont plus polis & mieux faits: parce qu'outre que feu Mr. de Montmorency qui avoit fait bastir la maison de la Grange qui n'en est qu'à un quart de lieuë, y avoit fait sa demeure; c'est que feu Mr. le Prince de Conty y faisoit presque toûjours son sejour. Ainsi ils sont devenus courtisans, & ont tâché de se perfectionner en ce point. Les maisons y sont belles & bien ornées, les ruës nettes & tout fort riant, ce qui oblige bien souvent les Estats de s'y tenir pour les belles commoditez qu'ils y ont.

Monipellier est la ville de toute la Province qui l'emporte sur toutes les autres pour la civilité & la douceur de la vie, pour le bel entretien & pour les personnes bien faites: je dis communement: car les autres ne sont pas dépourveuës de tous ces avantages. C'est pourquoy tous les estrangers ont accoustumé d'y faire un plus long sejour & de s'y plaire d'avantage. Dequoy je ne m'estonne

pas

pas pour plusieurs raisons. La 1. c'est que la bonne chere n'y coûte presque rien. La 2. c'est que les belles compagnies y sont faciles à trouver. La 3 c'est que la franchise & la familiarité y regnent; & la 4. c'est qu'outre que les personnes y sont bien-faites, elles y ont un esprit admirable. Les stoïques, les sçavans, & les curieux n'y ont pas petite occasion de divertissement; puisque l'Vniversité de medecine est la plus celebre de l'Europe. Les gens du monde les plus intelligens en toutes sortes de matieres y verrôt des antiquitez merveilleuses, des temples tres-somptueux, une citadelle tout à fait reguliere & le jardin du Roy le mieux entretenu & le mieux fourny de tout le Royaume. Il suffit d'avoir mine d'honneste homme pour estre receu dans toute sorte de divertissemens, tant on y a d'inclination pour les estrangers. Il y a une Cour des Aydes, & plusieurs autres justices. J'oubliois à dire que le chasteau des Rois de Morac n'est pas entierement ruiné, & que c'est la coustume que pas un ne passe Docteur en Medecine qu'il n'ait receu sept fois la robe & le bonnet de Rabelais, qui est mort & ensevely icy. Le College de l'Anathomie merite d'être veu comme une chose tout à fait rare. Frontignac ou naist le vin muscat, & le chasteau de Magellone qui est pres de la ville, sont encore dignes d'estre veus. Lunel estoit autrefois joly, mais maintenant les guerres l'ont ruiné; il est vray que la joye renaist de dessous les ruines de ses

Tome II. S

murailles. Il y a une chose miraculeuse en ce lieu, selon le rapport des habitans: c'est qu'il y a un certain lac pres du Convent des Peres Cordeliers remply de grenoüilles, qui ne font plus de bruit depuis que S. Anthoine de Padoüe leur fit le commandement de ne l'interrompre plus dans ses prieres, & on a remarqué que si on en transporte quelqu'une de celles qui font le plus de bruit dans les autres endroits, dans cet endroit, elle devient muette comme les autres, ce qui est un prodige.

Nismes est une ville tres-ancienne & un lieu où la nature a versé le plus abondamment ses faveurs: car outre ses bons vins, ses excellents fruits & ses bons grains; c'est qu'elle a un air serein, des citoyens bienfaits, spirituels, enjoüez, faciles à aimer & qui ne refusent jamais de servir les estrangers. Il est vray qu'ils sont accusez d'estre grands parleurs, faciles à découvrir un secret, à quoy il est facile à remedier, vains & quelque peu fanfarons & sujets à se vanter plus qu'il ne faut. Elle est considerable en plusieurs choses dont voicy à peu pres l'énumeration. 1. Elle est bâtie à ce qu'on dit par Nemausus fils d'Hercule. 2. Elle a esté autrefois incomparablement plus grande qu'elle n'est maintenant: car elle enfermoit 7. montagnes comme l'ancienne Rome, & elle avoit mille tours autour de ses murailles, dont on dit que Tour magne qui est la Montagne voisine est une de ce nombre. 3 Elle a un des plus beaux amphitheatres du monde que l'Emp. Antonin fit faire en ovale, lequel a 470. pas de tour, 60. arceaux sur lesquels on remarque les figures qui suivent. 1. deux Gladiateurs taillez sur la pierre. 2. une louve qui alaite Remus & Romulus. 3. les vautours qui parurent en songe à ces deux fondateurs de Rome. 4. Deux Priapes aislez autrement les parties genitales de l'homme qui donnent beaucoup à penser aux curieux, dont quelques uns ont cru que c'estoit un effet de la vanité des Romains qui vouloient se moquer par là de la défaite des Gaulois. 5. deux testes de taureaux placées sur la porte par où l'on entroit anciennement. 6. deux tours qui sont à l'entrée & qu'on dit avoir resisté côtre l'effort des Sarrasins, des Goths & des Vandales, apres qu'ils s'estoient rendus maistres de la ville. Cét édifice est bâti de lourdes pierres sans aucun ciment, & c'est une merveille de voir qu'il est encore dans son entier : son enceinte est remplie de maisons qui n'empeschent pas qu'on ne voye encore les cavernes des bestes, comme aussi les murailles qui enfermoient le lieu du combat. Le Perron des Senateurs est admirable & le mieux situé, de même que l'échaffaut ou étoit l'Empereur avec ses principaux courtisans. On dit qu'il y a des caves soûterraines qui vont fort loin au dessous de la ville La maison quarrée qui est pres de l'Amphitheatre, est soustenuë par dix colomnes bien travaillées de chasque costé & 6. aux deux bouts. Le tout est couvert de grandes pierres en façon de plate-forme, de sorte que l'on peut s'y promener. On a voulu dire que c'estoit l'ancien Capitole & d'autres un Pretoire ou Basilique pour rendre la justice, comme il y a bien de l'apparence; mais on n'en sçait rien, si ce n'est que Trayan l'a fait bastir à l'honneur de sa femme Plosine. On voit icy un commencement de cave soûterraine qu'on dit aller jusques à Arles. La fontaine & le temple de Diane ou de Vesta qui est au dehors de la ville est ruiné, & il n'y reste plus rien que quelques marques fort augustes de ce qu'il a esté. On remarque qu'il y avoit deux rangées de colomnes des deux costez d'un ouvrage tres magnifique. On a voulu dire que la fontaine qui est aupres de cét édifice, servoit autrefois pour purifier les Vestales, & que ce n'est pas une source, mais des eaux conduites par artifice pour l'vsage que nous venons de dire, dequoy je me mets fort peu en peine. La porte de la couronne a plusieurs anciennes inscriptions. Les autres choses curieuses sont la colonne élevée à la gloire de François I. avec une salamandre, la statuë de Geryon qui est le hyerogliphique de l'amitié; plusieurs aigles sans teste sur les murailles des maisons, ce qu'on attribuë aux Goths ennemis des Romains, la figure de Cynthie avec plusieurs belles inscriptions qui sont dans un jardin, par où l'on conduisoit l'eau du pont Gard dans la ville. On dit que jamais les Romains n'ont rien fait dans les Gaules semblable à ce mesme port, tant pour la dépense, que pour la beauté de l'ouvrage: car il y a 3. ponts l'un sur l'autre, dont le plus bas qui sert aux hommes & aux bestes a 6. arcades, le 2. onze, & le 3. 30. la hauteur de tous ces ouvrages est de 82. pieds. Les grottes & les raretez du jardin de S. Privat meritent d'estre veuës. Enfin Nismes est un abbregé de tout l'Empire Romain pour ses antiquitez. Mais ce n'est pas tout ; car outre tous ces advantages : c'est qu'il y en a d'autres, comme d'avoir un Evéché, un siege Presidial & de tres-belles maisons Religieuses, entr'autres celle des PP. Recolets ou loge Mr. l'Evéque, laquelle est une des plus agreables de toute la Province, à raison de ses beaux jardins, ses longues allées, ses bois, ses fontaines & ses parterres. C'est un delice de voir le grand nombre des Mrs. & des Dames qu'il y a au devant de leur porte le soir pour prendre le frais sous ces agreables ormeaux, qui forment un des plus agreables lieux de la ville: & il n'est rien de si charmant que d'entendre les belles voix qui y charment les oreilles. On peut voir les bains de Balaruc, Lunel, Aygues-mortes dont les fortifications sont tres-belles & dont le port est inutile à cause du grand sable qu'il y a, & parce que la Mer s'est beaucoup retirée. Les salines de Regays, la forest d'Istagele, où on voit encore une chaire de pierre sans façon qu'on dit avoir servy aux Druides, lorsqu'ils préchoient au peuple.

PROVENCE.

JE ne m'amuseray pas à faire icy une longue description de la Provence: parce qu'on sçait assez qu'elle est une des plus celebres de France: c'est pourquoy je diray seulement que la haute n'est pas si agreable que la basse, laquelle abonde en vignes, oliviers, orangers, citronniers, limoniers, capriers, grenadiers, palmiers, figuiers, & en toutes sortes d'excellents fruits, comme melons, prunes d'apt, ou de Brignole, poires muscatelles, raisins muscats, pesches, abricots, pavis, amandes, &c. de sorte qu'on peut se vanter de trouver mesme au milieu de l'hyver des Roses & des œillets, des fleurs d'orange & des fruits admirables, ce que peut-être païs du monde ne sçauroit avoir. Elle a du bled, des laines, des huiles, des animaux, du poisson, du lait & du beurre, & generalement de tout ce qu'on peut souhaiter, & sa commodité est telle pour le trafic qu'elle surpasse toutes les Provinces de France. Son peuple est un peu rude, mais il est spirituel & propre au bien. Ils sont difficiles à aimer; mais aussi ils aiment beaucoup quand ils ont une fois commencé. Les femmes y sont belles, & y chantent le mieux de France. Elles y sont genereuses quand elles connoissent quelqu'un de longue main, ou lors qu'elles ont de l'amitié, & l'on est asseuré de passer doucement les jours en Provence, si l'on a de l'esprit & des qualitez. Ses villes principales sont,

Beaucaire & Tarascon qui sont sur les deux bords du Rhosne. La 1. est renommée pour la foire de S. Magdelaine, où il va de toutes les nations du monde, & à cause de son fort chasteau. La 2. est aussi considerable pour son beau chasteau bâti par l'ordre de René Roy de Sicile & de Ierusalem, où on voit encore sa statuë, comme aussi celle de la Reine sa femme. Son toit est fait en plate-forme, d'où on voit la ville faite en forme de croissant. L'Eglise principale est dediée à S. Marthe sœur de S. Marie Magdelaine & du Lazare qui est tres-magnifique. Il y a quelques années qu'un Bourgeois ayant fait creuser dans sa cave qui estoit assez pres de la riviere, il trouva une porte fermée d'une porte de fer qu'il fit ouvrir, & où il vit un conduit vouré dans lequel il n'osa pas entrer de peur, d'autant plus qu'il entendoit un bruit épouvantable qui glaçoit le sang de tous ceux qui vouloient y aller : ce qui obligea les Magistrats de promettre la vie à un homme condamné à la mort, s'il vouloit aller jusques au bout, à quoy il se resolut, ce qu'il executa apres avoir failly mourir de peur entendant un grand tintamarre au dessus de sa teste, apres quoy il declara le tout à son retour ; ce qui obligea les Messieurs de faire chercher l'autre porte & ils trouverent que c'estoit une communication sous terre, qui alloit d'une ville à l'autre,

& que ce bruit n'eſtoit autre choſe que le choc des cailloux, des pierres & des flots du Rhoſne qui eſt extremement rapide en ce lieu.

Arles eſt un peu plus bas vers l'embouchenre de la Mer, aſſiſe ſur le Rhoſne. S. Trophime diſciple des Apoſtres en a eſté le 1. Évéque. Elle eſt maintenant Archevéché, & a eſté autrefois la capitale du Royaume d'Arles, ou des Bourguignons; l'air ny eſt pas ſain, mais les vivres y ſont bons. Les antiquitez ſont l'Egliſe de S. Anthoine, où ſont les reliques de ce S. celle de S. Trophime, l'Amphitheatre qui n'a pas eſté achevé, & qui n'a que 6. arcades, la ſortie du chemin ſoûterrain qu'on dit venir de de Niſmes & qui eſt pres de ce lieu, deux portiques baſtis par les Romains qui ſont d'une ſtructure admirable; l'Hoſtel de ville, le Palais des Rois de Bourgogne : autres deux colomnes fort anciennes avec une pierre fort grande que les Romains ont fait, qu'on croit eſtre les colomnes d'Hercule, & l'autel des anciens Payens. La tour, ou temple de Diane, pres de laquelle il y en a une autre, ſous laquelle on voit cinq arcs triomphaux des Romains. L'Hoſpital fondé par Charles IX. Le ſepulchre de Roland neveu de Charles-magne, & une tombe fort ancienne d'un Duc de Savoye, ſur laquelle on voit pluſieurs & diverſes figures, & quantité de divers animaux repreſentez, qui ſont à un quart de lieuë de la ville, comme auſſi l'Abbaye

baye de Mont-Majeur, où il a une grosse tour fort haute & une grotte dans laquelle S. Trophime se cacha en fuyant la persecution des infidelles; la chapelle que Charlemagne fit bastir icy prés, & la Pyramide du lieu de la Roquette qui a esté autrefois de 60. pieds de longueur, qui n'en a maintenant que 24. L'on dit que c'est icy où estoit cette grande pierre, où estoit le grand Autel appelé *Ara lata*, & sur lequel on faisoit les sacrifices à la Deesse Diane, ce qui lui a donné le nom d'Arelaté. Le Prieuré de Mrs. de Malthe qui est dehors la ville & la maison des 3. enfans jumeaux que le pere empescha d'estre noyez en rencontrant la servante qui les alloit jetter dans le Rhosne par l'ordre de sa femme, & qu'il fit nourrir dans un village, jusques à un certain temps, auquel il les fit tous habiller de la mesme façon que ce'uy que sa femme avoit gardé dans sa maison, & les presenta à leur Mere, disant, Voila les pourceaux que vous vouliez faire perir, il est temps que vous portiez la peine de vostre crime; c'est pourqnoy il l'enferma dans un lieu d'où elle ne sortit plus de sa vie. On dit qu'elle eust ces 9. enfans par un effet de la justice divine qui punit cette femme, laquelle avoit accusé d'impureté une pauvre mendiante, qui outrée jusques au vif de cette injure, pria Dieu de faire qu'elle en eust tout autant qu'une truye a de pourceaux d'une ventrée. Il y a beaucoup d'autres raretez & des sepulchres des anciens Romains que je passe sous silence. La Camarque est une Isle enfermée par des branches du Rhosne, qu'on dit étre un ouvrage des Romains, tres-fertile en tout, & où il y a des taureaux presque tout noirs d'une fierté tout à fait extraordinaire. La Grau est un païs pierreux, où il y a du bled, de la manne & du vermillon.

MARSEILLE.

Marseille a 3. choses qui la rendent illustre. 1. c'est qu'elle a esté de tout temps recommandable pour la valeur de ses citoyens, par la frugalité de ses habitans & par leur foy inviolable. 2. parce qu'elle a un peuple agissant & propre au trafic, franc & jaloux de sa liberté. 3. à cause de son port qui passe pour estre le plus asseuré & le meilleur de l'Europe, & parce qu'elle est riche & delicieuse. Ses plus belles raretez sont les Forteresses de Nostre-Dame de la Garde, les Citadelles qu'on y a basties de nouveau, la grosse tour qui est au milieu de l'entrée du port qui se ferme d'une chaisne quand elle veut, & qui foudroye les vaisseaux qui taschent d'entrer par force. Le Chasteau d'If, le Rattoneau, & le fort de S. Iean, où il y a toujours de bonnes garnisons sont des places basties dans des Isles de la Mer à une lieuë de la ville. Les Eglises principales sont Nostre Dame, qui est la Cathedrale, autrement S. Lazare. On y conserve la teste du

Saint dont elle porte le nom, lequel ayant été exilé de Ierusalem fut Evêque de cette ville. Il y a une colomne & un baſſin au deſſus qu'on dit avoir ſervy au Sauveur pour laver les pieds de ſes Apoſtres, la croix de S. André ; la Chappelle ou S. Marie Magdelaine a fait 7. ans de penitence, & un puits avec une colomne dont on dit beaucoup de choſes. Le 2. eſt celle de S. Victor, qui eſt une des plus celebres Abbayes de France. Il y avoit autrefois une celebre Academie dans cette ville, dont les Romains faiſoient grande eſtime, mais maintenant on n'en parle plus & on aime beaucoup mieux voir des navires chargez de richeſſes avec des Matelots chargez d'argent. que des pauvres eſcoliers couverts de galle & de poux. La maiſon de Mr. le Duc de Guiſe eſt tres belle, le Palais où ſe rend la juſtice, & la porte Royale où on voit en vers latins, comme quoy le brave Libertat ſauva la ville contre la trahiſon de Caſal meritent d'eſtre conſiderez. Le Convent des Peres Cordeliers eſt celebre, à raiſon du ſepulchre de ſaint Loüis Archeveſque de Toulouze, ce'uy des Recolets à cauſe de ſes gens doctes & de la Confrairie des Chevaliers du S. Sepulchre. Ceux qui veulent prendre bien du plaiſir, doivent aller ſur les galeres pour y voir les belles choſes qui y ſont, & pour y entendre l'agreable muſique, où on regale les perſonnes de condition. Il y a icy des canons qui portent une grande lieuë. Le Roy favoriſe si fort cette ville qu'il a rendu son port franc de toutes sortes d'imposts : son trafic est presque tout au Levant, de sorte que leurs vaisseaux vont en Alep en Syrie, à Tripoli, S. Iean d'Aure, à Tunis, à Alger, au grand Caire, à Smyrne, à Constantinople, d'où ils apportent des soyes, des cottons, des Galles, de la Rhubarbe, quantité d'autres drogues & presque tous les chevaux de Barbarie qui sont en France. On dit communement que Marseille est le Paradis des femmes, le purgatoire des hommes; & l'enfer des asnes: parce que les premieres y sont fort estimées, cheries & honorées, les 2. parce qu'ils travaillent incessamment, & passent la moitié de leur vie sur la mer sans avoir leurs femmes, ny leurs enfans, & les 3. parce qu'on les surcharge d'une estrange façon : car c'est l'ordinaire de cette ville de s'en aller fort souvēt en leur maisons de plaisance, qui sont au nombre de plus de 2600. & ce qu'on dit de mettre la mere avec trois ou 4. enfans avec l'attirail de la famille au dessus de ce pauvre animal qui creve bien souvent sous le faix.

Toulon est une autre ville maritime, où il y a un tres-beau port : mais moins asseuré que celuy de Marseille ; quoy qu'il y ait une Forteresse qui tasche de la mettre à couvert & des flots & des ennemis. Le Roy y tient ordinairement ses navires de guerre, comme il fait ses Galeres à Marseille. Elle est riche & a des personnes fort spirituelles

& fort bien faites, dont j'attribuë la cause à la frequentation ordinaire qu'elles ont avec les officiers de l'armée qui ont toûjours là leur rendez-vous. Les vivres y sont bons, & toutes choses à bon marché; quoy que l'argent y roule de tous costez.

Aix est le sejour ordinaire du Parlement de Provence & de plusieurs autres cours, comme aussi celuy de l'Archevesque, & ce n'est pas sans raison qu'on l'appelle la Capitale de la Province : puis qu'elle est la plus grande & la plus agreable, tant pour ses maisons bien basties, que pour ses belles ruës, ses places publiques, & les Eglises magnifiques, dont celle de S. Sauveur est la plus magnifique & la premiere en tout, & où il y a un fort beau Baptistaire entouré de 8. colomnes de marbre sur lesquelles on dit qu'on sacrifioit anciennement à Baal, & dont l'entrée est ornée de plusieurs statuës tres-anciennes, sur tout de celle de S. Michel qu'on estime un chef-d'œuvre. La Commanderie de Mrs. de Malthe qui est tres-belle, comme aussi le sepulchre de René Roy de Jerusalem & de Sicile, enfevely dans l'Eglise des Peres Carmes, & les bains dont les eaux sont tiedes, meritent d'estre veus. Le Palais où s'assemble le Parlement, est tres-magnifique. Il y a une belle place au devant, au milieu de laquelle on voit la representation de Henry le grand à demy-corps. Cette mesme ville est pourveuë d'une Vniversité,

T iij

d'un College & de plusieurs belles maisons Religieuses. Salon de Craux est illustre en ce que le grand Nostradamus y est nay, & y est mort.

LE COMTÉ VENESSIN.

CE Comté est une liberalité de nos Rois à l'endroit du S. Siege: afin de le mettre à couvert de la violence de ses ennemis & de luy servir d'azile contre les puissances qui voudroient le persecuter comme il a esté autrefois. La qualité de son terroir n'est point differente de celle du Languedoc & de la Provence. Sa ville principale est

AVIGNON.

CEtte ville est fort ancienne, & assise sur le Rhosne, où il y avoit un tres beau port, auparavant que la rapidité de ce fleuve en ruinast une partie. Son enceinte est tres-grande, & ses murailles passent pour estre les plus belles de tout le Royaume, quand on y comprendroit celles de Saumur, de Montpellier, & d'Aigues-mortes ensemble. Vous ne devez pas douter que les Palais, les Paroisses, les Eglises & les Convents d'hommes & des filles, les Hospitaux & les édifices publics n'y soient tres magnifiques, puis que les Souverains Pontifes y ont fait si long temps leur sejour. Ie n'aurois jamais fait si je voulois en faire icy la description, parce qu'on dit qu'il y a de ces sortes de bastimens jusques au nombre de sept fois sept, qu'on peut appeller des miracles de magnificence & de beauté: ainsi je me contente de dire icy en passant ce qu'il y a de plus considerable, sans m'arrester à tout ce qui est beau.

Pour ce qui est des Eglises, celle de S. Magdelaine, des Freres Prescheurs, où est ensevely René Roy de Sicile. de S. Martial, où est le superbe Epitaphe du Cardinal d'Amboise & les representations de tous les Abbez de Cluny du nombre desquels est Charles Roy de Pologne, avec une grande inscription Latine: celle des Celestins, où est l'Epitaphe d'Vrbain VIII. & un fort bel autel de marbre; celle des Freres Mineurs, où est le sepulchre de Laure maistresse de Petrarque. Le Palais des Papes qui est fort vieux & qui marque pourtant combien il a esté superbe par ses grandes sales, dont on se sert pour jouer à la paume & au balon, & dont il n'y en a qu'une tres-bien ornée, dans laquelle le Legat donne audiance à ceux qui la luy demandent. Il y a une haute tour, une Eglise avec quelques chappelles, l'audiance de Rote, & l'Arsenal, qui meritent d'estre veus, comme aussi l'escole de droit, la Synagogue des Iuifs, qu'on oblige d'entendre une predication qu'un Religieux leur fait toutes les semaines. La maison du Roy

T iiij

René, la Place pie, & les statuës de douze Empereurs de marbre blanc. Les putains & les maquereaux ne manquent pas icy, aussi peu que les tromperies des Iuifs. On remarque que de tous les airs de France, il n'y en a pas un si bon pour les pulmoniques que celuy-cy. On dit aussi qu'il y a un Convent de Recolets, où il y a tousiours des personnes qui vivent en odeur de sainteté. Le Papé y envoye un Vicelegat pour en estre le Gouverneur, quoy qu'il y ait trois Consuls & un Assesseur pour rendre la justice; lequel apres avoir receu les Bulles du Pape & du Legat, les fait enregistrer dans les Cours de Parlement d'Aix & de Grenoble, qui reçoivent ses provisions pour les benefices. Il a authorité souveraine, tant sur le temporel, que sur le spirituel: cette charge est fort honorable & fort recherchée; quoy qu'il y ait une Cour d'Inquisition & un Archevesque qui semblent limiter son pouvoir. La ville qui est au delà du pont, est un sejour fort agreable, & où on voit de belles antiquitez. On feroit mal de ne voir pas la belle fontaine de Daucleuse, qui se divisant à 8. ou dix pas de sa source, fait une isle tres-agreable & forme une riviere navigable, qui apporte de grandes commoditez à Avignon. On y voit les maisons de Petrarque & de Aura son amâte. Il y en a plusieurs autres où il y a même Evéché, dont je ne fais pas de mention; parce que je serois trop long, c'est pourquoy je viens à Orange.

Orange est la Ville capitale de la Principauté de ce nom, qui n'a que 4. lieuës de long & 3. de large, & qui est riche en bleds, vins, bois, &c. & en toute sorte de fruits, & qui a beaucoup de saffran. Son chasteau extremement fort pour sa situation & ses autres fortifications a 3. courts qu'on appelle vignasse, le donjon & la cortaine, un puits extremement profond, & qui a plus de 30. toises dans le Rocher; & une si belle veuë, qu'on y découvre 5. Provinces: sçavoir, la Provence, le Dauphiné, le Languedoc, l'Auvergne & le Forest. On l'estimoit autrefois une des plus fortes places du Royaume & on ne l'estime pas peu encore. La ville est fort ancienne comme on le peut voir par la tour, & l'Arc de triomphe dressé à l'honneur de C. Marius, & de Catulus Lactutius Consuls Romains, apres la victoire qu'ils obtinrent sur les Cimbres & les Teutons, ainsi que le témoignent les noms de ces deux victorieux, qu'on lit encore sur la pierre, & par la conformité qu'il y a des autres choses avec l'Histoire de la vie du mésme G. Marius : par le Cirque qui est au pied de la môtagne dans la ville, fait en forme de theatre, où il y a un des plus beaux pans de muraille qui soiët en Europe, ayant 18. cânes de hauteur & 64. de longueur. On voit audevant, les lices ou stades marquées pardevant les maisons avec les sieges des spectateurs, bastis en forme de degrez & en voutes assez basses tirant vers la montagne. Il y a au dedans & au milieu de cét édifice des colomnes, des parquets, des chapitaux, & une corniche de marbre fort eslevée & fort curieusement faite, marque que c'estoit la place la plus honorable. On y voit aussi plusieurs Arcs & quantité de portes, dont l'une est plus grandes que les autres : parce que sans doute elle a esté la principale, & celle par où on entroit. Les autres sont proportionnées à leurs pilastres, chapitaux, & corniches. Il y a de grands corps de logis à châque bout de Cirque, qui servoient à ce qu'on dit pour enfermer, ou les Gladiateurs, ou les bestes sauvages. On y remarque aussi quelques vieilles ruines qu'on croit avoir esté d'un temple consacré à Diane. Les femmes de cette ville ont beaucoup d'esprit, sont fort enjoüées & de fort bonne compagnie, ce qui n'est pas desagreable ; puisque les vivres qui y sont excellens & à bon marché donnent occasion aux estrangers d'y séjourner plus long temps.

Le pont S. Esprit est une ville fort jolie, bien fortifiée, & dont le pont qui a 1106. toises de longueur, 15. de large & 22. arcades passe pour estre un des plus beaux de France. Il faut bien prendre garde en descendant par batteau dessus le Rhosne de prendre bien le fil de l'eau, car si on vient par malheur à donner contre un des piliers, l'on est perdu sans miracle. Montelimar est aussi une belle & bonne ville, & fort marchande.

La Provence n'a pas seulement toutes ces raretez que vous venez de voir, mais encore beaucoup d'autres, comme la S. Baûme, qui est une des plus celebres devotions du monde à raison des miracles qui s'y font tous les jours. Les reliques & les tresors qu'on y montre sont innombrables, & on ne sçauroit s'imaginer les beautez & les merveilles qu'il y a à voir. Ie ne dis rien des Isles d'Hyeres. S. Marguerite, &c. quoy qu'elles soient des petits Paradis, ne pouvant pas m'estendre si fort.

DAVPHINE'.

CEtte belle Province qui est communement divisée en haut & en bas Dauphiné, confin avec la Savoye & le Piedmont du costé du Levant, avec la Provence de celuy du midy, avec la Bresse au Nord, & avec le Comté Venessin au Couchant. La partie qui est dans les montagnes est beaucoup differente de celle qui est dans la plaine, tant pour l'air que pour les fruits, neantmoins quoy qu'elle soit pour l'ordinaire fort sterile, elle a beaucoup de casse, tant jaune que noire, de la manne, de la therebentine & de l'agaric & de tres-bons pasturages pour les animaux. La basse donne d'excellents vins, comme ceux de Grenoble & de Die, de Vienne, de Thin, de Valenc, de Montelimar, beaucoup de froment & de seigle. Les habitans y sont fort affectionnez à leur Prince: mais fort jaloux de leur liberté, ils sont constans dans leurs resolutions & attachez à leurs interests. Les habitans des villes sont fort civils aux estrangers, bons, de bel esprit, propres pour les sciences, amateurs de Mathematiques, desireux de sçavoir les beaux secrets de la nature, beaucoup libres en paroles, fort sociables, hauts à la main; pleins d'estime d'eux-mesmes, dissimulez, vaillans, & qui ne se lassent jamais de se loüer eux-mesmes. La Noblesse y est fort bien faite, genereuse liberale & dont les sentimens sont tous nobles: le peuple du plat païs est plus civilisé, que celuy qui habite les montagnes, mais aussi il est plus faineant & plus adonné à ses plaisirs. Les femmes & les filles, sur tout à Grenoble, à Valence, à Vienne, à Romans, &c. y ont une extraordinaire attache pour estre bien ajustées, ce qui ne doit pas les rendre blasmables, au contraire on les doit estimer de ce qu'elles veulent se rendre parfaites en tout: car ie puis dire sans flater ces Dames, & sans pretendre choquer les autres, qu'il n'y a peut-être pas de païs en France, où les personnes du Sexe soient si bien faites, ny ayent un esprit si accomply que celles-cy, dont l'entretien soit si doux & où la ioye, la liberté, & l'honneur regnent également & avec tant de douceur. Les Villes principales sont,

Valence qui est une ville situeé sur le Rhône, dont la rapidité a ruiné ses murailles qui ont cousté des sommes immenses à reparer. Elle est grande & belle, & les Eglises y étoient admirables, avant que M. de la Religion les eussent ruinées. Il y a une Vniversité assez celebre; mais ce qui est plus remarquable en elle; c'est 1. le corps d'un Geant ensevely dans l'Eglise des PP. Iacobins, dont les os unis ensemble forment un corps de 15. pieds de hauteur, & de 7. de largeur. Deux fontaines qui sont l'une dans la court & l'autre dehors, qui sont plus chaudes en hyver qu'en Esté: l'Abbaye de S. Ruffe qui a esté un des plus somptueux bastimens de tout le Dauphiné, les colomnes de marbre qui sont encore dans ce Monastere, sur lesquelles on avoit gravé les Histoires de l'ancien & du Nouveau Testament, le Temple de S. Iean de la Ronde, qu'on dit avoir esté le Pantheon des anciens, comme il y a bien apparence à voir l'antiquité de cet ouvrage; l'Eglise de S. Pierre fondée par Charlemigne, dans laquelle on voit une caverne qu'on dit traverser jusqu'à l'autre bord du Rhône, & où on voit un sepulchre, dans lequel à ce qu'on dit, on trouva une femme toute couverte d'or & de pierreries, ayant à ses pieds une grande pierre de cristal, & au dessus de sa teste une lampe de verre qui paroissoit dans son entier, qui se reduisit en cendre quelque temps apres avoir senti l'air, laquelle portoit ce titre:

D. Iustina M.

c'eſt à dire, *l'heureuſe Iuſtine Mere*, & pluſieurs autres belles antiquitez que je laiſſe paſſer ſous ſilence. Pource qui eſt des douceurs qu'on peut trouver dans cette ville, elles ſont ſi grandes pour les perſonnes qui ſe plaiſent au jeu, à la promenade, & qui ayment la compagnie, qu'il n'y a que ceux qui y ont eſté qui puiſſent ſe l'imaginer.

Il y a Viviers qui eſt une ville Epiſcopale, & qui eſt la Capitale du Vivarez, qui merite d'être veuë pour la gentilleſſe de ſes habitans & la bonté de ſon païs, comme auſſi l'agreable ville d'Annonay, où le peuple eſt ſi doux, la Nobleſſe ſi bien faite, les Dames ſi ſpirituelles, & où l'honneur & la civilité, le plaiſir & la joye regnent ſans aucun mélange de de mal, merite encore mieux d'être viſitée, dautant que cette petite ville a des gens de qualité, & qu'elle a donné à la France des Archeveſques, des Intendans, des Cardinaux, des perſonnes du plus haut merite.

Thin & Tournon ſont deux villes baſties ſur le bord du Rhône vis à vis l'une de l'autre, la derniere a un chaſteau extrememement fort, & qui a couſté des ſommes immenſes à faire baſtir. Les Ieſuites ont icy un beau College, & une Bibliotheque fort bien garnie.

Vienne eſt une ville fort ancienne & fort belle. Elle eſt arrouſée du Rhône, & a le ſiege Archiepiſcopal de toute la Province. Vne des plus belles choſes qu'on puiſſe voir dans ce lieu; c'eſt l'endroit où on fait les lames d'épée, car l'induſtrie des hommes eſt tellemēt grāde, qu'ils ont diſpoſé l'eau de telle façō, qu'un ſeul ouvrier en peut faire je ne ſçay combien de pieces pour peu d'argent. Son Egliſe cathedrale eſt dédié a S. Maurice, où on monte par de tres-beaux degrez, & ou l'on voit devant l'Autel un ſepulchre ſur lequel il y a la repreſentation d'un cœur avec un Epitaphe en vers Latins, qui marquent comme quoy François le Dauphin a ſon cœur enſevely en ce lieu. On voit ſur la porte de cette Egliſe la figure à demy corps du Fondateur de cette Egliſe. On voit encore un tres-beau ſepulchre de marbre, admirablement bien travaillé, & tout entouré de treillis de fer, dans celle de S. Pierre, comme auſſi la Chapelle, le Temple de N. Dame de la vie, ou vieille, ſoûtenuë par huict colomnes en long & quatre en large, dont la forme eſt quadrangulaire, & a eſté à ce qu'on dit le Pretoire ou Pilate donnoit audience. On voit écrit au dehors, *c'eſt la pomme du ſceptre de Pilate*. On aſſeure encore que le meſme Pilate fut relegué en cette ville par Tibere, ſelon le ſentiment de S. Ieroſme. On montre encore ſa maiſon dans la ville, poſſedée par des particuliers, comme auſſi la tour où il fut mis priſonnier, la pyramide qui eſt hors de la ville, que quelques-uns croyent avoir eſté ſa maiſon, & l'abyſme où il ſe precipita, qui eſt toûjours couvert de nuées & de broüillards fort épais. Cette ville a dix Paroiſſes & trois Egliſes Collegiales, qu'on nomme S.

Pierre, S. Severe, & S. André le Religieux. Elle avoit deux chasteaux extremement forts dommez du Pipes & de la Bastie, dont le premier estoit estimé imprenable ; mais on les a démolis maintenant.

Grenoble est une des plus Nobles villes de tout le Dauphiné, & passe mesme dans le sentiment de tout le monde, pour être la capitale de la Province : parceque le Gouverneur y fait ordinairement son sejour, que le Parlement y est, qu'il y a un Evesché, & qu'elle est enfin la plus belle, la plus divertissante, la plus grande & la plus riche de toutes. Elle est faite en forme de vallée, & a deux ponts fort beaux ; des hautes tours, un arcenal bien garni ; de grandes Eglises, de superbes maisons, entr'autres celle de M. le Connestable de l'Esdiguieres, de tres-belles ruës, d'agreables promenades, & des antiquitez tres-remarquables. L'Isere arrouse ses murailles, & le Drac inonde ses campagnes, quoy que ce ne soit qu'un petit torrent : De sorte qu'on craint qu'il ne submerge un jour toute la ville. Le païs est si doux & si fertile, qu'il dispute avec les meilleurs de France ; mais ce qu'il y a de plus considerable, c'est que les personnes y sont si bien faites, si spirituelles, si enjoüées, si propres & si sociables, qu'on ne sçauroit s'empécher de les aimer, en quoi ie la prefere a mille autres qui se glorifient d'avoir plusieus avantages considerables, & qui cependant n'ont rien d'agreable ny de charmant pour les gens d'esprit. Les choses

choses plus curieuses à voir aux environs, sont la grande Chartreuse où est le General, qui est une des plus belles du monde, & dont la grandeur ressemble à une ville: La fontaine qui brûle, laquelle lance des flammes de la hauteur d'un pied, & où les curieux s'en vont pour faire des aumelettes; c'est une chose si rare qu'on peut l'appeller un miracle du monde. Je vous diray icy en peu de mots ce que c'est. Il faut sçavoir qu'il y avoit prés de cette source de feu, un petit ruisseau qui (il y a quelque temps) passoit au dessus de ces trous qui vomissent ces flammes : ainsi comme le feu estoit violent par l'antiperistase, les flammes passoient à travers des eaux, & brûloient mesme entre les ondes, ce qui a donné occasion de dire que c'estoit une fontaine de feu ; mais comme le ruisseau a changé son cours, le feu sort sans resistance & pousse incessamment des flammes. On a remarqué encore que si on frappe tout au tour de cette même source, les flammes paroissent en mille endroits, ce qui ne donne pas peu d'admiration à ceux qui considerent ce prodige. Il y a aussi une tour dans laquelle pas un animal venimeux ne peut vivre : de sorte que si on y en transporte quelqu'un, il y meurt d'abord. Le Chasteau-Vigille merite encore d'être mis au rang des prodiges de Grenoble : car c'est une des plus belles maisons de la Province, & peut-estre de France : Voicy à peu prés ce qu'il y a de remarquable. Ses statuës, son labirinthe, ses galeries, dans l'une

Tome II. V

lesquelles on voit toutes les belles actions de M. le Connestable de Lesdiguieres qui l'a fait bastir. La Chappelle où il y a un rare tableau de l'Assomption de la Vierge avec un saint François & une sainte Madelaine qui montrent le Ciel au Connestable & à Madame sa femme, & dans l'autre diverses peintures qu'on estime des sommes immenses, ses charmes pour l'hyver & pour l'esté & son arcenal, où il y a pour armer plus d'une armée. S. Antoine de Moriene, est un lieu où les curieux doivent aller pour voir les Reliques du Saint dont elle porte le nom, & la celebre Abbaye de son Ordre, ou est le General de tous les hermites. Montbrun est encore une ville fort ancienne & fort belle, comme vous le pouvez juger par son ancien Archevesché, qu'un de Messieurs de la Feüillade remplit dignement. Ses illustres emplois d'Ambassadeur à Venise & en Espagne, où il s'est acquis des couronnes, le font assez connoistre sans que j'en dise davantage. Voilà à peu prés ce qu'il y a de plus considerable dans cette belle Province.

LA SAVOYE.

CEtte Province est une des plus montagneuses de France; mais elle n'est pas pourtant dépourveuë de bled, ny de vin, excepté les hautes montagnes qui n'en produisent pas à cause des neiges continuelles qui y sont. Elle a soixante lieuës de France en longueur, & quarante cinq de large; elle a de bon poisson dans son lac & dans ses rivieres; la partie meridionale a mesme du saffran. Le païs abonde en toute sorte de venaison, & on y voit les perdrix, les faisans, les lievres & les gelinotes toutes blanches; On y trouve de fort bonne ardoise & en quantité, comme aussi de tres-beau marbre, & mesme de tres-bon christal dans les glacieres du païs. Il y a aussi des Boquetins, qui est un animal fort chaud, de poil gris, grands & viste comme un cerf, des chamois en quantité & des marmotes domestiques & sauvages, dont la chair est tres-bonne, lesquelles sont grosses comme un chat avec des jambes courtes, & le poil rude. Le peuple y est niais & sans beaucoup d'esprit; mais les Gentils-Hommes sont des mieux élevez, hardis & genereux; mais peu adroits au combat de cheval. Les principales villes sont celles qui suivent.

Chamberry est la Capitale de Savoye. Il y a un celebre Parlement, trois grands fauxbousgs bien batis, de tres-belles fontaines qui vont par toute la ville, un chasteau & une sainte Chapelle, dont les bâtimens sont imparfaits, plusieurs Eglises assez magnifiques, dans l'une desquelles il y a un Doyen qui est le chef du Clergé de Seaux; & une des plus divertissantes villes du païs pour la compagnie. Montmelian est une place que les Ducs de Savoye croyoient imprenable, & qui en effet est tres-bien fortifiée; mais ils ont veu le

V ij

contraire depuis que les François l'ont prise de vive force, & s'en font rendus les maistres dans peu de temps.

GENEVE.

CEtte ville est assise sur le bord d'un lac qui porte le même nom, & divisée par le Rhône qui passe au milieu: dôt la plus grande partie s'appelle ville, & la moins côsiderable, le fauxbourg S. Gervais qui se communiquent toutes deux par trois ponts de bois, dont les deux sont bordez de boutiques & de maisons, & sur le troisiéme desquels on fait la poudre à Canon. On voit au milieu de ces ponts une tour fort ancienne, bastie dans une Isle par l'ordre de Cesar; & dans laquelle on met toutes munitions de guerre. Le poids du bled n'est pas fort éloigné d'icy. Cette ville a trois portes, de belles ruës, convertes pour la commodité des artisans & des habitans, de grandes & belles maisons basties pour l'ordinaire de pierre de taille; de belles places, sur tout celle du Marché au bled, le Moulard, la halle, & celle de saint Gervais: quatre grandes Eglises. Celle de S. Pierre qui estoit autrefois la Cathedrale, a quatre grandes tours, sur l'une desquelles est l'horloge, & sur une autre on met des sentinelles la nuit, & il y a mesme des canons. Le dedans de ce temple est plus beau que le dehors; quoy que l'on en ait abattu les images qui en estoient les plus beaux ornemens.

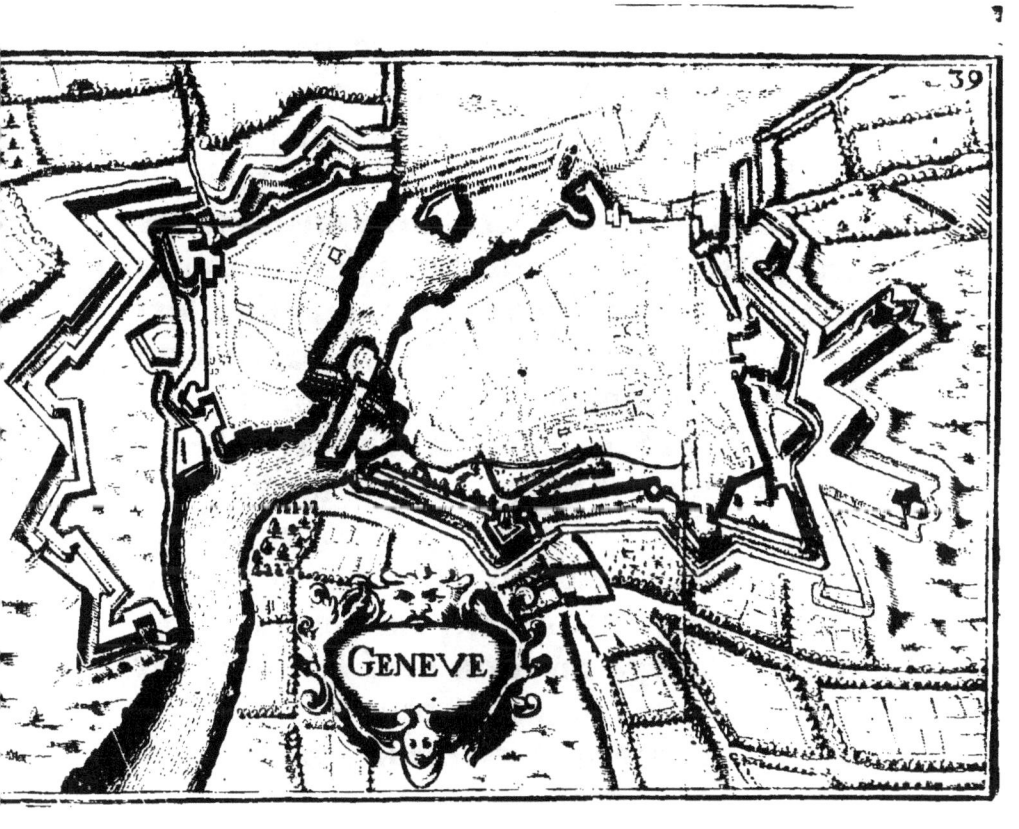

Les Chapelles qui sont autour du Cloître, servent pour enterrer les Magistrats & les Ministres. On trouve des inscriptions dans ce lieu, qui marquent comme ç'a esté un Temple d'Apollon. Les autres sont celles de la Magdelaine, de S. Germain, & la quatriéme qui est dans le fauxbourg S. Gervais. Elle a encore une belle maison-de-ville bâtie depuis peu, dont l'entrée & la belle montée sans degrez & a vis fort large & bien pavée : de sorte qu'une charette peut monter jusqu'au plus haut, merite d'étre veuë. Vne table où est décrite l'alliance des Genevois avec les Bearnois. Douze urnes remplies de cendres trouvées avec quelques autres antiquitez, lors qu'on creusoit les fossez. Vn Crocodile & un Iehneumon pendus dans la chambre où s'assemblent les Senateurs, & dans laquelle on voit depeints sept Iuges sans main, & un qui est au milieu qui n'en a qu'une, un arsenal bien muni de canons & de tout ce qui est necessaire pour attaquer & pour défendre : Vn celebre College où il y a neuf classes & des Professeurs en langue Grecque & Hebraïque, & une Bibliotheque tres-belle, un bel Hospital pour les malades & les pestiferez, de belles fortifications, & mille autres choses rares à voir, comme la pierre qui est au milieu du lac, sur laquelle on dit qu'on sacrifioit autrefois à Neptune, d'où vient qu'elle en conserve encore le nom, quoy qu'un peu corrompu, sçavoir Neyton.

Le Rhône qui passe dans cette ville & qui

coule long-temps dans le lac sans mêler ses eaux avec les siennes. C'est une merveille de voir qu'une partie du mesme Rhône se perd dans un gouffre, qu'on nomme l'Ecluse, qui est à six milles de Geneve, & renaist ensuitte pour se reünir au grand canal de ce fleuve. Cette ville est tres-bien assise & fort divertissante, tant à cause des vignes, des prez & des beaux jardins qui sont aux environs, que parce qu'elle a des meilleures truites saumonées. Le peuple y est grossier & mal poly dans ses actions ; mais il n'est point sot, sur tout lors qu'il s'agit de faire ses affaires. La Religion Catholique n'y est point permise du tout, ny dans les villages qui en dependent. M. les pretendus Reformez qui en sont les maistres prennent tant de soin pour empescher qu'elle ne s'y introduise, qu'ils font mesme decliner leur nom par regle à tous ceux qui entrent, & les hostes sont si vigilans pour voir si on va au Presche, qu'il est impossible de pouvoir se dérober à leur veuë ; mais tout cela ne servira de rien si Dieu veut que l'Eglise triomphe, & que tout revienne dans son premier bercail. La Suisse est icy prez ; mais ce n'est pas mon dessein d'en faire la description. Revenons à nostre France, & entrons dans

LE LYONNOIS.

LA Province du Lyonnois n'est pas également abondante ny également agrea-

ble par tout. Sa terre eſt fort legere & aſſez maigre, ſi vous en exceptez le païs qu'on appelle le franc-Lyonnois qui s'étend le long de la Saone, où il y a de tres-bonnes terres, quantité de vignes, de prairies, & un grand nombre d'arbres fruitiers qui rendent ce païs tout à fait agreable. Son peuple eſt doux & affable; mais ſa façon paroiſt ny aiſe, quoy qu'elle ne le ſoit point en effet. Le païſan eſt ruſé, l'homme de condition y fait bien ſes affaires; le trafic eſt leur grande occupation, & tous également ſont apres le gain, les femmes y ſont belles & fort paſſionnées pour paroiſtre bien ajuſtées, elles y tiennent beaucoup de l'humeur Italienne, auſſi-bien que les hommes. Cette Province eſt fort petite, car elle n'a que douze lieuës de long & de large, ſa ville capitale eſt

LYON.

Tous les écrivains s'attachent à rechercher l'éthimologie de ce nom, & ſe rompent la teſte pour ſçavoir, ſi *Lugdunum* vient de *Lugdo* Roy de France, ou de *Lugendo*, parce qu'elle fut brûlée, ou de *lucht-dune*, comme qui diroit *coline lumineuſe*, ou bien ſi c'eſt de *lucii collis* qu'elle tire ſon origine, parce que *Lucius Munatius Plancus* fit baſtir un temple à *Venus* au haut de cette coline ou de *lucht*, qui veut dire en *Allemand fortune*, ou de *Lugda*, legion de Ceſar qui faiſoit icy preſque toûjours ſon sejour, &c. pour moy ie ne m'amuse pas à toutes ces bagatelles, pour dire que cette ville est si ancienne & si belle qu'elle ne cede à pas une de France, pource qui est de ces deux avantages. Sa situation est admirable en ce que la Saone passe au travers, & que le Rhône arrouse ses murailles. Elle enferme deux montagnes, nommées S. Iust & S. Sebastien, sur la derniere desquelles est basti le Boulevard de S. Iean, où il y a toûjours bonne garnison. Ses murailles sont si vastes qu'elles enferment des montagnes & des plaines, des bois & des vignes, des terres & des prez, des jardins & des vergers, & ce semble, la terre & la mer. Quant à ce qui regarde les autres Provinces, il semble que Dieu l'a mise là ou elle est pour être le centre du commerce & de l'Europe : car elle peut trafiquer en Italie & en Espagne, en Afrique & en Turquie, en Orient & en Occident par le moyen du Rhône. Elle n'a qu'à transporter ses Marchandises seulement douze lieux par charrois pour les mettre ensuite sur la riviere de Loire qui les portera par le moyen de l'Ocean dans l'Angleterre, dans la Flandre & le Païs bas, & mesme dans la Suede, la Moscovie & le Dannemarc : Et la commodité n'est pas moindre pour envoyer ce que l'on veut à Paris ; pourveu qu'on veuille le faire transporter jusqu'à Montargis, où la riviere commence à porter bateaux, & il n'y a point d'endroit dans le monde où cette ville n'ait des correspondances ou des agens, en quoy elle est

DE LA FRANCE.

est la seule du monde n'ayant pas la mer à sa disposition. Les Rois voyant les grands trafics qui s'y font pour toutes choses luy ont donné de tres-grands privileges qui attirent une infinité d'Italiens, d'Alemans, d'Hollandis, &c. Ceux qui veulent bien décrire Lyon, disent que ce petit monde est comme un abbregé de la magnificence de Rome, pour le regard de ses temples & de ses maisons, & comme un precis de la sage politique des Grecs, des Cartaginois & des Atheniens: car pour ce qui est de ses édifices, il ne se peut rien voir de plus somptueux, ny rien de mieux policé que ses habitans: Voyons-en la preuve dans la suitte, & remarquons en premier lieu que Lyon a deux sortes de batimens, dont les uns sont consacrez à Dieu & les autres destinez pour l'usage des hommes. Ceux que nous appellons sacrez sont en si grand nombre, en y comprenant les Conyents des Religieux & des Religieuses, qu'ils rempliroient des volumes entiers, & leur somptuosité est telle, qu'on peut les appeller les miracles de l'art; je me contenteray d'en mettre icy quelques-uns des Principaux qui vous feront connoistre à peu prés quels doivent estre les autres.

Le 1. est l'Eglise Primatiale & Cathedrale de saint Iean, bâtie au bas de la ville du costé de Fourviere sur le bord de la Saone. Dans laquelle il y a un Chapitre des plus celebres du Royaume, à cause que les Chanoines doivent tous estre Nobles de plusieurs races. Il

Tome II.

y a un bel Horloge pres du chœur & deux belles statuës, l'une de S Iean Baptiste, & l'autre de S. Iean l'Evangeliste. Elle a quatre grosses tours, dans l'une desquelles est une des plus belles cloches du Royaume. On dit que ce Temple est basti sur les ruines de celuy qu'on avoit dedié à l'Empereur Auguste. Les autres sont onze Paroisses qu'on nomme S. Croix, S. Iust, S. Thomas qui est une Eglise Collegiale dediée a S. Thomas d'Aquin, S. Georges, S. Paul, S Nisier, S. Pierre, N. Dame de la Platiere, S. Vincent, S. Michel, S Irénée, S. Pierre de Vaile, N. Dame de la Guilletiere, S. Romain, l'Illustre Abbaye d'Aîné. Les Convents des Recolets, des Capucins, des Carmes Mitigez & Deschaux, des Minimes, des Iacobins, de l'Observance, fondé par Charles VIII. & la Reine Anne, des Iesuites, des Celestins, des PP. de l'Oratoire, des Augustins, des Dames de S. Claire. de S. Vrsule, de la Visitation ; mais sur tout le grand Convent de S. Bonaventure, dont la structure a été un des plus beaux ouvrages de France. On dit que le saint dont il porte le nom, fit icy le beau miracle dont il est si fort parlé de resusciter l'enfant mort d'une Dame de Lyon qui luy en fit la priere, & que ce fust dans cette mesme ville, qu'il reünit l'Eglise Grecque avec la Romaine, & qu'il a fait un nombre infiny de miracles, comme à Toulouse & ailleurs ou sa devotion regne sur toutes les autres : c'est pourquoy ie ne m'étonne pas si les Messieurs de cette ville font tant de réjoüissance le iour de sa feste, & si les enfans le prennent pour leur pere & leur protecteur. Faisant des choses si extraordinaire, pour marquer leur amour envers ce saint le jour de sa mort qui tombe le 14. de Iuillet. Ie puis dire que j'ay veu la mesme devotion a Toulouse, où il y a un concours de peuple si grand dans sa Chapelle qui est au Convent des Recolets, qu'il faut que ces bons Religieux ouvrent les portes dés minuict, & qu'ils continuent la feste pendant huict iours afin de donner occasion à tout le peuple de satisfaire à ses devotions.

Les maisons publiques destinées pour le gouvernement de la ville, & pour le bien public ne sont pas moins augustes ny moins magnifiques : La premiere est la maison de ville, laquelle est une des plus superbes de l'Europe. On asseure qu'elle est capable de loger plusieurs Rois à la fois, on y montre deux tables d'airin, contenant la harangue que l'Empereur Claudius fit au Senat pour faire recevoir les Lyonnois & les autres Gaulois en qualité de Bourgeois, & comme capables de pouvoir estre Senateurs. L'Arsenal est encore un édifice fort somptueux & bien muni de tout ce qui est necessaire pour la defence de la ville ; le Palais où on rend la justice est aussi fort beau, celuy de M. l'Archevesque est fort magnifique & tres-bien meublé. Le fort S Sebastien qui estoit extremement fort, fut presque démoli dans le mesme temps qu'il fust achevé ; mais le chasteau de pierre Ancife & de S. Iean, ou le Duc de Milan fuſt mis en priſon apres la priſe, & où il avoit accouſtumé de dire ces mots, *hier i'avois un million de ſerviteurs, & aujourd'huy à peine en ay ie un*, eſt encore dans toute la perfection, comme auſſi celuy de S. Clair. On voit de tres-belles inſcriptions en mille endroits de la ville; mais celles qui ſont dans la maiſon dite antiquaille ſont plus curieuſes, on dit que le Palais de l'Empereur Severe eſtoit icy, parce qu'il y a des caves ſouterraines qui ſemblent favoriſer cette opinion. Il y a pluſieurs autres vieilles maſures des Palais des Empereurs, des Amphitheatres, & des Aqueducs. Il y a un ſepulchre hors la porte de vaiſe, qu'on appelle des Amans, lequel eſt tres-ancien & tres-bien travaillé. Le commun croit que c'eſt celuy d'Herode & d'Herodias; mais il eſt plus probable que c'étoit mary & femme qui avoient voüé virginité, & qui l'avoient gardée ſans ſe ſeparer; c'eſt pourquoy on les appelle amans. On voit auſſi une certaine place où on dit qu'il y euſt un grand nombre de Chreſtiens Martyriſez. Il y a une pierre d'une peſanteur immenſe devant la porte de S. Iuſt, qu'on peut mouvoir avec le petit doigt, parce qu'elle eſt dans un juſte équilibre. Les places publiques ſont celles de Confort, du Tareau, des Cordeliers, de S. Pierre de la Grenette, du Change, de la Doüane & de la Roche, de S. Iean, &c. Il y a quatre fauxbourgs, ſçavoir la Guelleriere, le Croix Rouge hors la porte S. Sebaſtien, de Vaise & de saint Iust. Il y a outre cela six portes qu'on nomme, celle du Rhône, de saint Sebastien, de Vaise, de saint Iust, de saint George & d'Aisnay.

Cette ville est celebre depuis plusieurs siecles pour les Livres: De sorte qu'on dit qu'elle seule imprime plus de Livres que toute la Hollande, aussi fournit-elle l'Espagne & l'Italie, & presque toute l'Europe de Livres. Il faudroit estre icy au temps des foires pour voir tout ce qu'il y a de riche & de beau pour les hommes & les femmes, les marchandises & le grand nombre du peuple qu'il y va de toutes les nations de la terre; ou bien il faudroit estre presant lors qu'il y a quelque solemnité extraordinaire, car pour les autres elles sont si communes, que les moindres mestiers ont leurs Confrairies & leurs Processions : comme le second jour de Pasques, où on va à l'Isle Barbe; la Procession des pauvres, où toutes les Communautez des Religieux se trouvent accompagnez des Eschevins & des Magistrats & de tous les orphelins & Pauvres de la ville, dont le nom est tres-grand, & celle du premier Aoust où la Confrairie de saint Iacques marche en solemnité, representant les douze Apostres, les trois Rois, &c. avec nostre Seigneur monté sur une asnesse. Que si on ne se trouve pas icy dans ces temps, on n'a qu'à visiter les lieux que i'ay dit, & s'en aller dans l'Hospital de la Charité, pour y voir une des plus belles maisons de l'Europe pour les pauvres

& les orphelins qui sont chacun dans leur quartier selon leur age & leur qualité, & ou on leur enseigne toute sortes de mestiers dans la perfection. La police de cette maison est si belle qu'on l'admire d'autant plus qu'on la considere Premierement elle prend tous les orphelins & les pauvres, & les nourrit & les habille, & prend soin de leur donner de l'employ s'ils sont capables de travailler, que s'ils sont encore jeunes, ou qu'ils ayent besoin de nourrice on les en pourvoit, comme aussi on les traitte comme des Princes, s'ils sont malades on en a un grand soin, s'ils sont vieux & caducs; lors qu'il est téps de donner le congé à quelques uns, on tâche de donner quelque chose pour s'avancer, ou on leur procure du travail; si c'est une fille on la marie ou on la met dans des riches maisons qui doivent en répondre & les marier apres un certain nombre d'années qu'elles ont servy : Enfin on éleve les enfans à tout ce qu'on les juge capables, & comme les meilleurs maistres de l'Europe en toutes sortes de mestiers sont gagez là dedans pour les instruire, ils se rendent habiles au possible, & on peuple par ce moyen le Royaume de tres-habiles gens. Cette action de charité a paru si pieuse & si avantageuse a tous les Prelats de France, & mesme à sa Majesté, qu'elle a pris a cœur d'établir de semblables Manufacture dans toute l'étenduë de son estat, ce qui enrichira sans doute ses sujets.

Ie croy en avoir assez dit pour donner une

haute idée de cette celebre ville, ainſi qu'on ne trouve pas mauvais que je diſe que Lyon eſt une des plus belles villes de l'Europe, & que rien apres Paris ne luy peut-eſtre comparé. Les curieux pourront aller voir les belles maiſons de la Duchere, la claire, la gorge du loup, où il y a de belles fontaines, le beau jardin de ſaint Genis & quelques reſtes d'Aqueducs qui ſont aſſez ſuperbes ſous leurs ruines.

Les autres villes moins principales de cette Province, dans laquelle ie comprens le Foreſt de Baujelois & le Maconnois, ſont ſaint Eſtienne de Foreſt, ſaint Rambert, ſaint Chaumont, Rive de Gies, Coindriu reputé pour ſes bons vins, Trevol, Ville-Franche, Belle ville, Beaujeu, Regny, Rohanne, Bourg-en-Breſſe, Leiſſel & pluſieurs autres qui ſont toutes delicieuſes pour la fertilité de leurs terroirs. La beauté du climat, & les douces humeurs de leurs habitans.

LA BOURGOGNE.

LA Duché qui a eſté autrefois ſi renommée à raiſon de la puiſſance de ſes Ducs & de leur valeur, & qui eſt encore ſi conſiderable à raiſon de ſes peuples aguerris, de ſes belles villes, & de la vaſte eſtenduë de ſes limites, a le Rhône qui la ſepare de la Savoye au levant, le Lyonnois au midy, le Nivernois & le Bourbonnois au couchant, & la Champagne au ſeptentrion : Et on remarque que ce païs eſt un des mieux arrouſez de

France, & que le peuple y eſt genereux, qu'il porte inceſſamment l'eſpée. Il ſe plaiſt fort à viſiter ſes amis, eſt opiniaſtre, ambitieux, jaloux de ſon honneur ; mais ſur tout fort ſociables, les femmes y ſont ſuperbement habillées; mais elles ſont fidelles à leurs maris. Le païſan y travaille fort, & generalement tout le monde eſt devot, bons Chreſtiens, ennemis des revoltes & des nouvelles opinions, francs, amis des étrangers, ſpirituels & propres, tout ce qui eſt glorieux. Ses villes principales ſont,

Autun qui eſt une ville fort ancienne & fort illuſtre, comme vous le pouvez iuger en ce que les Romains avoient fait alliance & amitié avec elle, & qu'elle paſſoit pour eſtre une des plus illuſtres de l'Europe. Les nobles & la jeuneſſe des Gaules y avoient leurs écoles, & faiſoient leurs Exercices, & les Druides leur Senat, il ne faut que voir le janitoye qu'on dit avoir eſté un Temple de *Ianus*, le Marchand, Campus Martis, & les ruines ou mazeures des Statuts, Colomnes, Aquedeus, Piramides, Theatres, Arcs, &c. Pour dire qu'elle égaloit pour le moins l'ancienne Rome ſi elle ne le ſurpaſſoit. Le Montdrucou ou *Druxdum* & le Mont jeu ou *Iovis* prouvent encore la verité que i'écris ; La haute ville eſt couverte du Montcenis, au bas duquel eſt le Chaſteau, l'Egliſe Cathedrale dediée à S. Nazaire, le Palais Epiſcopal, & le ſiege du Bailliage, la baſſe ville n'a rien d'extraordinaire que ſa ſituation & ſa beauté.

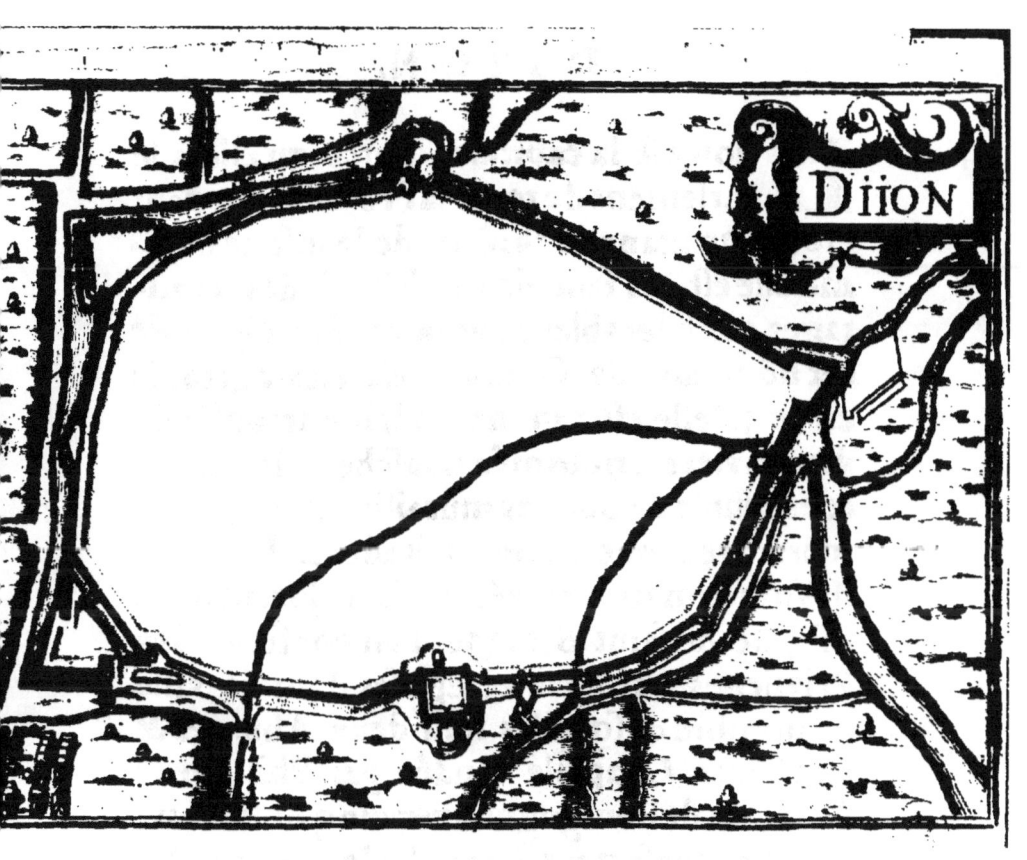

Auxerre est encore une ville fort belle & fort ancienne, sa situation est belle & son Chasteau basti sur un costeau, où Monsieur l'Evesque fait sa demeure est un superbe édifice, il y a un Bailliage & siege Presidial & des vins si delicats qu'on les estime par tout.

DIION.

Dijon est la capitale, parce qu'elle a le Parlement de toute la Province, on peut croire qu'étant le throne de la iustice comme elle est, il faut bien qu'elle ait des avantages considerables pour la rendre digne de cet honneur. Sa situation est tres-agreable en ce qu'elle est dans une plaine arrousée de deux rivieres, nommée Lousche & le Luson, & entourée de bonnes murailles & de grosses tours avec une bonne Citadelle. Les Rois ny font jamais d'entrée qu'ils ne jurent dans l'Eglise de saint Benigne d'en conserver les Privileges: Il y a seize Eglises dans la ville du nombre desquelles sont deux Abbayes & une sainte Chapelle fondée par Philippe le Bon Duc de Bourgogne avec cinq hospitaux. La Chartreuse qui est tres-belle, où sont les sepulchres des Ducs est au dehors, il y a beaucoup de belles maisons & d'hostels basties par les Seigneurs, dont ils conservent le nom, comme celuy d'Orange, de Vergy, de Senecey, de Prioude, de Toüanes, de Cisteaux, de Clairvaux, dont les celebres Monafteres font dans la Province. J'eftime cette Province illuftre d'avoir efté fi heureufe de donner au monde un fi grand homme que S. Bernard qui nâquit dans le village de Fontaines, & de ce qu'elle a fervy & fert encore de theatre a tant de faints perfonnages qui ont vécu & qui vivent actuellement dans les maifons qui font les Chefs de l'Ordre de cette fainte Religion, & qui meriteroient un volume entier pour en parler comme il faut; j'en dis de même de Cluny qui eft le chef d'Ordre de S. Benoift, & dont le revenu monte à plus de 100000. de rente tous les ans.

Sens eft une ville Archiepifcopale affife fur Ioune & Vaunefïon. L'Eglife Cathedrale eft dédiée à S. Eftienne, & a un ornement d'Autel des plus riches de France. M. l'Archefque qui remplit maintenant avec honneur ce fiege eft forty de l'illuftre & tres-ancienne famille de Gondrin, dont le frere eft Duc de Bellegarde. Son merite & fa vertu, fa fcience & fes autres belles qualitez le rendent fi recommandable, qu'on ne le regarde à la Cour que comme un prodige & comme un Prelat qui renferme en luy toutes les aymables qualitez qui attirent l'eftime de tout le monde & le cœur des peuples. J'efpere que Dieu luy donnera encore une longue vie pour conduire heureufement fon troupeau, comme il a fait jufqu'à prefent. Cette même ville a plufieurs belles maifons Religieufes, un College des Peres Iefuites & plufieurs belles Abbayes. Il y a un fiege Prefidial &

un Bailliage, & un des meilleurs peuples de France pour habitans. La Comté de Charerolois a des villes & des raretez considerables, mais la Duché de Nivernois en a des plus ramarquables, entr'autres Nevers qui est la Capitale, laquelle a des belles murailles, un tres-beau Chasteau appartenant aux Ducs de ce nom, un pont de pierre de vingt arcades; une superbe Eglise dediée a S. Cir, un celebre Presidial & un Evesché. La Charité qui est bastie sur la mesme riviere d'Aillier, & dont le sejour est tres-agreable. Moulins en Gilberts, Desire, Cersi la Tour, Clamesi, &c. Cette Province est si diversifiée de bois, de prez, de vignes, tant de montagnes & de valons, & arrousée de tant de ruisseaux & de rivieres qu'il n'y en a pas de semblable dans la France, ce qui fait que les terres y sont bonnes, & les habitans à leur aise, la Bresse à Bourg qui est sa capitale & la Franche Conté, Besançon où est le Parlement, & Dole qui est la Forteresse, Salins, saint Claude, &c. Cette grande Province est arrousée de plusieurs belles rivieres, dont la principale est la Saone sur laquelle sont situées Turnes, Carlons, Verdun, Belle Garde, Ausonne, Fry, Favernay & Conflans, qui sont de tres belles villes fort peuplées, extremement riches & tres divertissantes. La Souveraineté de Dombes qui appartient à Mademoiselle, est bornée de la Bresse du costé de l'Orient, du midy & du septentrion & du Baujelois, dont la Capitale est Baujeu, ville assise au pied d'une montagne, au haut de laquelle il y a un chasteau qui est bien fortifié du costé de l'Occident. Son païs est bon quoi que son étenduë soit petite, elle ne laisse pas d'avoir plusieurs bonnes villes, comme Thoyssey, saint Trivier, Ville-neufve & Chalamont dont la capitale est Trevolz, où il y a des belles choses à voir, sur tout le Convent des Freres Prescheurs qui est tres-ancien & tres beau. Ceux qui plaisent à boire de bon vin en trouveront dans cette Souveraineté de tres-bons, quand il n'y en auroit point d'autre que celuy de Macon, qu'on estime si fort, & qui n'en est qu'à deux lieuës. Voilà à peu prés ce qu'il y a de plus remarquable dans le Royaume & les choses que j'ay iugé dignes d'estre sceuës. Ie pourrois en avoir dit davantage si i'avois voulu: mais comme mon dessein n'est pas de m'étendre beaucoup sur cette matiere, i'ay passé legerement leur description pour donner seulement quelque legere connoissance des delices de nostre Estat, qui peut se vanter d'estre le plus fleurissant & le plus delicieux de l'Europe. Ie mettray icy pour conclusion de cette partie quelque chose des païs conquis, afin de ne laisser rien des dépendances de ces Estat sans en donner la connoissance.

LES PAIS CONQVIS.

LEs Païs conquis sont des terres nouvelles, qui jalouses de la gloire de la France sont venuës presenter à cette Reyne de l'Europe, tout ce qu'elles ont de charmant & de doux. Perpignan qui est une des plus fortes places de l'Europe est la premiere qui se donne à elle, & qui luy offre ses dependances du Rossillon, ses huiles, ses fruits & ses autres richesses. Le Luxembourg luy presente Montmedi avec sa forteresse inaccessible. L'Alsace luy consacre Brissac & Philisbourg, pour augmenter sa puissance & la rendre redoutable aux suisses & à l'Empire. L'Artois luy donne son Arras que les Espagnols croyoient ne devoir jamais tomber entre ses mains, la Flandre luy offre les clefs de Graveline, de Donkerque, de Furnes, de Bergue, de Courtray, de Doüay, de Tournay, d'Ath, de l'Isle, &c. Afin de l'enrichir de tout ce qu'elles ont; & les Indes & l'Affrique méme luy consacrent leur plus beaux païs & leurs meilleures isles pour la rendre riche, heureuse, fleurissante & remplie de delices. La Mer se soûmet maintenant à son empire, toutes les regions de la terre tâchent de contribuer à ses delices. Enfin tout le monde universel semble devenir tributaire à la France de tout ce qu'il a de plus pretieux & de plus doux. Pour mieux faire gouster les delices de la vie à ses peuples & à tous ces habitans.

La Description fidelle en general des mœurs & des inclinations des François.

CE n'est pas tout d'avoir décrit les delices de l'incomparable France & d'avoir fait un recüeil de toutes les raretez, les douceurs, & les merveilles qu'enferme cette aimable Monarchie, si on ne donne pas à même temps le moyen d'en joüir, & j'estime que c'est travailler en vain & même desobliger le public de découvrir un thresor si on n'en facilite la joüissance ; pour ne tomber donc dans des inconveniens si odieux, je me suis resolu de dire en peu de mots ce qu'on doit faire pour estre heureux dans ce Paradis de delices, & ce qu'il faut éviter pour n'en trouver pas la possession difficile ou mélangée de quelque amertume. I'ay dit icy dessus ce qu'il falloit faire pour éviter les mauvaises rencontres, qui n'ont esté par le passé que trop communes & qui sont même encore trop frequentes ; quoy que la prudente & sage conduite de nostre invincible Loüis justement appellé Dieu-donné, ait fait qu'elles n'arrivent que comme les eclipses dans son estat ; neantmoins j'estime qu'il sera mieux à propos de mettre icy en abregé l'ordre qu'on doit tenir pour ne se laisser pas surprendre aux enchentemens, aux belles paroles, aux offres de service, ny aux belles apparences que l'on trouve en toute sorte de personnes, non pas parce que tous soient filoux ou méchants: mais parce que la prudence, qui est la Mere de la seureté veut qu'on se méfie de tous ceux qu'on ne connoit pas, & qui peuvent bien souvent estre le contraire de ce qu'ils paroissent: pour se comporter donc comme il faut dans de tels rencontres, il est necessaire de ne paroistre jamais méfiant quoy qu'on le soit, parce que c'est faire injure aux personnes, lesquelles sans considerer qu'un inconnu ne fait que ce qu'il doit en vivant dans cette crainte & cette méfiance, ne laissent pas de faire des querelles & de se servir bien souvent de ces occasions pour maltraiter des pauvres étrangers. La 2. chose qu'il faut observer dans cette rencontre, c'est de ne familiariser pas trop avec personne: crainte de leur découvrir quelqu'un des desseins que l'on a, & la 3. c'est de ne s'exposer pas imprudemment au jeu, aux promenades, sur tout aux disputes, parce que ce sont pour l'ordinaire les sources de tous les malheurs qui arrivent: à quoy on remediera facilement si on prend soin de connoistre les gens, d'observer leur phisionomie, & de s'informer adroitement d'où ils sont, ce qu'ils font, & qu'elle est leur condition: apres quoy il faudra se servir de toutes ces connoissances pour la conservation, & sçavoir ensuite qu'elle est l'inclination naturelle des François pour estre heureux parmy eux, comme c'est donc le principal d'un estranger de connoistre le naturel des nations qu'il doit frequenter, je mettray icy à peu pres les inclinations qu'ont generalement tous les François, attendant de mettre dans le chapitre suivant celles qui concernent toutes les Provinces en particulier.

Pour commencer donc cette matiere si dificile, je diray en premier lieu que la nation Françoise a plus de bonnes qualitez qu'il n'en a de mauvaises, quoy-que ses ennemis (je ne sçay par quel sentiment) tâchent de le dépeindre avec des couleurs tout-à-fait noires: car à parler sans passion il est le plus franc & le meilleur peuple de l'Europe, il est vray que les dernieres guerres l'ont rendu un peu moins libre qu'auparavant: mais tout cela n'a pas peu le dépoüiller entiereme de cette qualité qui luy est si naturelle & si propre. 2. Il est le moins capable de faire une action infame, ny de se laisser gagner pour executer des mauvais desseins, comme beaucoup d'autres nations, ce qui n'est pas une petite gloire. 3. Il est prudent & judicieux dans sa conduite; quoy-qu'il ait des competiteurs qui luy disputent cet advantage & qui jusques à present ont esté à la verité plus prevoyans & plus circonspects: mais l'experience nous fait voir avec combien de raison les Italiens ont mis depuis peu ce proverbe en usage, qui dit que *Tutti gli savÿ Francesi sono vivi, e Tutti gli savÿ Spagnuoli sono morti:* puisque la prevoyance & les autres vertus qui sont necessaires pour le juste est gouvernement de l'Estat, qu'on disoit n'estre pas en France, y sont maintenant un sejour ordinaire, & y paroisse auec une majesté tout à fait particuliere. 4. Le peuple est extremement porté d'inclination pour la guerre, & n'a rien tant à cœur que la profession des armes, ce qui fait que les gens d'épée & de guerre y sont beaucoup plus estimez que les gens de lettres, ou de robe longue ; dautant qu'il n'honore celuy cy que par necessité, 5. la Noblesse y est dans une haute estime & y a beaucoup de priviieges ; pourveu qu'elle ne s'en rende pas indigne par aucun crime. 6. Il aime son Roy plus que toutes les nations de la terre, & se porte à son service d'autant plus ardemment qu'il ny est pas contraint, se laissant plustost conduire par l'amour de leur Prince; que par un motif servil de crainte ou d'apprehension. 7. Il a un esprit subtil & prompt, & a une si grande disposition à apprendre tout ce qu'il voit faire, qu'il reüssit merveilleusement en tout ce qu'il entreprend. 8. On ne voit pas à la verité un si grand nombre de personnes graves qu'en Espagne ; mais aussi on n'y trouve pas tant de gens égarez ou privez d'esprit que dans les autres Estats, ainsi comme on voit une humeur franche & libre. Les envieux & les ennemis de cette nation ont pris occasion de les appeller legers & sans jugement : en quoy ils se sont lourdement trompez. 9. Ce mesme peuple s'addonne fort à toute sorte de metiers, s'applique avec soin aux arts liberaux & ne méprise pas même les mécaniques ; au contraire, il fait gloire de s'y rendre habile tout autant qu'il peut, & veut mal à ceux qui n'en font pas d'estime. Il est hazardeux, guerrier, plein de courage, amy des voyages, curieux & envieux des nouveautez ; ses delices, c'est de courir pour tout le monde, c'est pourquoy toute la terre habitable est presque peuplée de François : car de quel costé qu'on aille, soit qu'on visite l'Espagne, ou l'Italie, l'Angleterre, ou la Hollande, le Dannemarc, ou la Suede, la Moscovie, ou l'Allemagne, la Tartarie, ou la Pologne, la Hongrie, ou la Grece, la Turquie, ou la Perse, l'Affrique, ou l'Asie, les Indes Occidentales, ou Orientales, la Chine, ou le Iappon, les Isles de la Mer ou la terre habitable, on voit des nombres presque innombrables de François, qui par un motif de trafic, ou de curiosité, ou bien poussez par un desir de se rendre habiles & de s'instruire par le moyen de ces longues courses, ou bien en un mot afin de se signaler par quelque belle action à la guerre, entreprennent de semblables voyages : voilà pourquoy les François ne se plaisent rien tant qu'à discourir de ces matieres, & qu'à s'entretenir des belles choses qu'ils ont veu dans les divers païs qu'ils ont parcouru. 10. Il veut sçavoir de tout. Il aime beaucoup l'honneur & ne s'y attache que trop ; ce qui cause la mort de beaucoup de braves gens.

11. La paix qui eſt la ſource du bien par tout où elle ſe trouve eſt cauſe que tout l'Eſtat s'attache a devenir ſçavant & que le moindre païſan tâche de faire un Docteur de ſon fils. 12. Ils ſont fort amateurs de la bonne chere, de la propreté dans leur manger, de la juſteſſe dans leurs habits, des nouvelles modes qu'ils inventent tous les ans, des meubles extremement rares & precieux, &c. Leur pieté n'a pas l'apparence des Eſpagnols, ny le faſte des Iuifs: mais elle eſt plus ſincere & mieux enracinée dans l'ame, que celles de ces deux nations: quoy qu'à la verité les veritables Eſpagnols ſoient fort pieux & fort devots, comme on le voit par le grand nombre de leur SS. Voila pour ce qui regarde le commun du peuple, venons maintenant aux Eſtats particuliers, & diſons quelque choſe des femmes & des Gentils hommes & nous viendrons enſuite aux mœurs particulieres des Provinces; quoy que nous en ayons parlé cy-deſſus.

Les perſonnes du ſexe ſont d'une humeur ſi agreable, & leur façon d'agir eſt ſi differente des autres femmes de l'Europe, qu'elles peuvent paſſer pour les Reines des femmes: car 1. elles ſont belles, blanches, d'une belle taille, & ont un eſprit ſi charmant, un air ſi doux, une façon de converſer ſi modeſte, ſi civile, & ſi agreable tout enſemble, qu'il ne ſe peut rien voir de ſemblable dans le monde. 2. Elles ſont libres tout autant que la raiſon & leur condition le peut permettre. Elle ne

Y ij

sont point fieres ny rebutantes, point brutales, ny effrontées, point yvrogneſſes, ny vagabondes. 3. Elles ſont ménageres joyeuſes, reſpectueuſes & ſoûmiſes à leurs maris, fidelles tout autant que des femmes le peuvent eſtre & fort ſoigneuſes de leurs familles. Enfin elles ſont belles, bonnes, enjoüées, & on peut les appeller les plus parfaites qu'on puiſſe trouver. Il eſt vray que comme l'Eſtat a eſté de tout temps bien reglé pour ce point & que les anciens Gaulois avoient donné preſque toutes ces maximes à leurs femmes, il ne faut pas trouver eſtrange, ſi celles qui vivent maintenant ſont ſi parfaites, veu qu'on les a élevées à cela dés le berceau & qu'elles ont ſuccé ces loix avec le lait de leurs propres meres. Leur humeur eſt d'être extremement propres, bien ajuſtées, bien coiffées & d'avoir toutes les nouvelles modes qui courent. Elles ſe plaiſent beaucoup à la compagnie & font gloire d'être vertueuſes ſans contrainte & ſages ſans affectation. Elles ſont fort libres, quoy-que pourtant elles n'en abuſent point: enfin elles ne refuſent jamais les honneſtes compagnies, ny les divertiſſemens innocens tout autant qu'elles y croyent leur honneur en ſeureté & on peut les appeller incomparables en tout, tant elles ont de perfections; auſſi voyons nous que tous les païs eſtrangers qui veulent chaſſer la Barbarie & l'incivilité de leurs terres, font gloire de ſuivre non ſeulement les modes des habits de ces Dames: mais encore de ſe conformer à leur façon d'agir en toutes choses, jusques là qu'elles servent de regle à toute l'Europe.

Quand à la Noblesse, j'estime que la terre n'en porte point de plus vaillante, de plus genereuse, ny de plus civile que celle cy: car pour la bravoure aucune nation ne la leur dispute, pour la gentillesse & l'esprit, l'honneur & la civilité, elles leur sont si naturelles, que c'est un miracle quand on en trouve quelqu'un d'incivil, ou de lache. Son exercice est d'aller à la chasse, à tirer des armes, à monter à cheval, & generalement à toute sorte de beaux exercices. Elle est galante à l'extreme & tout-à-fait respectueuse pour les Dames. Elle aime si fort la guerre qu'elle la va chercher par tout où elle est, & j'estime qu'une armée de Gentil-hommes François seroit invincible à tout un monde. Elle conserve fort son authorité sur le peuple, & est si absoluë du moins jusques à present, qu'un seul Noble ou soy disant, feroit trembler tout un Bourg, ou une Paroisse. Que si quelqu'un d'une moindre qualité fait injure à quelqu'un du corps, tous les autres s'assemblent pour en prendre vengeance. Que si au contraire ils sont en querelle entr'eux, tous leurs voisins tâchent de les accorder & determiner entierement leurs differents. Elle s'addonne aux lettres & fait gloire de tout sçavoir, non pas par un motif mercenaire de gain comme les autres: mais pour se contenter elle mesme, & pour satisfaire son bel esprit. Elle se plaît si fort à bien dire, qu'elle porte l'éloquence au plus haut degré de la perfection. Vne partie de la noblesse suit le Roy, & l'autre demeure chez soy, c'est pourquoy on la divise en celle de cour & en provinciale. La 1. est plus polie que la 2. mais toutes deux font profession de l'honneur, & ne s'y attachent que trop. Les nobles se visitent presque continuellement & s'entretiennent toûjours de la guerre ou de la chasse ; il est vray qu'en quelques Provinces particulieres, on ne parle plus que de goinfrer & de boire à la solicitation de quelques infames débauchez, qui pour estre sans cœur & sans esprit, & pour n'avoir du tout point de sentiment d'honneur & de gloire, ont introduit cette vilaine coustume de renouveller les Baccanales, afin de cacher leur lâcheté & béttise par ce moyen. Les plus prudens & les mieux polis vont toûjours auprès du Roy pour faire leur cour, d'où ils reviennent bien souvent avec des charges considerables, cependant que les moins ambitieux, les amis de la chasse, ou les moins riches restent dans leurs maisons pour y faire valoir leur bien. Les peres tâchent de faire bien instruire leurs enfans, de les envoyer à l'academie, & de les rendre habiles à la danse, aux armes, à monter à cheval, à sçavoir les Mathematiques, l'Histoire & les autres belles choses, qui peuvent rendre un homme illustre & recommandable ; la jeunesse se divertit continuellement, sur tout au carnaval, où elle porte des partis, de bague aux Dames & mille autre divertissemens, ou on rompt la lance bien souvent pour obliger les Dames, & ou on combat dans la barriere pour leur donner plus de plaisir. Les Messieurs vont l'hiver dans les villes, & y passent doucement à danser & à joüer le temps qui est le plus facheux de l'année, le bal, les collations, le jeu & la compagnie sont tout leur entretien, attendant la belle saison où châcun se retire chez soy à la campagne, & où il ne manque jamais d'être visité de tous ses amis. La generosité est si grande parmy ces ames genereuses, que le moindre étranger & le plus inconnu est tres-bien receu chez eux, quand on leur fait l'honneur de les venir voir. Enfin ces Mrs sont bons, genereux, nobles, liberaux, civils, & tout à fait parfaits, & on peut croire qu'il ne s'en peut pas trouver de tels dans le reste du monde : Toutefois ils ne sont pas si accomplis, qu'ils ne participent en quelque chose à la foiblesse de la creature, & qu'ils ne soient hommes ; voilà pourquoy ils ont leurs defauts aussi bien que les autres Estats dont voicy à peu prés le denombrement.

La Noblesse a l'ambition si avant dans le cœur, & un si grand & si excessif desir de gloire dans l'ame, qu'elle n'est que trop portée à l'honneur. Ce qui fait que la pluspart s'emporte sur le moindre mot, & que bien souvent ils en viennent à l'épée & au pistolet, pour tirer raison d'une bagatelle qu'ils croyent les choquer. Voilà le principal defaut : Le 2. c'est qu'elle veut oster la liberté aux invitez & à ceux de la compagnie, par un excez de liberalité, de ne boire que ce qu'ils voudront : car c'est maintenant à la mode, & de la galanterie de faire boire plus qu'on ne peut ceux avec qui on est, sans en excepter personne, ce qui est dangereux à raison des funestes suittes qui en peuvent arriver : Le 3. c'est d'être trop attachez à toutes les ceremonies receuës dans le Royaume, & d'estre trop poinctilleux pour le regard des civilitez. Voilà les defauts de la noblesse ; que les étrangers doivent connoître : afin de se comporter sagement avec eux, nonobstant tous ces obstacles qu'on peut surmonter facilement, si on a tant soit peu d'esprit & de jugement.

Les Dames n'ont qu'un defaut, sçavoir celuy de vouloir estre fort caressées, estimées & reverées, il est vray qu'elles ont quelque raison de pretendre tous ces devoirs, veu leurs merites & leurs rares perfections : neantmoins j'estime que comme l'excez est toûjours vicieux, la grande attache qu'elles ont à vouloir qu'on les considere selon leurs qualitez, & qu'on ne manque pas à un point de ce que leur sexe acquiert, je croy qu'elles ont un peu de tort d'estre si exactes à exiger leurs droits, & si faciles à se fâcher quand on manque à une formalité qui n'est rien. La 2. c'est que le jeu fait un peu trop leur divertissement, & la 3. c'est que quelquefois leur aversion contre les personnes qu'elles haïssent les porte à engager ceux qui ont quelque estime pour elles de prendre trop à cœur leurs interests, & de les pousser mesme trop avant, sans considerer que cela leur fait tort, & qu'elles causent mille malheurs dans les familles, ce qui n'est pourtant pas ordinaire ny mesme fort frequent pour un si grand Estat.

Le commun du peuple y est bon à la verité, mais il est un peu trop prompt, ce qui est cause que les querelles y peuvent estre plus frequentes qu'ailleurs : la nation a pourtant cela de bon audessus de ses voisins, qu'elle ne fait jamais de querelle sans raison & que ce n'est ny sans sujet, ny sans connoissance de cause qu'elle prend le feu. Ce n'est pas que ie veüille exempter la France des querelleurs, ny des fanfarons estant certain que tant de Provinces differentes, dont cet Empire est composé ne sçauroient estre sans quelqu'un de ces mauvais garçons, qui tost ou tard se trouvent mocquez de faire si souvent des querelles. On accuse les François de dire trop franchement leur pensée & de n'estre pas assez circonspects pour garder un secret en quoy ils sont trop francs. On les blâme encore d'estre un peu inconstans & legers; voila les defauts qu'on attribuë à toute la nation, & voicy maintenant comme on doit prendre garde de n'en estre pas incommodé.

Tom. II. Z

L'Ordre qu'on doit tenir avec les trois sortes de Personnes estant avec elles.

IL semble que j'aye fait tout le contraire de mon devoir & du dessein que j'avois de faire voir les delices de la France, en ce que devant cacher les deffauts des peuples qui l'habitent, ie suis le premier à les découvrir. J'avouë que j'aurois tort si ie faisois ce coup dans la pensée de les noircir dans l'esprit des estrangers : & si ie voulois les rendre odieux aux nations estrangeres, mais ce que j'en fais, ce n'est que pour procurer une douceur agreable aux curieux qui voudront parcourir cet Estat. Il m'a semblé juste de leur enseigner quel est le mal qui peut leur rendre la France ennuyeuse ; afin de leur donner en mesme temps le moyen de gouster ses douceurs sans aucun mélange d'imperfection: voilà pourquoy je me suis resolu de leur donner les avis qui suivent.

Le 1. c'est de connoistre les gens avec qui on converse, & sçavoir au vray si ce sont des Gentils hommes, ou des Bourgeois, des gens de guerre, ou des Roturiers, des Ecclesiastiques ou des estrangers : parce que c'est ensuite de cette connoissance qu'on doit se conduire & regler toutes ses actions qui doivent estre telles par rapport à ces differents Estats. & en 1. lieu à l'égard de la Noblesse.

2. Il faut paroître civil à tous & témoigner qu'on ne manque, ny d'esprit ny de

cœur pour se mettre bien dans l'estime de ceux qu'on frequente : car autrement si on passe pour mal élevé, pour sot & pour lâche, c'est ouvrir un grand chemin à toute sorte de personnes pour faire des affronts.

2. Il est à propos de ne familiariser pas trop avec toute sorte de gens, & de ne s'opiniatrer pas aux disputes & de n'entrer pas bien avant dans les questions qui peuvent aigrir les esprits : car comme il se trouve quelquefois des esprits rudes, opiniastres & mesme ignorans remplis de presomption & de gloire, j'estime que le moins entrer en contreverse n'est que le mieux.

La 3 c'est de ne faire pas parade de bien boire, parce qu'on trouve des gens qui en font mestier, & qui estant yvres sont des lions furieux & des querelleurs achevez, au reste c'est que quand on s'enyvre, on sert de risée à toute la compagnie, on court risque de perdre tout ce qu'on a, & bien souvent on se voit engagé à tirer raison des injures qu'on a receuës.

4 C'est de s'instruire, avant que de s'exposer aux compagnies, des façons de faire des François ; afin de ne pas commettre des incivilitez qui traisnent bien souvent des malheurs, quand elles ne sont pas pratiquées.

Par rapport aux Dames, il faut estre circonspect en 3 choses. La 1, c'est d'estre tout à fait complaisant, respectueux, & civil, parce que c'est la façon avec laquelle on les traite dans le Royaume. 2. Il est necessaire de sçavoir loüer leurs qualitez & rehausser leurs merites, à la mode des courtisans ; c'est à dire avec des agréemens si beaux, que l'on fasse croire aux personnes à qui on adresse ces discours, que ce que l'on dit est vray, & que l'on n'en doute point du tout. Il faut au reste ne paroistre pas assoupi ny insensible en la presence de ces beautez, quoy qu'avec grande precaution : parce que l'imprudence dans ce rencontre est un crime sans remede; & d'autant que d'estre en compagnie pour y vivre en buze, ou en statuë, oblige les Dames de croire que c'est par un coup de mépris, ce qu'il faut éviter comme un écüeil ou un gouffre, crainte que cette pensée ne les oblige de se vanger de cette injure qu'elles croyent avoir receuë. Enfin il est d'un homme sage de ne se laisser pas emporter à un excez de complaisance pour elles, par deux raisons : la 1. c'est qu'elles pourroient faire consommer des thresors infinis ; si on les vouloit croire, je parle de quelques unes & non pas de toutes ; la 2. c'est que bien souvent elles ne demandent rien tant qu'un nouveau galant pour leur faire épouser leurs sentimens, & les engager dans des querelles qui ne finissent qu'avec la vie.

Pour ce qui regarde commun du peuple, je donne deux avis; le 1. c'est de ne se familiariser pas trop avec luy, de peur que l'on ne soit obligé de disputer bien souvent avec de la canaille, dont la promptitude est inseparable & la querelle assez preste. La 2. c'est de ne dire pas son secret à qui que ce soit, & s'il m'est permis d'en ajoûter un; c'est de ne se fier pas aux belles apparences comme j'ay desia dit cy dessus, & de s'accoster des personnes de la plus haute qualité, ou bien des Ecclesiastiques à la compagnie desquels on ne peut avoir aucun mal, où au contraire l'on apprend beaucoup d'honneur, de civilité, de vertu, & de belles choses.

Que si on veut plaire aux personnes avec qui on converse, on ne sçauroit mieux faire que de les entretenir des belles choses qu'on a veües, des belles actions des François dans tout le monde, de leur bravoure, de leur gentillesse, de leur esprit, de leur galanterie, des belles qualitez des Dames, des douceurs de leurs païs, des grandeurs de leurs villes, de la magnificence de la Cour, de la somptuosité des Seigneurs & des Nobles de l'Histoire, des païs estrangers, de ce qu'on a veu & de l'inclination qu'on a de voir. Enfin on se fera aimer generalemens de tous, si on n'est point arrogant ny fier, melancholique ou sombre, hargneux & colere, & si on est prudemment enioüé & d'une humeur iudicieusement familiere; voila à peu pres les maximes que les estrangers doivent observer dans ce Paradis de delices, ou les roses ne sont pas sans épines, & où la main doit estre sage pour les pouvoir cüeillir sans se picquer. Venons maintenant aux particuliers de cet Estat, & disons quelque chose de l'invinci-

Z iij

ble Monarque de cette Cour, de tous les Princes & Seigneurs qui sont à sa suite, mais en peu de mots.

PORTRAIT DV ROY.

ON dit qu'Alexandre défendit autresfois à tous les statuaires & à tous les peintres de son Empire de le representer, ou de le peindre, de peur que ne donnant pas toute la grace qu'il faloit à sa figure, on ne conceust quelque mépris pour sa personne, ou du moins qu'on n'eust pas toute la veneration qu'on luy devoit; c'est pourquoy il ne donna cette liberté qu'à Phidias le statuaire, & à Appelles Prince des peintres; comme estant les seuls dignes de cet employ. Mais je ne craindray pas que le Monarque incomparable dont je pretends faire le portrait, fasse une semblable ordonnance, parce qu'outre qu'il n'est pas vain comme Alexandre, qui s'estimoit un Dieu, il n'apprehende pas que le representant comme il faut, il y ait jamais personne, qui bien loin de le mépriser ou le haïr, se puisse dispenser de l'estimer, de l'aimer, & de vouloir le servir. Voicy à peu pres ce qu'il est quant aux deux Nobles parties qui le composent.

Pour commencer donc par la moindre partie de luy-mesme, je diray que la nature qui a pris plaisir de le rendre parfait en tout, luy a donné un corps des mieux proportionnez du monde : car sa taille qui est des plus riches de la Cour, est accompagnée d'une grosseur telle qu'il faut, & renduë auguste par la gravité & la majesté de son maintien & de sa marche : sa face qui porte le caractere de la grandeur & de la souveraineté, à je ne sçay quoy de majestueux & de grand qui le fait cherir avec respect & craindre avec raison ; ses yeux sont bruns comme ses cheveux : mais brillans comme deux astres : quand la justice ou la raison éveillent quelqu'une de ses passions, son front ny trop large, ny trop haut, fait voir la moderation de son ame, & la juste couleur de son teint donne bien à connoistre que sa complexion est dans la plus juste condition qu'on puisse souhaiter. Sa teste est une des plus belles, des mieux garnies, & des plus proportionnées de toute la Cour. Quelques uns ont voulu dire qu'il se courboit quelquefois un peu trop : mais ils n'ont pas eu le temps, ou de le considerer, ou du moins ils ont été préoccupez de quelque pensée qui ne leur a pas permis de considerer la majesté & de porter la veüe sur sa démarche royale, qui le fait assez connoistre sans qu'on prenne la peine de la montrer; voilà pour son corps. Venons maintenant à son esprit & disons que le Ciel n'a jamais donné un Monarque plus accomply à la France que luy : car 1. il luy a inspiré trois sentimens tout-à-fait loüables dans l'ame pour rendre sa conduite parfaite. Le 1. c'est

Z iiij

qu'il est pieux par rapport à Dieu, zelé pour la deffense de l'Eglise, ardent pour le soûtien du Christianisme, ponctuel à l'observance de ses loix, entierement soûmis aux ordres du Souverain Pontife, & enfin ennemy juré des heresies & des nouvelles opinions. 2. Il aime son peuple & tâche de le rendre heureux autant qu'il peut. Il ne songe qu'a le combler de douceurs par le moyen de sa justice & de son amour, & son dessein n'est autre que de faire revivre le siecle d'or à son occasion par un effet de sa sage conduite. 3. Il a de nobles sentimens par rapport à luy-mesme : car son ame n'est qu'une ame d'honneur, de gloire, de courage & de vertu. Il cherit la Reine de tout son cœur sans affectation & sans enfantillage: il aime Monseigneur le Dauphin tout autant qu'un pere peut aimer un fils si parfait & si beau. Le reste de sa famille royale l'attache selon que la justice & la raison le demandent, & nous voyons que ses qualitez & ses vertus veritablement heroïques le rendent le Monarque incomparable de nostre siecle. Sa Iustice est prompte & exacte, il l'aime si fort qu'il ne craint point l'embarras qu'il y a de recevoir, à certains jours destinez, les billets & les plaintes que les personnes de tous âges & de toute condition luy presentent, ny de s'en charger pour estre plus certain de la verité: mais parce qu'il ne peut pas estre par tout, il a estably des Chambres de Iustice dans toutes les Provinces de son Estat, où les criminels sont punis & les innocens mis en asseurance : son soin à donner une fin prompte aux procez que la chicane rendroit eternels, & la juste vengeance qu'il a pris des sangsuës du peuple & des voleurs de l'Estat en sont des preuves convainquantes. Sa parole & sa foy sont immuables, & ont toûjours leur effet; quoy-que ses ennemis tâchent de le noircir en ce point; ils feroient bien mieux de dire qu'il est belliqueux, porté d'un desir extreme pour la gloire, sensible aux affronts qu'on luy fait, mais prudent à les dissimuler ou à les ranger quand il faut ; secret autant politique que j'aie jamais esté, exact à tenir ses Conseils, vigilant pour toute sorte d'affaires, attaché jusques à l'extreme au bien de son Royaume, ardent pour le soûtien de ses Alliez, & genereux à leur faire du bien, amy des grands hommes, & le Pere des pauvres & des étrangers pour qui il a de tendres sentimens. Il abhorre les crimes que la malice a rendu indignes de pardon, comme ceux de Leze Majesté, des Duels, des rapts, des viols, des assassins; s'il punit les méchans, il n'est pas moins soigneux à recompenser les bons, & ceux qui luy rendent quelque service. On dira sans doute que ce sont les veritables qualitez d'un Roy, mais que peut-estre ce ne sont que des commencemens ardens, semblables à ces feux volages qui ne brillent qu'un moment & qui trouvent leur sepulchre dans leur berceau, & il seroit même à craindre qu'une si grande ardeur pour tant de vertus ne s'amortir dans la suite de quelques années: mais on sçait bien que ny la legereté de la jeunesse, ny le penchant qu'elle a pour les plaisirs & les divertissemens, n'ont jamais peu avec tous leur charmes détacher nostre incomparable Monarque de ses resolutions. Ainsi comme la constance est son partage & qu'il est toûjours égal en luy méme & remply de vertus, il ne peut pas manquer de s'acquerir des couronnes immortelles & faire dire à toutes les Histoires qu'il est veritablement le Dieu-donné & un riche present du Ciel à son Estat. Ie pourrois mettre icy beaucoup d'autres aimables qualitez qui rendent ce Prince un digne exemple à tous ses successeurs : mais parce que c'est un sujet qui demande & plus de temps & plus d'éloquence, ie diray seulement que son ame est le trône de toutes les vertus & que le Ciel a pris à tâche de le rendre un digne objet de ses faveurs. Venons maintenant à nostre incomparable Reine.

LE PORTRAIT DE LA REYNE.

ON peut bien croire que puisque le Ciel 'interesse si fort dans les mariages qui se contractent sur la terre & sur tout pour ceux des Rois & des Reines de France, le méme Ciel, dont nostre Monarque est le favori, n'a pas manqué de donner une épouse égale en tout à un si grand Prince. Il y alloit de son interest & de sa gloire, ainsi c'est une preuve infaillible de son merite & de ses vertus. Il ne faut que la voir pour dire que les graces l'ont embellie de ce qu'elles avoient de plus beau ; & avoir le bonheur d'approcher de sa Majesté pour dire que son ame n'est pas moins accomplie que son corps. Sa taille qui est un peu mediocre si on a considere par rapport à celle du Roy, a cela de particulier qu'elle porte un caractere de grandeur dans sa petitesse : son visage qui est l'image de la douceur, de la bonté, de la grace & de la pieté, est un presage des aimables qualitez de son ame, & l'on peut dire que son enbompoint & l'agreable mélange de sa blancheur de lis & de ce vermillon naturel qui rehausse l'éclat de son teint delicat, sont des preuves manifestes de l'aimable temperamment de ses passions. Sa teste qui est la plus noble partie de tout l'homme est admirable, soit qu'on considere sa forme proportionnée à son corps, soit qu'on porte la veüe sur ses beaux cheveux, ou bien enfin soit qu'on considere la iuste proportion des traits de son visage qui luy acquierent iustement le cœur du Roy, & les respects de tous ses peuples: ses yeux sont bruns & brillans comme des astres; de sorte qu'on diroit que ce sont deux Soleils, ou deux flambeaux capables d'éclairer le monde. Il est vray que comme la modestie & la pieté sont l'ame de cette grande Reine, ces deux directrices de sa vie sont aussi les œconomes de ses feux, qui ne paroissent que par leur ordre & leur conduite; son front tel que les phisionomistes le demandent pour estre parfait, donne à connoistre par sa iuste proportion, que la sagesse reside dans cette ame, comme dans son siege & que la maiesté y a gravé tout ce qu'elle a de plus auguste pour le faire reverer d'un châcun; son nez aquilin, ny trop ouvert, ny trop serré, ses ioües couvertes de lis & de roses, ses levres de corail, ses dents de cristal, sa bouche proportionnée & son menton rond, sont les heros de sa beauté & de ses qualitez; le Ciel qui ne fait rien sans raison, a voulu que tous les peuples qui verront ou sa personne, ou son tableau, iugent par la disposition de son visage qui est un peu plus large en bas qu'en haut, que sa prudence est sans égale & que son humeur ne tient rien des foiblesses qui ont accoustumé de rendre odieux son sexe & les personnes de sa condition. Son ame qui est comme le Soleil tousiours égale à soy mesme, a trois vertus particulieres qui paroissent incomparablement au dessus des autres. La 1. c'est sa grande pieté & son zele sans exemple pour le soustien des interests de Dieu & de son Eglise, selon la sainte coustume de ses nobles ayeuls, à qui les grands services qu'ils ont rendus à l'Eglise ont aquis le nom de Catholiques, comme à nos Monarques, celuy de tres-Chrétiens & de fils ainez de l'Eglise; son attache est à frequenter les Sacremēs & à procurer la gloire de Dieu dans toute sorte de rencontres. La 2. c'est la tendresse &

l'amour qu'elle a pour le Roy, pour le digne objet de ses complaisances Monseigneur le Dauphin & pour toute sa famille:& la 3. c'est la bonté maternelle qu'elle a pour le peuple, & particulierement pour les pauvres. Ie laisse à part sa patience invincible que mille occasions ont exercée, & qu'un long-temps a mise en pratique, ny ne dis rien de la prudence extraordinaire qu'elle a fait paroître dans mille rencontres; parce que la France qui en a esté le theatre n'en ignore pas la verité. Sa constance dans ses resolutions & ses autres vertus, ont tât de pouvoir sur toutes sortes de personnes, que la médisance qui n'épargne pas mesme la sainteté ny l'innocence, n'a jamais peu s'en prendre à elle, ny y trouver la moindre chose à redire;de sorte que la France regarde cette Princesse comme un abregé de vertus,& comme une image vivante de beauté d'ame & de corps,aussi n'aime t'elle que le bien & les personnes qui le pratiquent.

Portrait de Monseigneur le Dauphin.

SI les effets doivent être semblables à leurs causes, & si les enfans doivent estre les images vivantes de leurs parens. Ie dis que c'est assez d'avoir fait le portrait du Roy, que le Ciel a donné par faveur à la France, & de l'incomparable Marie Therese d'Austriche sa chere épouse pour donner à connoistre Monseigneur le Dauphin : Ainsi comme les vertus sont dans ses parens comme dans leur centre, elles ne peuvent qu'avoir fait un ouvrage incomparable en le mettant au monde. Sa tendre jeunesse nous donne occasion d'avoir de tels sentimens de sa personne contre l'ordinaire de cét age, & on ne peut rien concevoir que de grand de son esprit & de son cœur, veu les belles inclinations qu'il a dans l'ame pour la guerre & le gouvernement, & la grande facilité à apprendre tout ce qu'on luy enseigne. Enfin, tout ce qu'on peut dire d'un astre naissant, & esperer d'une ame bien née, on le doit attendre de ce jeune Prince que Dieu a donné aux François pour leur bien & leur repos, que le Roy & la Reine font instruire avec tout le soin possible, & que la nature a orné de mille belles qualitez pour dignement regner.

Ie ne dis rien des autres illustres rejettons de la maison Royale: comme de Monsieur, de Madame, &c. parce que les langes du berceau nous couvrent encore la veuë de ces thresors & la connoissance de leurs merites personnels.

Portraict de Monsieur le Duc d'Orleans frere unique du Roy.

POur parler dignement de Monsieur le Duc d'Orleans, il faudroit un volume entier: parceque ses vertus sont trop éclatantantes pour pouvoir estre renfermées dans un si petit espace. Ie diray neantmoins qu'il est un digne fils de Loüis XIII. surnommé le Iuste, & un veritable frere de Loüis XIV. à present regnant: car outre qu'il a les mesmes inclinations pour la iustice & la vertu que son frere, il en a l'esprit & le cœur; ainsi on ne peut pas mieux faire son tableau, ny rehausser son merite qu'en le comparant à un miroir ardēt qui a receu en soy les rayons de ces deux Soleils qui le rendent aussi brillant qu'eux pour la conduite, & aussi ardent pour tout, ce qui est digne d'une ame si noble que la sienne. Son caractere particulier est d'estre bon & paisible, liberal & civil a tous ceux qui ont le bien de l'aborder : aussi a il le cœur de tous ses domestiques aussi bien que de la cour. Son corps n'est pas si grand que son cœur & sa taille est moindre que celle du Roy. Le beau teint de son visage qui est tres-bien proportionné le rend tout à fait aimable à toute sortes de personnes, sur tout à ceux qui se plaisent à voir une blancheur animée avec une humeur complaisante & enjoüée telle qu'est la sienne.

Portraict de Madame.

TOut ce qu'on peut dire d'un corps accompli & d'un esprit achevé se doit dire de cette noble Princesse a qui la grande Bretagne a donné le iour, & à qui le sang illustre de France & d'Angleterre ont donné des sentimens royaux & dignes de plusieurs couronnes: car elle passe pour estre une des plus belles de la cour, & d'avoir des qualitez aussi aimables qu'on en puisse trouver en personne du monde. Son esprit est brillant & sa conversation est accomplie, à raison de l'agreable mélange qu'elle fait de la gravité de sa personne avec la douceur de ses entretiens. On a beau porter envie à son merite, & souffrir avec peine l'éclat de sa beauté, toutes les médisances que la malice & la jalousie pourroient inventer, ne sçauroient jamais ternir ses vertus, ny empécher qu'elle ne soit un portrait accompli d'honneur & de beauté.

Portraict de Madame d'Orleans, de Mademoiselle & de toute cette illustre famille.

Bien que la triste solitude de M. la Duchesse d'Orleans ne nous permette que tres dificillement d'aborder sa personne, ie diray pourtant que sa beauté qui a passé pour accomplie & qu'elle a toûjours méprisée, comme une chose passagere, n'a pas perdu l'éclat qui luy avoit acquis le cœur de feu M. le Duc; au contraire, il semble que son âge un peu avancé en rehausse la majesté. Son humeur sage & retirée, fait qu'elle passe doucement ses jours hors des grands embarras de la cour, & qu'elle imite les femmes fortes, qui se contentent de rendre leurs cabinets les seuls Secretaires de leurs pensées, & les seuls confidens de leurs soûpirs; car depuis la mort de Mr. le Duc d'Orleans, elle a esté comme une chaste colombe, retirée dans sa solitude. On remarque neantmoins que sa

force

force est sans exemple, sa constance sans égale, & que sa vie est un theatre de toutes les vertus.

Mademoiselle est une personne assez connuë sans que j'en die davantage: Ainsi ie me contenteray de la nommer le miracle de son sexe pour l'esprit & le courage: car outre qu'elle a un esprit extraordinaire & intelligent pour toute sortes de matiere: De sorte qu'elle pourroit gouverner un Estat; c'est qu'elle a le courage d'une Amazone, & qu'elle seroit capable de sauver une seconde fois l'état, comme la Pucelle d'Orleans, s'il se trouvoit dans ce besoin. Cette illustre Princesse, a qui la nature a donné une taille extremement riche, & un port tout à fait majestueux, a un cœur si accompli, & une ame si noble & si liberale qu'on ne sçauroit le croire, si tout le monde n'en estoit convaincu.

Les Demoiselles ses sœurs, dont l'une est mariée avec le grand Duc de Toscane, sont des personnes si accomplies qu'on n'en parle qu'avec respect, on ne les voit qu'avec estime, & on ne les approche qu'avec desir de les servir; aussi sont-elles les mieux faites & les mieux élevées de la cour.

Portraict de Monsieur le Prince.

IL seroit ridicule de vouloir faire le tableau de cet illustre Prince: puisque toute l'Europe est sçavante, & mesme remplie des belles actions & des celebres victoires qu'il a remportées sur les Ennemis de l'Etat dés son enfance : Ainsi ie me contente de l'appeller, le Heros de son siecle, & le Mars de la guerre, aussi en a t'il toutes les marques : car il est d'une taille mediocre, il a le visage un peu long & même un peu maigre, les yeux brillans comme des éclairs & une mine qui le fait craindre à ses ennemis, & cherir à ses amis & à ceux de sa suitte. Son inclination le porte si fort à la guerre, que c'est son élement que d'y vivre, & il semble que la cour ny les villes, les palais ny les delices de la paix, n'ont rien d'égal pour la douceur d'une tente, d'une tranchée, ou d'un campement : le bruit des trompettes & des tambours, le tonnerre des canons & le cliquetis des armes le charment plus que tous les concerts du monde; & tout vieux qu'il est déja il prefereroit le gouvernement d'une armée à celuy d'un Estat.

Portraict de Madame la Princesse.

QVe peut-on dire d'une femme qu'un tendre amour pour son mary anime, qu'un desir extreme de luy plaire occupe entierement, & qu'une complaisance inouye engage dans une mer de fatigues; de chagrins & d'inquietudes, si ce n'est que c'est un prodige de constance, d'amour & de vertu, ou que c'est un miracle de sainteté que le Ciel donne aux hommes pour l'imiter. Voilà a peu pres le tableau de cette illustre Princesse, que j'apelle une femme sage, une femme forte & une femme sainte. Voilà pour son esprit; quant à son corps, il a d'aussi belles perfections qu'on en puisse desirer pour rendre une personne de son merite tout-à-fait accomplie.

Portraict de Monsieur le Duc.

CE jeune Prince que le sang Royal anime & que sa vertu conduit, ne peut estre que quelque chose de grand, puisque sa naissance & son éducation le rendent un prodige en toutes choses. Son corps n'est pas des plus grands; mais son cœur & son esprit le sont assez pour n'avoir pas égard a une chose de si peu de consequence; on ne doute pas que s'il estoit à la teste d'une armée, il ne fist voir à toute la terre qu'il ne merite pas moins de couronnes que son pere, & qu'il n'a pas moins de courage, ny d'adresse que luy pour les acquerir.

Le Ciel qui a voulu donner des successeurs à un si bon & si genereux Prince luy a donné une épouse des mieux faites & des plus accomplies de toute la cour; aussi est elle sortie d'une des plus anciennes & des plus illustres familles de l'Europe, qui est la maison Palatine du Rhin; c'est pourquoy on espere que cette belle union produira bien-tost quelque prodige de vertu, & quelque miracle de courage pour faire vivre éternellement la memoire de ses ayeux.

Portraict de Madame de Conty.

Comme la beauté, la vertu & le merite propre de cette illustre Princesse l'ont renduë digne d'épouser un Prince du sang, & d'en estre cherie autant qu'elle le pouvoit desirer : on ne doit rien concevoir de bas de sa noble personne ; au contraire on doit se persuader que feu M. le Prince de Conty, dont toute la terre a admiré & admirera la science, la pieté, & mille autres belles qualitez, a creu ne pouvoir pas trouver un plus digne objet de son amour: il a falu qu'elle ait été incomparable en son esprit, en sa beauté & en sa vertu, ôme elle l'est en effet. Son caractere particulier est d'aymer la vertu, & ceux qui la cherissent, & d'avoir une douceur si grande, que voyant son visage & entendant ses discours, on croit voir la douceur mesme.

Quant à ce qui est de M. le Prince de Conti son fils, toutes choses nous persuadent qu'il ne sera pas moins sçavant ni moins pieux que son Pere, ny moins beau, ny moins saint que sa mere : dautant que son humeur & ses actions en donnent déja des preuves convainquantes.

Portraits de Madame la Duchesse de Longueville, de Messieurs le Duc de Longueville & le Compte de S. Paul ses fils.

Le seul nom de Longueville est si auguste qu'on ne peut pas se persuader que pas un le puisse porter sans estre quelque chose d'extraordinaire. I'avouë que toutes les Princesses de ce mesme nom ont esté des exemples renommez de toutes sortes de vertus ; mais ie doute si iamais pas une en a porté si haut la pratique que celle-cy. Toute la cour sçait assez son merite & toute la terre est assez persuadée de sa vertu; c'est pourquoy ie diray seulement qu'elle a esté une Rachel dans son mariage, & qu'elle est maintenāt une Iudith dans son veuvage. Comme on n'a jamais veu de mere estre si sagement & si iustement passionnée pour ses enfans qu'elle, aussi n'en trouvera t'on jamais de si cherie de sa famille qu'elle, ny de si estimée, & generalement de tout le monde. Pource qui est de M. le Duc de Longueville ie n'aurois iamais fait si ie voulois mettre icy toutes ses belles qualitez : ainsi ie diray seulement qu'il est un des mieux faits de la cour quant à son corps & quant à son esprit, dautant qu'il est d'une riche taille, qu'il a un visage tres-beau, une grace extraordinaire, & une façon d'agir tout à fait aimable : son esprit est doux & civil, son humeur bien faisante & liberale, & son cœur genereux autant qu'il le peut estre ; c'est pourquoy il est aimé d'un châcun.

Monsieur le Comte de S. Paul son frere est une personne si accomplie en tout, que ma plume avouë son insuffisance, quand il s'agit de faire son portrait. Ie diray pourtant que son corps est sans contredit un des plus accomplis qu'on puisse voir; car outre qu'il est jeune & d'une belle taille, il est admirablement beau & a des cheveux bonde & une fasse riante & douce. Son humeur est si charmante qu'il ne donne pas la liberté à ceux qui ont le bien de l'approcher & de le consulter eux mesmes, pour sçavoir si on doit se vouer a son service. Sa douceur & sa civilité sont si grãdes qu'il ne méprise personne & se fait reverer de tous. Son ame qui n'aime que la vertu & qui n'a que de beaux sentimens, fait qu'il cherit les gens doctes, & qu'il les favorise en tout, aussi est-il sçavant en toutes sortes de sciences, & le desir de rendre son nom immortel est si avant dans son cœur, que contre l'ordinaire de son âge qui se plaît plus à la cour qu'à la guerre, il cherche par tout les occasions de signaler son courage, & de faire voir à toute la terre, qu'il n'aime rien tant que la gloire; c'est pourquoy il fut un des premiers qui suivit l'armée dans le païs bas, qui donna le plus de marques de valeur dans toutes sortes de rencontres, & qui vint enfin des derniers auprés de sa Majesté. Son voyage de Candie est encore une preuve authentique de son courage; puisque contre le sentiment de toute la cour & les larmes de M. sa mere, il entreprit de traverser des mers pour moissonner des lauriers comme il a fait. Jamais on n'a veu un Prince plus liberal ny plus sage; il n'est jamais si aise que quand il peut donner, qui est une qualité Royale, & ce qui est plus considerable, c'est qu'il fait ses dons d'une certaine façon qu'il engage infiniment dans ses interests ceux à qui il donne. Sa pieté est si grande, que sa maison semble estre l'aziie mesme de la vertu, & ie puis dire que i'ay veu reprendre severement un homme de la haute qualité par un valet de chambre de son Altesse, de ce qu'il avoit esté si ozé de iurer dans sa chambre, dans le temps même que son Altesse y estoit. Enfin pour le dire en un mot, c'est un des plus beaux Princes & des plus accomplis qu'on puisse voir.

Ie ne mettray pas icy le portrait de tous les autres Princes ou Princesses, des Ducs & Pairs, des Maréchaux & des plus grands de la cour; parceque ie n'aurois iamais fait: on sçaura toutefois que les illustres & nobles Maisons de Nemours, de Vandôme, de Soissons, de Guise, d'Harcourt, de Bouillon, d'Elbeuf, de la Tremouille, de la Rochefoucaut, &c. lesquelles n'ont iamais rien produit que de grand & de genereux, ont encore des Heros pour le soûtien de leurs familles, des Catons pour le Conseil, & des Mars pour le regard de la guerre. Ainsi ie n'en diray pas davantage pour avoir plus d'occasion de mettre icy quelque chose des trois principaux Ministres de cette cour, & d'un des plus grands Generaux d'Armée qu'on ait iamais veu.

Portrait de M. Colbert Ministre d'Estat.

ON dit & il est vrai que les personnes qui parviennent aux plus hautes charges

d'un Eſtat par un effet de leur eſprit & de leur merite, ſont plus à eſtimer que celles qui n'en ſont pas pourveuës que par une ſuitte de leur naiſſance & un coup de leur fortune, d'où vient que l'on eſtime toûjours plus celuy qui ſe fait annoblir par ſa valeur, que celuy qui naiſt dans ce bon-heur ſans l'avoir merité. Par cette raiſon on voit à peu prés combien eſt grand le merite de M. Colbert; ſon eſprit & ſa conduite, ſa vertu & ſon merite l'ont rendu digne de gouverner l'Eſtat le plus fleuriſſant de l'Europe. De vous dire à peu prés quel eſt ſon caractere particulier, j'eſtime qu'il me ſeroit bien difficile; car il ſemble qu'il a toutes les vertus dans une même égalité de perfection. On remarque pourtant que parmy toutes ſes raviſſantes qualitez, il a ſur tout la prudence qui le rend un Argus à cent yeux pour voir tout ce qui s'eſt paſſé, qui ſe fait, ou qui peut arriver, & la 2. c'eſt qu'il n'a point d'autre penſée que la gloire & l'avancement de l'Eſtat. Son eſprit eſt intelligent pour toutes ſortes de choſes. Son cœur eſt ardent pour le ſervice de ſon Prince, & ſon zele eſt extrême pour en chercher les moyens. Il parle peu & fait beaucoup, il hait le faſte & la vanité, & tâche de faire maintenir la juſtice par tout. Il ne ſonge qu'à bannir les voleries honoraires, publiques & particulieres du Royaume, & à rendre le Roy puiſſant, & le peuple heureux. Sa phyſionomie fait bien voir que ſon ame n'eſt pas ſujette au changement, par la moderation

deration de sa démarche & de toutes ses actions; les yeux & generalement tout son visage publient la subtilité de son esprit & la solidité de son jugement. Sa taille est belle, ses cheveux de la belle couleur, & son visage des mieux proportionnez qu'on puisse voir. Enfin c'est le serviteur fidelle dont parle l'Evangile, le sage œconome dont la France avoit eu besoin depuis si long temps, & le prude zelé apres qui nostre invincible Monarque avoit soûpiré: aussi luy a-t'il donné la Surintendance de ses Finances, la direction de toutes ses maisons, la conduite des affaires du commerce & des Chambres des Indes Orientales, Occidentales, & du Nort, & le gouvernement en partie de tout l'Estat, sans parler de son cœur, dont il est le secret confident. D'où ie conclus qu'il faut necessairement que ce soit un des plus grands hommes de nostre siecle; puisqu'il fournit si parfaitement à tant & à de si importantes affaires, qui demanderoient ce semble plusieurs retestes, pour s'en acquitter comme il faut.

Portrait de M. le Telier Ministre d'Estat.

CE grand homme peut dire que si sa noble race luy acquiert un rang illustre auprés de son Roy, son merite ne l'en rend pas moins digne, comme on le peut voir par l'importante charge qu'il a dans l'Estat. Sa personne qui est tres-bien faite, n'est pas seulement majestueuse quant à ses actions & à son marcher; mais encore elle a ie ne sçay quoy de particulier, qui la fait cherir de tout le monde. Son esprit qui n'aime que la paix tout autant que l'Etat la desire, est si bien fait aux affaires de la guerre, qu'il n'en ignore rien : mais comme ce n'est pas tout de sçavoir si on ne met en pratique, aussi ne se contente t'il pas de sçavoir ce qu'il faut pour la conservation des places & l'entretien des troupes : puisqu'il est toûjours en exercice pour les mettre en estat de défense contre les insultes des Ennemis. Sa Majesté qui n'ignore pas quels sont les grands hommes de son Estat n'en a point trouvé de plus capable ny de plus experimenté pour les affaires de la guerre que luy ; c'est pourquoy il a remis entierement à sa conduite un fardeau si important. Quoy que só abord paroisse un peu trop fier & un peu difficile, son entretien & ses discours ne sentent rien moins que l'arrogance & le mépris. Il ne parle qu'avec mesure, & ne s'engage jamais dans une affaire qu'apres une meure deliberation. Son adresse est admirable pour se faire aimer des gens de guerre; quoy qu'en disent quelque mal contens, & on peut dire que sa grande experience à faire ce qu'il fait, le rêd si necessaire à l'Etat, qu'on auroit de la peine à trouver un homme de sa force, lequel fust capable de donner de si bons conseils pour la paix & pour la guerre, comme il est. Ce qui m'oblige de le comparer à cet ange de l'Apocalypse, qui portoit entre ses mains les clefs de la vie & de la mort; puisqu'en effet, il donne la vie aux peuples de l'Etat en leur donnant la paix ou la leur conservant, puisqu'il donne la mort aux Ennemis de la France par le soin qu'il prend de bien munir les places, de les bien fortifier & de bien payer les troupes qui doivent porter la terreur & l'effroy dans le cœur de leurs Provinces.

Portrait de M. de Lionne Ministre d'Estat.

QVe peut on dire d'un homme dont la France est trop petite pour contenir l'esprit, dont l'intelligence & les intrigues vont foüiller ce qu'il y a de plus secret & de plus éloigné dans les païs étrangers; si ce n'est que c'est un vray prodige & un miracle surprenant de prudence, d'adresse, & de force d'esprit? Voila le propre de M. de Lionne, dont les autres Estats connoissent encore mieux que nous le merite; puisque c'est luy qui a toutes les negotiations étrangeres en main, qui doit répondre à la sagesse, à la finesse, & à toutes les ruses de leurs Ministres. que peut-on dire d'un homme qui a depuis si long-temps si heureusement traitté toutes les affaires étrangeres, & quelle estime, peut-on avoir d'un Argus que toute l'Europe travaille à tromper, si ce n'est que le Ciel nous l'a donné pour faire triompher nostre Empire, en dépit des envieux de sa fortune & de son bonheur? Pour moy ie croy avoir tout dit en declarant que sa Majesté l'a chargé de toutes les affaires étrangers, & qu'il s'en est si dignement acquitté, qu'il est un su'et d'étonnement à toute la terre : car on ne peut pas remplir un si important employ sans avoir une intelligence parfaite de toutes les affaires qui concernent le bien de l'Etat, sans connoistre à fonds les cours étrangeres, sans une prudence toute extraordinaire pour pouvoir sortir de tant de labirinthes où tant de divers Ambassadeurs tâchent de l'engager, & sans estre un Argus à trois faces pour prevoir en méme temps une infinité de choses dont la moindre circonstance est tres-importante pour le bien public, d'où il faut conclure qu'il n'est pas seulement politique, mais la politique mesme qui entraîne apres soy une infinité d'autres vertus, dont les moindres peuvent rendre la memoire d'un homme immortelle. Ce grand homme a cela de propre, que sa politique n'a rien d'affeté ny de gesnant, il se comporte si civilement avec tous, & traite les affaires d'une si belle maniere, que ceux qui le conversent, ne peuvent pas s'empécher de l'estimer & de le loüer. Il est grand & bien fait, & sa face a quelque chose de si sage & de si grave, qu'il faut dire en méme temps que les Areopagites, les Atheniens, les Carthaginois ny les Romains n'ont iamais rien eu de plus auguste dans leurs Senats que luy : Enfin on peut le comparer à un de ces animaux d'Ezechiel, qui étoient couverts d'aîles & chargez d'yeux, qui alloient incessamment sans iamais se reposer : car il est tout aîles pour voler où le bien de l'Estat le demande, & plein d'yeux pour prévoir ce qui est necessaire à son repos, outre qu'il est infatigable pour le service du Roy ; en sorte qu'à parler comme il faut de ces trois grands Ministres, il faut les appeller les intelligences motives de tout le monde Gaulois, & les Anges tutelaires de la France, si on n'ayme mieux dire qu'ils sont les Colomnes de l'Estat, les Poles de cet illustre Royaume & les causes de sa gloire & de son bonheur. Ie finis par cette reflection importante, qu'il faut bien que ce soit trois hommes capables de gouverner des Empires, puis qu'on leur donne des emplois si importans à toute l'Europe.

Portrait de Monsieur de Turenne, Mareschal des Marechaux de France.

IL ne seroit pas juste d'oublier un des plus celebres Capitaines qu'on ait peut-estre jamais veu, non seulement en France, mais mesme dans le monde, ny de ne luy pas donner un rang que sa valeur & sa prudence, son merite & ses belles actions luy ont acquis par tant de titres. Ie ne suis que marry de me voir incapable de pouvoir faire son tableau comme il faut, & comme ie voudrois : Ie diray neantmoins que ce grand Heros, dont la stature n'est pas des plus grãdes a une face majestueuse, quoy qu'un peu melancholique selon les regles de l'art. Son âge un peu avancé luy donne une prudence experimentale sans luy oster la moindre partie de ses forces : son adresse pour ranger des armées, camper avantageusement, se saisir des postes les plus commodes, se retirer sans desordre & sans perte, ne combattre que quand il veut, & sçavoir prendre le temps le plus propre pour remporter asseurement la victoire, sont les qualitez personnelles de cet homme incomparable. On remarque cela de sa conduite, qu'il ne hazarde jamais ses gens, & qu'il les ayme comme ses enfans, ce qui les oblige en mesme temps à luy estre extremement ponctuels & fidelles à ses ordres. Il ne neglige jamais la moindre chose, & croiroit manquer à son devoir de le faire. Il pense toûjours quand il est en campagne: son humeur douce n'est du tout point sujette aux emportemens; il agit avec poids & mesure, & en hait rien tât que la precipitation, sur tout lors qu'il s'agit d'en venir à quelque entreprise un peu difficile. La pompe & le faste choquent si fort son humeur, qu'il ne peut pas les souffrir, il aime la gloire & les grands cœurs; mais il abhorre les vains & les superbes : il est sage & splendide quand il faut, mais ennemy des joüeurs & des dépensiers : il est si liberal qu'il ne se reserve rien pour donner aux Soldats : Enfin il a tant de belles qualitez, & il est si accomply, qu'on doit l'appeller le miracle de nostre siecle pour la conduite des armées, & l'incomparable General de l'Vnivers. Les Histoires tant Françoises qu'étrangeres, & sa propre reputation jointe aux grandes victoires qu'il a si souvent remportées en Allemagne & en Flandres, font une si belle peinture de ce qu'il est, qu'il est impossible de mieux reüssir; c'est pourquoy ie me contente de le comparer à Iupiter que les autres Dieux regardent comme leur souverain & leur maistre: parceque tout ce qu'il y a eu de grand dans le monde semble devoir luy rendre hommage pour ce qui est de la guerre: car iamais Pyrrhus ny Annibal, Alexandre ny Pompée, Marc Antoine ny Cesar n'ont eu ny tant de prudence pour camper, ny tant d'experience pour côbattre, ny tant de courage pour suivre la victoire, ny tant d'adresse pour resister à la mauvaise fortune qu'il en a monstré dans toutes les occasions; ce qui m'oblige de l'appeller iustement Heros des Heros des siecles passez.

Il ne faut pas s'étonner si ce grand homme que toute la Chrestienté a demandé pour être General de toutes les troupes Chrestiennes, que le Pape a voulu avoir pour opposer au Turc en Candie, & que le Roi se reserve pour estre toûjours auprés de sa personne, est tel qu'il est: puisque sa noble famille est en possession depuis tant de siecles d'avoir des Heros, témoin Messieurs ses nepveux, sçavoir M. le Duc de Boüillon Prince de Sedan grand Chambellan de France que la sagesse & la valeur rendent assez connu dans l'Europe sans en dire davantage, Monsieur le Comte d'Auvergne qui ne perd point d'occasion à

Bb iiij

se signaler sur terre & sur mer, & Monsieur l'Abbé d'Albret dont la science & la vertu sont si recommandables qu'il a merité d'être Coadjuteur de Monsieur l'Archevesque de Paris, & de voir sa teste couronnée d'un chapeau de Cardinal, pour recompense de ses merites. Il ne faut pas disje trover étrange si cette auguste famille a maintenant de si grands hommes : puisqu'elle a esté toûjours en possession d'en avoir ; ainsi il ne faut qu'admirer le soin que tous ces Princes prennent d'acquerir des lauriers & des couronnes pour eux & pour leur maison.

Madame la Duchesse de Boüillon Niepce de feu Monsieur le Cardinal Mazarin, est une Princesse si pieuse, si douce, si bien faite & si accomplie, qu'elle est estimée generalement de toute la Cour, & je puis dire que ses belles qualitez la mettent dans un estat à ne craindre point l'envie ny la médisance. Son zele pour les actions de vertu est si grand, qu'elle n'a pas de honte de solliciter les autres Dames de la cour de faire des largesses aux pauvres & de devenir liberales à son exemple. Jamais personne ne fut moins fiere qu'elle dans une si haute qualité, ny d'un plus facile abord pour une personne de cette naissance : sa taille n'est pas fort grande, mais elle ne laisse pas d'avoir tout l'agréement qu'on peut desirer. Son teint est animé comme il faut, & delicat autant qu'il le peut estre. Enfin elle est du nombre des belles personnes ; mais c'est sans en estre plus arrogante ny plus fiere, comme sont les autres: parce qu'elle fait consister la principale beauté dans l'ame, & non pas au corps. Elle a grand soin de sa famille, & n'a point de plus grand delice que de plaire à Monsieur le Duc son mary, qui l'aime plus que luy-mesme, comme elle le merite. I'espere que le Ciel qui a fait ce mariage, leur donnera une nombreuse suite d'enfans, qui faisant revivre en eux les heroïques vertus de leurs parens, rendront de plus en plus leur noble race fleurissante, & fourniront à l'Estat des Mars pour la guerre, des Catons pour le Conseil, & des saints Docteurs à l'Eglise pour son appuy & sa défense.

Voilà les portraits que i'avois resolu de donner aux curieux, pour leur faire voir combien nostre France est glorieuse d'avoir de si illustres personnes, & pour leur faire comprendre avec quel fondement i'appelle nostre Empire le Paradis des delices du monde; puis qu'il a tant d'Heroïnes & d'Heros: apres quoy ie les prie de ne trouver pas mauvais si ie ne leur en donne pas d'autres, qu'ils devroient mesme attendre ce semble avec justice: parce qu'outre que ce n'est pas mon dessein, c'est que je serois trop long & trop ennuyeux. Ie sçay qu'il ne faut que la figure d'un doigt à un bõ peintre pour conjecturer quelle est la grandeur du corps, & ie suis assez persuadé que les grãds politiques n'ont besoin que de sçavoir quelles sont les inclinations & les humeurs des principaux d'une cour pour tirer des legitimes conſequences de tout le reſte : Ainſi ie croy avoir rendu un ſervice à la France d'avoir fait voir ſes vertus aux étrangers, & m'étre acquis en meſme temps la bien veillance de toutes les nations de l'Europe en leur découvrant des treſors cachez, & en leur donnant le moyen d'en profiter heureuſement. Il ne me reſte donc maintenant qu'à dire deux mots de chaque Province en particulier, & qu'elles ſont leurs humeurs particulieres.

Les Pariſiens ſont bons, accorts, avides d'argent, & faciles à émouvoir, civils & plus adrois qu'on ne penſe; il n'y a qu'à leur paroiſtre honneſte homme pour en avoir tout ce qu'on veut. Ils ſe plaiſent fort à entendre loüer leur ville, & tout ce qui les touche.

Les Chartrains ſont pleins de bonnes qualitez, & n'ont preſque point de défauts : car ils ſont Catholiques, bons, civils à un chacun, communicatifs, amis de la paix & des étrangers, charitables & des plus adonnez au trafic ; c'eſt pourquoy ie conſeille de faire amitié & de s'entretenir particulierement avec eux ; quoy qu'il s'en trouve toûjours quelqu'un qui ne vaut rien, i'en dis de meſme de Mauſſerons, horſmis de ce ceux d'Orleans qui ſont appellez juſtement les Gueſpins, à raiſon de leur langue médiſante.

Les Champenois & Briois ſont un peu opiniaſtres ; mais ils ſont ſages, moderez, & ont mille autres belles qualitez qui les rendent aimables. On ne fera pas mal de ſe les rendre amis; parce qu'ils font prompts à rendre service. On ne fera pas bien venu si on leur veut inspirer de nouvelles opinions, & si on est impie ou libertin.

Les Picards sont parfaits si on leur pardonne un seul défaut, qui est d'avoir la teste chaude, & un peu trop proche du bonnet; ainsi si on a l'adresse d'éviter ce coup, on ne trouvera en eux que de la valeur, de la civilité, de la franchise, & une promptitude admirable à faire plaisir. On se peut fier à eux & à leur parole, n'étant point dissimulez ny trompeurs.

Les Tourangeaux sont civils & doux, fidelles au Roy, & extremement enjoüez, ce qui leur a acquis le nom de rieurs de Tours: si on sçait de belles Histoires, & si on n'est pas mélancholique, on sera bien-tost dans leurs bonnes graces.

Les Manseaux sont trop fins & trop dangereux pour se fier à eux; ainsi le moins les frequenter est le mieux, horsmis quelque honneste gentil-Homme ou quelqu'autre personne de merite, encore faut-il vivre toûjours en crainte comme dit le Sage.

Les Angevins sont subtils & capables d'amitié.

Les Poitevins le sont encore plus, mais il faut prendre garde à leurs railleries, qui pour estre agreables ne restent pas de picquer jusques aux vif ce qui oblige à les éviter: quoy que fort galands & fort nobles.

Les Normands, ie parle du commun, sont

trop vicieux pour s'y fier ou pour établir une forte amitié avec eux. Toutefois en diſſimulant leurs defauts & en prenant garde à ſoy, on peut paſſer avec eux & leur plaire, ſi on dit du mal des Bretons, & ſi on parle des belles actions de leur nation.

Les Bretons au côtraire ſont aimables pour leur franchiſe & ſincerité. Ils ſe plaiſent à boire, & ſont importuns à ſoliciter la compagnie à faire de même: on ſera le bien venu ſi on leur tient teſte en ce point, & ſi on marque de l'averſion pour les Normans auſſi bien que pour les heretiques. On leur plaira encore beaucoup, ſi on leur parle du plaiſir qu'il y a de voyager, & des belles choſes qu'on voit.

Les Angoumoiſins ont beaucoup d'eſprit, ſont glorieux, ſe vantent beaucoup, ſe plaiſent à vivre en gentils-hommes, & aiment les lettres & les choſes nouvelles. Ie parle des habitans d'Angoulême & des gens de condition: car les païſans en ſont groſſiers & rudes, mais bons ſoldats & fort opiniâtres : ainſi il faut les loüer, les entretenir des ſciences & des raretez qu'on a veuë paroiſtre.

Les Perigordins ſont de belle humeur, diſpos & courageux, ils ſe plaiſent beaucoup depuis quelque temps à boire comme les Limoſins, ce qu'il faut éviter: parce qu'ils ſont trop fâcheux dans leurs diſputes ; on peut neantmoins bien vivre avec eux ſi on paroiſt galant, enjoüé & homme de cœur.

Les Limoſins ſont bons, ſimples & ſobres, & même en apparêce ſont niais; c'eſt pourquoy il n'y a pas grand plaisir avec eux. Ceux de Brive en sont de mesme, mais ceux de Tulle sont si méchans qu'il ne faut pas se fier à eux. La Noblesse en est genereuse, liberale, & bien faite : la chasse, les armes, & la débauche sont ses entretiens & ses delices. Prens garde qu'en voulant les obliger en quelqu'une de ces 3. choses, tu ne t'engages dans une querelle : parce que ces Mrs. sont fort sujets à se formaliser de peu de chose.

Les Auvergnas sont accorts, rusez, laborieux, aspres au gain, dissimulez, querelleux, opiniastres à l'extrême & pleins de violence dans leur procedé. Prens garde de vivre sagement avec eux, de paroistre moderé dans tes actions, & homme de cœur dans toute sorte de rencontres : tu leur plairas par la complaisance en loüant leur païs, leur bravoure & leur esprit.

Les Bourbonnois qui sont pres de l'Auvergne sont de la même humeur : mais les autres sont doux, spirituels & amis des estrangers.

Les Bourguignons sont attachez à leur sentiment, ambitieux des charges & de l'honneur, fort accorts, & s'attachent beaucoup au beau langage : au reste ils aiment les étrangers & les favorisent en tout ce qu'ils peuvent. On n'aura pas beaucoup de peine à bien vivre avec eux, ayant tant de bonnes qualitez.

Les Lionnois sont doux, gracieux, gens d'affaires, amis des estrangers, & propres pour voyager, on fera bien de s'unir avec eux & de les entretenir du trafic & des voyages.

Les Foresiens ont les mémes qualitez: c'est pourquoy je te conseille de t'unir avec eux.

Les Dauphinois sont fideles au Roy, jaloux de leur liberté, constans à la poursuite de leurs affaires & soigneux à conserver le leur. Ils sont courtois, capables des sciences, desireux de sçavoir les mathematiques & amoureux des secrets naturels, libres dans leurs discours, sociables; mais un peu dissimulez: entretenez les conformement à leurs humeurs, & vous aurez d'eux tout ce qu'il vous plaira.

Les Provençaux se plaisent beaucoup au trafic & au travail; ils sont spirituels & pleins de courage, mais dissimulez & de peu de foy, avares & inconstans, grands parleurs, qui se plaisent à faire des contes d'eux-mesmes, & qui croyent estre les plus accomplis de tout le monde. Ils sont arrogans dans leur païs, & le Païsan y est le plus spirituel de France; aussi n'a-t'il pas besoin d'Avocat pour dire ses raisons; il est si zelé pour la Catholicité, qu'une famille croit avoir une tache d'ignominie eternelle sur son front, quand quelqu'un de sa race devient apostat de la Religion, qui est la meilleure qualité qu'ils ayent. On ne doit s'attacher à autre chose pour leur plaire, qu'à faire des vers, qu'à les loüer, qu'à leur témoigner de la confiance, qu'à leur parler de voyage & de la bonté de leur païs, s'interessant enfin en tout ce qui les touche.

Les Languedociens sont spirituels & s'adonnent beaucoup aux estudes, sujets aux émotions & assez courtois à l'endroit des étrangers: Ils sont extremement Catholiques, je parle de ceux qui sont du costé de Tholose: car ceux de Carcassoune, de Besiers, de Pezenas, de Montpelier, & de Nismes sont prompts, grands parleurs, & se ventent continuellement, peu secrets & peu considerez. Ils sont neantmoins francs, assez courageux: mais fort inconstans. Si tu es sage tu ne t'attacheras pas fort à rechercher leur amitié, veu le peu d'occasion qu'il y a de s'y fier. Prens garde sur tout à ton secret, de peur que ces trompettes ne le proclament par tout. Il est vray que ceux cy sont plus honnestes gens que les Provençaux & la regle n'est pas si generale pour leurs défauts qu'il n'y ait plusieurs exceptions.

Les habitans du Vivarets, du Velay, du Gevaudan, sont extremement ennemis de l'oisiveté, ils ont un esprit subtil & une belle humeur. La Noblesse est la mieux faite du monde & la plus amie des estrangers. On peut se joindre à eux, quoy qu'ils aiment fort les duels, si on ne cherche point de querelle; le commun du peuple est si courageux qu'ils se tuent à tous momens pour les moindres disputes.

Les Gascons sçavoir les Commingeois, les Armanagois, & ceux de Bigorre sont d'un esprit subtil, prompts, pleins de courage, & propres à tout: mais entiers & insupportabes pour leur ambition & leur gloire. Ils se loüent trop, sont avares, rusez, & sçavent bien faire leurs affaires. Ils sont envieux & méprisans quand ils sont à leur aise. La Noblesse y est une des plus braves, des plus galantes, des plus courtoises, & des plus courageuses qu'on en puisse voir en France ; ainsi on pourra bien vivre avec elle, si on lui donne toutes ces grandes loüanges, & si on l'applaudit dans les sentimens. Qui que tu sois, quand tu serois même filou, prens garde à ta bourse : car si un Gascon rafiné te veut joüer un mauvais tour, tu ne sçaurois t'empécher de le souffrir. Les habitans de Foix sont dangereux, & leur païs est dificile à parcourir, à raison des Miquelets qui volent & dépoüillent jusques à la chemise tous ceux qu'ils trouvent.

Les Quercinois sont un peu & beaucoup rudes, quant au commun du peuple, spirituels, courageux à l'extreme, & rusez s'il s'en peut voir, ils aiment le travail, & sont un peu aspres au gain : mais leur plus grand mal, c'est d'estre dissimulez à l'extreme. La Noblesse y est accomplie en tout ; c'est pourquoy je conseille le voyageur de faire amitié avec elle sans crainte d'aucun mauvais succez.

Les Bearnois sont galants, accostables, & civils, fins, subtils, bien disans & extremement amis de la liberté. Leurs defauts sont d'être trop vains, trop prompts à la main, & méprisans dans l'excez, sans quoy ils seroient
suppor-

supportables ; on peut neantmoins bien vivre avec eux, si on les traite de la même façon que les Gascons.

Les Biscayens sont accusez d'avoir plus de defauts qu'ils n'ont de vertus: car on dit qu'ils sont legers & vindicatifs au possible, avares & menteurs, & qui plus est fort sujets à estre fous: car on remarque qu'on n'a jamais veu Basque sans un grain de folie dans sa teste. Leurs bonnes qualitez sont d'étre extremement zelez pour la Catholicité; 2. d'estre les plus dispos du corps qui soient au monde, les meilleurs hommes de Mer de l'Europe, & les meilleurs soldats dans leur païs. Comme leur entretien est fort grossier on n'aura pas de plaisir avec eux, si ce n'est par un coup de miracle.

Les gens qui habitent les Landes sont peu sociables, incivils & brutaux, hors la Noblesse qui est toûjours bien faite en quelque lieu qu'elle soit.

Les Xaintongeois sont des ventres rouges pour la pluspart du commun, c'est à dire faineants, mais assez spirituels & courageux. La Noblesse n'a rien de ces defauts, & est fort accomplie. I'en dis de méme de toutes les personnes de qualité des villes, d'où je conclus que l'on ne fera pas mal de s'accoster de ces Messieurs.

Avis necessaires à ceux qui voudront visiter la France.

JE conseille aux étrangers & aux curieux qui voudront voir la France, d'estudier en premier lieu les humeurs & les inclinations differentes des nations qui composent cet Etat, & de se conduire conformement à leur esprit, afin non seulement d'éviter les desordres qui pourroient arriver ensuite d'une contrarieté de sentimens, mais encore pour goûter à plaisir les douceurs qu'il y a dans ses Provinces. Le 2. avis que je leur donne c'est de tâcher d'apprendre la langue s'ils ne la sçavent pas : car autrement ils seroient privez des douces & aimables conversations des hommes & des femmes, qui est ce qu'on doit desirer le plus. Le 3. c'est de tenir un milieu entre l'effronterie & la timidité pour pouvoir s'introduire dans les compagnies, & s'insinüer dans les bonnes graces des honnestes gens. Le 4. c'est de n'estre ny grand parleur ny fanfaron, si on ne veut pas estre méprisé & même quelquefois mal traité. Le 5. c'est de paroître enjoüé sans emportement, civil & obligeant à l'extreme & amy des belles choses. La 6. c'est de ne se fier pas à ceux qu'on ne connoît pas, crainte du rencontre de quelque filou, qui prend bien souvent l'habit & la mine d'honneste homme pour mieux joüer son jeu ; & le dernier de ne faire pas trop parade de son argent quand on est en chemin. Le coche est la plus agreable voiture, quand on veut avoir l'entretien des femmes, rire, joüer & se divertir en compagnie: mais le Messager est encore plus divertissant quand on veut estre avec des gens de qualité, d'esprit & de merite, & si on veut faire des connoissances dans toutes les Provinces du Royaume: au reste, c'est qu'on est sans soin de sa vie ny de son cheval, on fait toûiours tres-bonne chere, & on rit à ventre deboutonné; parce qu'il y a toûsiours des esprits divertissans ou quelque niais qui prétent à rire à toute la troupe. Il en arrive aussi de méme dans les bateaux. Il n'est pas mal de disputer quelquefois avec son hostesse pour avoir meilleur marché de sa vie: d'autant que telles gens demandent pour l'ordinaire plus qu'elles ne veulent ou ne croyent avoir. Observant ces choses avec les autres lumieres que la prudence d'un chacun donnera dans les rencontres, ie suis certain que l'on goûtera tous les plaisirs imaginables en France, & on dira que i'ay eu raison de l'appeller le iardin de l'Europe & le Paradis du Monde.

LE REGNE DES MONARQVES
de noſtre illuſtre Empire.

Remarque neceſſaire touchant l'ordre Chronologique de nos Rois.

AVant que de commencer la Chronologie de nos Rois, il faut sçavoir que comme rien n'eſt permanent ſur la terre, les maiſons Royales ne ſont pas moins ſuiettes au changement. Ainſi comme la France n'eſt pas plus exempte de ce malheur que les autres, elle s'eſt veuë ſuiette à cette revolution auſſi bien que les autres nations: c'eſt pourquoy elle a veu regner trois races differentes ſur ſon trône, & c'eſt pour ce ſuiet qu'on diviſe nos Monarques en trois branches, dont la 1. s'appelle des Merovingiens, la 2. des Carlovingiens, & la 3. des Capevingiens qui regne heureuſement auiourd'huy. Cecy préſupoſé, ie commence par la premiere de ces trois.

PREMIERE RACE.

PHaramond fils de Marcomir Duc des François, eſt le 1. Roy de France. Il commença à regner l'an de Ieſus-Chriſt 420. Les Auteurs ne s'accordét pas ſur la longueur de ſon regne, les uns voulant qu'il ait regné 10.

ans, les autres 10. les autres 12. Quoy qu'il en soit, il est probable que les derniers ont mieux rencontré : puis qu'il laissa pour successeur celuy qui suit.

Clodion son fils prit possession du Throsne l'an 429. on luy donna le nom de Chevelu, parce qu'il portoit les cheveux fort longs, il mourut l'an 448. sans avoir iamais peu passer le Rhin ; quoy qu'il fut tousiours en armes pour ce suiet.

Meroüée parvint à la Couronne apres la mort de Clodion. Nous ne sçavons pas si ce fut ou comme le plus proche & le plus allié, ou bien en qualité de fils naturel. Quoy qu'il en soit, il monta sur le throsne l'an 448. passa le Rhin, ioignit ses armes avec Ætius general des Romains, battit Attila Roy des Huns, s'estendit le long du Rhin, conquit la Gaule Belgique, se rendit maistre de Paris, & merita de donner le nom à la 1. race par sa valeur. Il ne regna que 9. ans.

Childeric succeda à son pere Meroüée l'an 456. Il prit Orleans & porta ses conquestes iusques aux extremitez de l'Aniou. Il ne regna que 16. ans, laissant la Couronne à son fils unique.

Clovis 1. du nom surnommé le Grand à raison de ses victoires, de ses conquestes, & de sa pieté : car il est le 1. Roy Chrestien. Il commença à regner l'an de nostre salut 482. Il eut pour femme Sainte Clotilde fille de Chilperic Roy de Bourgogne, & fut baptisé par le grand S. Remy Evesque de Reims l'an 499. Il defit & tua de sa propre main Alaric Roy des Visigots, unit à la Couronne quantité de Provinces possedées par luy, fonda la Monarchie au point qu'elle est, & donna pour armes à la France trois fleurs de lis d'or que le Ciel luy avoit accordées ensuite de sa conversion. Il laissa trois fils & deux filles qu'il avoit eu de sa femme Sainte Clotilde, sçavoir Clodomir, Childebert, & Clotaire & Thierri son fils naturel. Il gouverna ses Estats pendant 29. ans, & mourut âgé de 45. en l'an 511. Ie ne diray rien du partage qui fut fait entre les 4. freres pour dire que

Childebert fut Roy de Paris, de l'Isle de France, du païs Chartrain, du Perche, de l'Anjou, du Maine, de la Touraine, de l'Aquitaine & d'une partie du Languedoc.

Clotaire dernier fils de Clovis I. ayant survécu à tous ses freres, & à ses neveux succeda à la Couronne, & laissa 4. enfans legitimes, lesquels partagerent ses Provinces de la méme façon que les enfans de Clovis apres sa mort, qui arriva la 5. année de son regne.

Charibert Roy de Paris ne regna que 8. ans, & mourut sans heritiers l'an 572. cependant Gontran Roy d'Orleans & de Bourgogne, Chilperic Roy de Soissons, & Sigebert Roy d'Astrastasie partagerent son Estat: mais i'arriva que Sigebert & Chilperic furent assassinez miserablement par les menées de Fredegonde & de Landri de

DE LA FRANCE.

la Tour : cela n'empêcha pas neantmoins que le fils d'un de ces deux ne succedât à son pere dés l'âge de 4. mois. Son nom estoit Clotaire II.

Clotaire II. dit le Grand, n'estant pas capable de gouverner son Estat, eut pour Tuteur Gontran son Oncle, qui mourut sans enfans la 13. année de son regne : Childebert Roy d'Orleans & d'Austrasie mourut l'an 600. Thierri, & Theodebert ses enfans partagerent ses Estats : mais comme le malheur voulut que Thierri fut empoisonné l'an 616. & que Theodebert fut tué dans un combat, Clotaire resta l'unique possesseur de nostre France pendant 16. ans. Ce bon Prince mourut l'an 628. apres avoir regné 44.

Dagobert I. fils aîné de Clotaire succeda à son pere & partagea de son vivant l'Estat à ses deux fils Sigebert, à qui il donna l'Austrasie & à Clovis la Bourgogne & la Neustrie. Ce grand Roy mourut l'an 644. & nous pouvons dire que c'est le dernier de nos Rois de la 1. race, qui a conservé l'honneur & la reputation des armes de France parmy les Lombards, les Esclavons, les Espagnols, & les Grecs, ses successeurs ayant esté des Faineants pour avoir laissé la conduite de leur Estat aux Maires du Palais.

Clovis & Sigebert joüirent paisiblement du partage que leur pere leur avoit fait. Le dernier mourut l'an 658. apres quoy son fils Dagobert fut mis dans un Cloistre. Cependant Chilperic fils aîné de Clovis fut élû Roy

LES DELICES

d'Austrasie. Ce jeune Prince regna 16 ans & mourut l'an 660. la 23. année de son âge. Les Historiens nous asseurét que son imbecillité augmenta beaucoup le credit des Maires du Palais. Il laissa apres sa mort trois fils, dont voicy les noms, Clotaire, Childeric, & Thierri.

Clotaire fut Roy de Neustrie & de Bourgogne, il mourut l'an 664.

Childeric II. fut paisible possesseur de toute la France apres la mort de son frere, mais le malheur voulut qu'il fut assassiné la 3. année de só regne, qui étoit l'an 667. de nôtre salut.

Thierri qui étoit frere de ces deux Rois, & lequel avoit été mis dans l'Abbaye de S. Denis par violence, fut retiré de ce lieu pour porter la Couronne sans pourtant faire la fonction de Souverain, ce qui donna occasion à Pepin Maire du Palais de se rendre absolu & de s'emparer de la Royauté. Ce Prince mourut l'an 690. laissant deux enfans sçavoir Clovis & Childebert.

Clovis III. regna seul à la solicitation de Pepin, qui ne vouloit point que Childebert entrat en partage du Royaume avec son frere. Il ne regna que 4. ans & mourut sans enfans l'an 693.

Childebert II. fut porté sur le throsne apres la mort de Clovis son frere; mais il ne regna que sous la regence de Pepin: son regne dura 17. ans; il mourut l'an 710.

Dagobert II. fut declaré Roy comme estant fils de Childebert. Pepin mourut sous son regne

regne l'an 715 apres avoir gouverné l'Eſtat pendant 27. ans. Sa mort fut bien-toſt ſuivie de celle de Dagobert, dont le fils fut mis dans l'Abbaye de Chelles.

Chilperic ou Daniel ſucceda à la Couronne, à l'excluſion de Clotaire pretendant à la Couronne. Il défit Remfroy qui vouloit être Maire du Palais, & fit proclamer Roy Clotaire IV. Ces deux Rois Clotaire & Chilperic moururent l'an 719.

Thierri IV. fils de Dagobert fut tiré de l'Abbaye de Chelles, & declaré Roy par Charles Martel fils naturel de Pepin Maire du Palais. Ce meſme Charles qui eſtoit revenu chargé de lauriers de l'Auſtraſie, couronna ſes victoires, par celle qu'il remporta ſur les Sarrazins & ſur leur Roy Abderame qui perit avec 365000. des ſiens. Vn ſi grand homme, à qui preſque tous nos Hiſtoriens donnent le nom de Roy, comme l'eſtant en effet, mourut l'an 741. apres avoir regi l'Eſtat pendant 17. ans, âgé de 55. ans, laiſſant pour ſucceſſeurs de ſes merites Carloman & Pepin. Il faut remarquer icy que, Thierri & Charles moururent preſque à même temps, le I. laiſſant un ſucceſſeur ſemblable à luy même apres avoir regné 21. ans.

Childeric III. regna 7. ans ſous la tutele de Carloman & de Pepin, l'un Maire du Palais en Auſtraſie, & l'autre dans la Neuſtrie & la Bourgogne, & 2. ans ſous Pepin. C'eſt le dernier Prince de la 1. race: car les Prelats & la Nobleſſe s'eſtant aſſemblez à Soiſsons, resolurent en plein Parlement de deposer Childeric & d'envoyer un Ambassadeur au Pape Zacharie pour avoir son consentement sur ce sujet; apres quoy on degrada & enferma Childeric dans un Monastere l'an 752. & on éleva Pepin sur le thrône, lequel fut sacré par l'Archevêque de Mayence Legat du Pape. Quelques-uns veulent mettre un Childeric II. comme Roy; mais leur sentiment est suivi de bien peu de personnes.

SECONDE RACE.

Pepin dit le Bref estant élu par tous les Etats du Royaume assemblez, prit possession du thrône l'an 751. Le Pape Etienne estant venu pour luy demander son secours contre Astolf Roy des Lombards, le couronna & le sacra de nouveau. Il mourut l'an 768. âgé de 54. ans apres en avoir regné 16.

Charlemagne fils de Pepin succeda à son pere, & fut couronné à Noyon. Le nom de ce Prince est assez connu sans que je parle de ses vertus & de ses belles actions; je diray toutefois qu'il vainquit Didier dernier Roy des Lombards pour secourir le Pape Adrian; qu'il ruina leur Monarchie établie depuis 206. ans, qu'il merita d'estre couronné Roy d'Italie, & que le Pape Leon III. le couronna & l'établit Empereur d'Occident. Il obligea Nicephore Empereur de Constantinople de luy ceder son droit sur l'Empire dont e Pape l'avoit investi, & fit si bien qu'apres avoir conquis toute l'Allemagne remporté une infinité de victoires, soûmis presque toutes les nations barbares de l'Europe à son obeïssance, establi l'Empire comme il est, il fit couronner son fils Bernard Roy d'Italie, & laissa Loüis pour successeur de ses Estats & de ses vertus. Ce grand Monarque mourut l'an 814. le 14. de Ianvier au grand regret de ses peuples qui étoient inconsolables d'une telle perte. Ses vertus, son zele, pour la gloire de Iesus-Christ, sa justice, sa pieté, & sa sainteté de vie luy ont acquis justement le titre de S. Son corps est inhumé dans une Eglise qu'il avoit fondée à Aix la Chapelle. On dit que ce Prince étoit si pieux, qu'il n'y a presque point de Ville ny de Province où il n'ait fait bâtir des Eglises, fondé des Monasteres, & enrichi des Hospitaux.

Loüis le Debonnaire fut aussi couronné par Estienne V. qui estoit venu en France. Il associa Lothaire son fils aîné à l'Empire, fit Pepin Roy d'Aquitaine, & Loüis Roy de Baviere. Il eut Charles le Chauve de Iudith sa 2. femme, lequel partagea du vivant de son pere le Royaume avec Lothaire qui avoit été couronné Empereur par le Pape Paschal, & eut pour sa part l'Aquitaine: cependant nôtre Loüis mourut à Mayence le 20. de Iuin l'an 840. âgé de 64. ans.

Charles dit le Chauve, succeda également avec ses freres Lothaire & Loüis, à Loüis le Debonnaire apres une grande guerre que Charles & Loüis avoient faite à Lothaire;

Dd ij

leur union ne fut qu'un partage de l'Empire que Charlemagne & Loüis son fils avoient eu tant de peine à unir comme il estoit. Lothaire se fit Moine apres avoir partagé ses Estats à Loüis, à Lothaire & à Charles: mais comme ces 3 Princes vinrent à mourir, Charles leur Oncle devint Maître absolu de leurs Estats, & fut reconnu & couronné Empereur l'an 876. par Iean VIII. Ce grand Prince mourut l'année d'apres son couronnement: mais ce fut saintement & glorieusement; puisque ce fut en secourant le Pape contre les Infidelles & les Sarrazins. Il eut 4. fils d'Hermengarde sa femme: il n'en eut pourtant qu'un seul qui luy survéquit.

Loüis dit le Begue, fils de Charles le Chauve succeda aux Estats de son pere l'an 877. & fut sacré le 8. de Decembre de la méme année. Le Pape Iean VIII. le couronna Empereur à Troyes. Il ne regna que 2. ans & mourut à Compiegne le 10. d'Avril l'an 879. je laisse à part si Loüis & Carloman sont ses fils naturels ou legitimes, pour dire que

Loüis & Carloman succederent à Loüis, le 1. en la Neustrie & le 2. en Aquitaine & en Bourgogne; celuy là se vit obligé par Loüis le Germanique de luy ceder la Lorraine, apres quoy il mourut à S. Denis l'an 881. & fut bien-tost suivi de Carloman.

Charles surnommé le Gros fut fait Roy par les Estats, au préjudice de Charles le simple fils posthume de Loüis le Begue. Il fit la paix avec les Normans, & leur laissa la Neustrie que nous appellons maintenant Normandie. Il fut foible d'esprit & de corps, ce qui donna occasion aux Allemans aussi bien qu'aux François d'élire pour Roy Raoul fils naturel de Carloman. Ce Prince mourut miserablement l'an 888.

Eude qui estoit Comte de Paris, fut élû Roy par les Estats, & sacré par l'Archevêque de Sens. Il ne regna que 2. ans.

Charles dit le simple fils de Loüis le Begue, fut couronné à Rheims par l'Archevêque de la même ville. Ce Prince fut beaucoup inquieté au commencement de son regne par Eude qui se vouloit conserver la Couronne: mais il fut heureux l'an 898. par la demission du même Eude, & par la victoire qu'il remporta sur Robert frere d'Eude, qui s'estoit fait couronner Roy à Rheims; Raoul Duc de Bourgogne s'estant fait couronner Roy à Soissons avec sa femme Emme, fit si bien que Charles fut mis en prison par Hebert Comte de Vermandois, où il mourut de regret apres 37. ans de regne. Ogine sa femme se sauva en Angleterre avec Loüis son fils, c'est pourquoy on l'appelle d'outre Mer. Raoul deceda l'an 936.

Loüis surnommé d'outre Mer fut demandé au Roy d'Angleterre pour monter sur le thrône, ce qu'ayant été obtenu, il vint descendre à Boulogne, & fut sacré à Laon par l'Archevêque de Rheims. Hugues, dit le grand commença de se declarer contre Loüis, se voyant appuyé de beaucoup de

Grands. Ce Prince mourut à Rheims le 15. d'Octobre l'an 954. Il eut 5 fils: mais il n'y en eue que 2 qui luy survéquirent, sçavoir Lothaire & Charles.

Lothaire succeda à Loüis son pere, & fut sacré par l'Archevêque de Reims. Il s'associa son fils Loüis qui ne regna qu'un an & demy; celuy-cy est le dernier Roy de la race de Charlemagne. Il est vray que Charles son frere, lequel avoit esté fait Duc de Lorraine par l'Empereur Othon II. devoit succeder à la Couronne: mais la brigue de Hugues Capet, le fit declarér indigne de porter une si auguste Couronne par les Estats generaux du Royaume.

TROISIESME RACE.

Hvgues Capet Comte de Paris, fils d'Hugues le Grand qui mourut l'an 953. parvint à la couronne, fut élû à Noyon & sacré à Reims. Il s'associa son fils Robert, & le fit couronner Roy six mois apres son élection. Charles Duc de Lorraine étant entré en France se saisit de Laon & de Rheims: mais cela luy coûta bien cher: car il fut livré à Hugues qui le confina à Orleans, & bannit ses enfans hors du Royaume, qui furent contraints d'aller en Allemague. Il ne regna que 8. ans. Sa mort arriva l'an 969. de Iesus-Christ.

Robert étant parvenu à la couronne suivit les erres de son pere, faisant couronner Hugues son fils de son vivant l'an 1017. Ce bon Monarque dont l'ame estoit tout à fait religieuse & sainte, mourut l'an 1032. âgé de 60. ans apres en avoir regné 35. Il eut trois enfans mâles de Constance sa femme; sçavoir Henry qui luy succeda, Robert fut Duc de Bourgogne & de luy sont sortis les Rois du Portugal en droite ligne masculine, & Eude qui fut!

Henry I. épousa Anne fille du Roy de Russie & en eut 3. enfans, sçavoir Philippes son successeur, Hugues qui mourut en pelerinage, & Robert qui mourut estant encore enfant. Ce Monarque regna 28. ans, & laissa son sceptre & sa couronne pour aller à Dieu l'an 1060.

Philippe I. regna sur les Etats que son pere luy avoit laissez sous la tutelle de Baudoüin Comte de Flandres & beau frere de Henry I. Ie pourrois dire beaucoup de choses remarquables qui furent faites sous son gouvernement: mais je serois trop long; c'est pourquoy apres avoir dit que nostre Philippe fut couronné à l'âge de 7. ans l'an 1060. je mettray icy comme quoy on resolut de faire une croisade dans le Concile de Clairmont en Auvergne où se trouva le Pape Vrbain II. Il mourut l'an 1106. le 60. de son âge.

Loüis le Gros succeda à son pere, & fut sacré à Orleans par l'Archevêque de Sens. Il eut le déplaisir de voir mourir son fils Philippes qu'il avoit fait couronner de son vivant, & la joye de faire sacrer Loüis son cadet à

D d iiij

Rheims par le Pape Innocent II. lequel avoit convoqué un Concile dans la mesme ville. Ce bon Prince mourut à Paris l'an 1137. la 60. année de son âge. Il eut plusieurs enfans; sçavoir Louis qui luy succeda, Robert Comte de Dreux, Pierre sire de Courtenay & plusieurs autres qui se consacrerent à Dieu & se firent Ecclesiastiques.

Louis le jeune fit le voyage de la Terre-Sainte pour conduire la Croisade publiée au Parlement tenu à Vezelay en Bourgogne. Il se separa de la Reine Eleonor qui se remaria avec Henry Duc de Normandie, lequel fut ensuite Roy d'Angleterre & Duc de Guienne, pour épouser Adelle fille de Thibaut le vieux, Comte de Champagne, de laquelle il eut Philippe Auguste dit Dieu-donné, lequel fut couronné à Rheims par Guillaume Archevêque, Cardinal & Legat du Pape. Louis mourut 1180. apres avoir regné 43. ans.

Philippe II. fut justement surnommé Dieudonné; parce qu'outre qu'il estoit fort pieux & tout à fait accompli, & qu'il chassa les Iuifs de son Estat, il alla conquerir la Terre-Sainte, gagna la Normandie sur l'Angleterre, vainquit cette puissante & redoutable ligue faite contre luy dans la bataille de Bovines l'an 1214. & parce qu'il signala son zele pour la Religion en instituant une Croisade contre les Albigeois, qui sous pretexte de reforme troubloient l'Estat de l'Eglise & de son Royaume. Ce grand Monarque mourut l'an de grace 1223. âgé de 59. apres en avoir regné 42. au grand contentement de ses peuples, & pour la gloire & l'avancement du regne de Iesus-Christ.

Louis VIII. fils de Philippe II. fut sacré à Rheims apres la mort de son pere. Son regne est considerable en ce qu'il alla luy-mème contre les Albigeois & qu'il tâcha de détruire ces pestes de la Religion & d'Estat. Il mourut à Montpensier l'an 1226. âgé de 39. ans.

Louis IX. du nom, le plus S. de nos Rois, regna fort jeune sous la tutele & la regence de sa sainte & pieuse Mere Blanche de Castille, qui en mourant fit cette belle leçon à son fils de ne jamais offenser Dieu; mais de procurer sa gloire en toutes sortes d'occasions, de choisir plustost la mort que le crime, d'aimer son peuple & de cherir les serviteurs de Dieu, à quoy il satisfit ponctuellement; puisqu'il fit des Ordonnances admirables contre les impies & les blasphemateurs; puisqu'il fit la guerre aux ennemis de Iesus-Christ; puisqu'il aimoit si fort les pauvres & les Religieux, & puisqu'il prit l'habit du Tiers Ordre du Seraphique S. François. Aussi Dieu recompensat-il son zele par beaucoup de victoires sur les Mores, les Turcs, & les Sarrazins, par la reunion d'une des plus belles Provinces de France, sçavoir le Languedoc à sa couronne, & par une mort triomphante & glorieuse: puisqu'il mourut à la conqueste de la Terre-Sainte, couvert de lauriers. Il rendit son ame a Dieu le 25. d'Aoust âgé de 44. ans l'an 1270. Ce grand Saint laissa plusieurs fils en mourant, sçavoir Philippe, Pierre Comte d'Alençon qui mourut sans enfans, & Robert Comte de Clairmont en Bauvaisis, d'où sont sortis Messieurs de Bourbon. Ce Prince si St & si pieux a merité la gloire d'estre mis au nombre des SS. par Boniface VIII. lequel institua sa feste le 25. d'Aoust l'an 1247. Il est vray qu'on n'a commencé à la chaumer en France que l'an 1618.

Philippe le Hardi III. du nom, fils de nôtre grand S. Loüis, succeda à la couronne l'an 1270. Il eut deux femmes, sçavoir Isabelle fille de Iacques Roy d'Aragon, & Marie: celle-là luy donna des fils qui regnerent chacun l'un apres l'autre, sçavoir Philippe & Charles de Valois, & celle cy des filles & des garçons. Il mourut à Perpignan le 6. d'Octobre 1285. âgé de 51. ans, apres avoir regné 40 ans.

Philippe IV. dit le Bel déja Roy de Navarre, fut sacré à Rheims pour gouverner la Monarchie Françoise l'an 1216. Le S. Siege fut transporté à Avignon sous son regne & l'Ordre des Templiers entierement détruit. Il mourut à Fontaine-bleau l'an 1314. le 21. de son regne âgé de 48. ans. Il eût de Ieanne sa femme 3. fils qui regnerent l'un apres l'autre, & dont voicy les noms Loüis, Philippe & Charles.

Loüis X. surnommé Hutin fut sacré à Rheims avec Clemence sa femme, apres avoir efté couronné Roy de Navarre à Pampelune l'an 1308. Il mourut l'an 1316. apres 19. mois de regne, & ne laiffa qu'un fils pofthume nommé Iean qui peut tenir rang parmi les Rois ; quoy qu'il n'ait vécu que quelques jours.

Philippe V. furnommé le Long fucceda à Iean fon neveu, & fut Maiftre de l'Etat dont il n'avoit été que le Regent. Il eft vray qu'il n'en joüit pas long-temps : car il mourut la 5. année de fon regne l'an 1321. ne laiffant que des filles incapables de regner.

Charles IV. dit le Bel fucceda à fon frere, & regna 7. ans ; il laiffa Marie fa femme groffe en mourant, ce qui donna occafion aux Etats du Royaume de donner la regence à Philippe fils du Comte de Valois, & de declarer par avance qu'il feroit Roy apres la mort de fon pupille par preference à Edoüard III. Roy d'Angleterre qui y pretendoit ; parce qu'il eftoit defcendu d'Ifabelle fille de Philippe le Bel.

Philippes VI. de Valois petit fils de Philippes le Hardy parvint à la couronne. Imbert Dauphin de Viennois, donna le Dauphiné à nos Rois à cette condition que les aînez de France porteroient le nom de Dauphin avec fes armes écartelées des 3. fleurs de Lis, ce qui fe pratique exactement. Le mefme Prince achepta la ville de Montpelier du Roy de Majorque. Il mourut le 28. d'Aouft l'an 1350. âgé de 55. ans & le 23. de fon regne.

Iean fils de Philippe fucceda à fon pere &

continua de faire la guerre aux Anglois qui le vainquirent à 2. lieuës de Poitiers & le prirent même prisonnier. Charles son fils qui porta le premier le nom de Dauphin, prit la qualité de Regent du Royaume pendant tout le temps que les Anglois garderent son pere. Le Roy estant delivré voulut revoir encore une fois Londres, mais dans une autre posture qu'auparavant, c'est pourquoy il y fit un 2. voyage, d'où il ne revint plus, puisqu'il mourut de maladie dans la capitale de cet Etat le 8. d'Avril l'an 1364. âgé de 56. ans. Il fut marié deux fois, & eut de sa premiere femme Charles qui luy succeda, Louis Duc d'Anjou & du depuis Roy de Naples & de Sicile, Iean Duc de Berri, & Philippe le Hardi Duc de Bourgogne pere de tous les autres Ducs de Bourgogne qui ont esté si puissans, qui ont donné tant de peine à la France & à tous leurs voisins jusques à Charles, lequel a esté le dernier, & qui fut tué devant Nancy apres une longue suite d'infortunes & de malheurs.

Charles V. surnommé le Sage recüeillit la couronne de son pere apres son decez & reconquit une partie de la Guienne sur l'Anglois. Il rendit son esprit à Dieu le 16. Sept. l'an 1410. âgé de 42. ans. Il eut de Ieanne de Bourbon, sa chere femme Charles qui luy succeda, & Loüis Duc d'Orleans. Il pria son frere le Duc d'Anjou en mourant, de vouloir accepter la Regence du Royaume pendant que ses enfans estoient encore pupilles.

Charles VI. qui épousa Isabelle de Bavieres fit plusieurs voyages & de belles expeditions: comme il avoit armé contre le Duc de Bretagne & qu'il estoit sur le point de l'aller attaquer, il tomba malade d'esprit & de corps, ce qui traina beaucoup de malheurs à l'Estat: mais sur tout l'exheredation injuste de Charles Dauphin & legitime successeur de la couronne, en faveur de Henry Roy d'Angleterre qui avoit épousé Catherine fille du Roy. Ces deux Rois moururent l'an 1422. Charles n'avoit regné que 42. ans & vécu 54.

Charles VII. monta sur le trhône, & fut sacré à Rheims par l'Archevêque du lieu l'an 1429. apres avoir gagné une celebre victoire sur ses ennemis. Dieu qui est le Protecteur de la France, ne pouvant pas souffrir que des Princes legitimes fussent opprimez par des Vsurpateurs, ny que des fleurs de Lis fussent mélées avec d'autres armes, voulut faire un miracle authentique en faveur de son peuple & de son Estat. C'est pourquoy il suscita une autre Iudith nommée la pucelle d'Orleans que la sainteté de sa vie & la grandeur d'esprit & de courage font assez connoistre, pour chasser les Anglois de France: comme il arriva: car cette sainte fille, & cette aimable vierge, poussée d'un esprit divin, accompagnée du Comte de Dunois fils naturel du Duc d'Orleans vainquit les Anglois & les chassa tout-à-fait hors du Royaume. Miracle dont toutes les Histoires sont remplies

& que le ciel fait vivre eternellement dans la memoire des hommes. Quoy-que l'Angleterre tâche de tout son pouvoir de la détruire ou de la noircir, en luy imposant des crimes qu'eux seuls ont inventez pour avoir occasion d'innocenter leur procedé, & de venger par ce moyen l'affront qu'ils croyent en avoir receu. Ce bon Prince à qui Dieu avoit conservé la couronne par un miracle si signalé, mourut en Berry âgé de 42. ans, n'ayant que deux fils de Marie fille de Loüis II. Roy de Sicile & de Naples sa femme; sçavoir Louis son successeur, & Charles Duc de Guienne qui mourut sans estre marié.

Louis XI. avoit déja 38. ans quand il monta sur le throsne : Il a esté le plus fin politique qu'on ait veu porter couronne, aussi l'appelle-t'on le rusé de nos Rois; il estoit méfiant & soupçonneux : mais il faisoit toûjours bien ses affaires. Les Ducs de Bourgogne finirent pendant son regne; parce que Charles, qui fut tué comme j'ay déja dit devant Nancy, ne laissa qu'une fille pour heritiere de tous ses Estats, laquelle fut mariée à Maximilian d'Austriche. Ce Roy mourut le 30. d'Aoust l'an 1483. âgé de 61. ans.

Charles VIII. succeda à Louis son pere, & épousa Anne fille unique, & par consequent heritiere de François dernier Duc de Bretagne. Outre que ce grand Roy reünit la Bretagne à la couronne par le moyen de ce mariage : c'est qu'il passa les Alpes & se rendit maistre de Pise, de Florence, de Rome, du Royaume de Naples & de toute l'Italie; quoy que tous ses Souverains se fussent unis pour borner ses conquestes & défaire son armée. Il est vray que le malheur voulut qu'il ne fut pas bien servy pour la conservation de ces places. Il mourut le 7. d'Avril 1498. dans le Chasteau d'Amboise.

Loüis XII. fut élû Roy comme étant le plus proche, & en qualité de petit fils de Loüis Duc d'Orleans, frere de Charles VI. Ce Prince genereux reconquit de nouveau le Royaume de Naples; mais il le perdit par la conjuration de plusieurs de ses Ennemis. Il mourut le 1. Ianvier 1515. âgé de 55. ans apres avoir regné 17. ans avec regret de n'avoir point d'enfans mâles. Il fut appelié Pere du peuple à raison de son Empire doux & charmant.

François I. fils de Charles Comte d'Angouléme parvint à la Couronne, en qualité de descendant de Loüis Duc d'Orleans, & fut reconnu comme tel à l'âge de 20. ans. Comme c'étoit un Prince belliqueux il passa les Alpes à l'exemple de ses predecesseurs, pour obtenir par la force des armes le bien de ses ancestres: mais le malheur voulut qu'étant mal servi de ses Officiers: ou bien parce qu'il estoit trop ardent au combat, il fut pris devant Pavie le 24. Février 1525. & eut beaucoup d'affaires avec Charles V. qui parvint à la Couronne de l'Empire par preference à luy. Il ne faut pas douter que si ce grand Roy n'avoit pas esté si malheureux qu'il estoit, il n'eust conquis toute la terre & n'eust fait la loy à Charles V. qui ne regnoit qu'en renard, dautant qu'il estoit adroit & courageux, fort & robuste, & capable de bien commander des armées. Il gagna cette celebre bataille donnée contre les Suisses, qui dura trois jours & trois nuicts : On remarqua sa valeur & son courage en ce qu'il couchoit sur l'afut d'un canon pendant ce temps, & parce qu'il vainquit une nation qui se vantoit d'estre invincible. Ses qualitez estoient si rares & si aimables, qu'il estoit chery de tous ses Sujets. Il estoit liberal & genereux, doux & traitable, sensible & bien-faisant & inébranlable dans sa parole, comme on le peut voir en ce qu'il ne voulut iamais consentir à la proposition qu'on luy faisoit d'arrester Charles V. pendant qu'il estoit en France, disant qu'il estoit Roy, & qu'il avoit donné sa foy à l'Empereur, qu'il le laisseroit passer : ainsi qu'il ne vouloit pas qu'on luy en parlast davantage. Enfin il estoit si parfait qu'il merita de porter le titre de Pere des Muses, & de Deffenseur de la Foy & de la Religion Catholique contre les Heretiques de son temps.

Henry II. fils du grand François dont nous venons de parler, succeda à son pere apres sa mort, & fut si heureux de prendre Mets, Toul & Verdun, & d'arracher d'entre les mains Anglois la forte place de Calais, par la valeur de François Duc de Guise. Il est à croire qu'il auroit bien fait d'autres belles actions si Dieu n'eust permis qu'estant blessé à l'œil par un éclat de lance, en joûtant avec le Comte de Montgommeri ne fut mort de sa blessure. Il épousa Catherine de Medicis du vivant de son pere, de laquelle il eut François Duc d'Alençon, Charles, & Henry, qui tous trois ont regné apres luy.

François II. fut marié avec Marie Reine d'Ecosse, dont il n'eut point d'enfans. Il mourut le 5. Decembre l'an 1560.

Charles IX. frere de François II. fut éleu Roy à l'âge de dix ans sous la regence de Catherine de Medicis. Ceux de la Religion pretenduë Reformée obtinrent leur premier Edit de pacification l'an 1561. sous le regne de ce bon Prince ; mais non contens d'avoir eu cette liberalité par la voye des armes, ils susciterent encore d'autres guerres pour avoir d'autres privileges. Charles mourut le 30. de May l'an 1574. âgé de 25. ans.

Henry III. son frere qui avoit esté fait Roy de Pologne succeda à la Couronne. Il fut fort traversé dans son regne par la faction de certains mécontens, quoy que sa pieté, sa douceur & son aimable gouvernement meritassent une meilleure fortune. Il y eut un homme detestable à Dieu & aux hommes, nommé Iacques Clement, indigne de porter l'habit de Iacobin, qui commit cet horrible attétat de tremper ses mains sacrileges dans le sang de ce bon Roy, & de luy donner la mort par un coup de cousteau le 2. d'Aoust 1589. Il ne gouverna l'Estat que 15. ans & 2. mois.

Tom. II. Ee

& n'en vécut que 38. & dix mois. Il faut avoüer que ce jeune Prince avoit de tres rares qualitez pour le gouvernement : il est vray que l'attache qu'il avoit aux plaisirs du corps le rendoit un peu moins considerable qu'il n'auroit esté sans cela.

Henry IV. surnommé justement le grand Roy de Navarre & fils d'Antoine de Bourbon & de Ieanne d'Albret Reine de Navarre, succeda à la Couronne en qualité de descendant de Robert Comte de Clairmont fils de S. Loüis. Il fut sacré à Chartres le 15. de Février l'an 1594 apres avoir quitté la Religion Pretenduë Reformée; ses beaux exploits luy ont acquis le nom de Grand & il faut croire qu'étant si vaillant qu'il estoit, il auroit obscurcy la gloire des Alexandres & des Cesars par ses conquestes & ses victoires, si le plus detestable de tous les monstres de la nature nommé François Ravaillac, natif d'Angoulesme n'avoit donné la mort à ce bon Prince par deux coups de poignard, le 14. de May, l'an 1610. car il se preparoit à faire la guerre sans sçavoir à qui. Vne mort si funeste & si tragique attira les larmes de tous ses voysins aussi bien que de tous ses peuples, qui tous ensemble regrettoient la perte d'un si grand Monarque. Il laissa en mourant deux fils & trois filles dont voicy les noms; sçavoir Loüis XIII. & Gaston Iean Baptiste Duc d'Orleans, de Chartres & de Valois qui est mort sans enfans mâles. Ceux des filles sont Elizabeth mariée à Philippes IV. Roy

DE LA FRANCE.

d'Espagne, Christine mariée à Victor-Anne Duc de Savoye, & Henriette Marie mariée à Charles Roy de la Grand' Bretagne.

Loüis XIII. surnommée le Iuste, fut declaré Roy à l'âge de 8. ans six mois, & eut pour Tutrice Marie de Medicis sa mere, par Arrest du Parlement de Paris. Le Cardinal de Ioyeuse Archevesque de Rheims le sacra dans sa Cathedrale le 17. d'Octobre l'an 1610. Il espousa Anne d'Austriche fille de Philippes III. Roy d'Espagne, qui a esté la plus pieuse & la plus sainte Reine que nous ayons veuë il y a bien long-temps en France. Aussi Dieu t'il beny ce mariage en leur donnant deux enfans de miracle. On dit que les mariages se font dans le Ciel, & se consomment sur la terre : mais iamais cette verité n'a paru avec tant d'évidence que dans ce rencontre où Dieu unit le plus iuste des Rois avec la plus pieuse, la plus sage, & la meilleure de toutes les Princesses. La sainteté de tous les deux a paru en mille rencontres ; mais sur tout à maintenir la justice dans leurs Estats, à faire vivre doucement leurs peuples ; & à maintenir la Religion Catholique contre la nouvelle Religion de Calvin. Tant de vertus meriterent de Dieu cette grande faveur que d'avoir le plus grand Politique qu'on ait iamais veu ; sçavoir M. Armand de Richelieu, Cardinal & Duc de ce nom, pour bien gouverner leur Estat, de gagner plusieurs victoires sur les Espagnols & sur les Religionnaires, & de prendre leurs meilleures places, comme Montpellier, Nismes, Montauban, & la Rochelle. Il prit Arras, Graveline & Dunkerque sur les Espagnols, gagna cette celebre bataille qu'il donna aux Allemans où Lamboy fut pris, & toute son armée taillée en pieces, se saisit des fortes places de Philisbourg & de Brissac, & vainquit encore les Espagnols par Terre & par Mer, de sorte qu'apres avoir dompté les Heretiques de son Royaume, pris par deux fois tous les Estats des Ducs de Savoye & de Lorraine, & les leur avoir rendus, vaincu les Espagnols; obligé les Anglois de vivre en repos, estably les veritables Rois de Portugal dans leur Royaume, maintenu la liberté aux Provinces unies, tiré ses alliez de l'oppression, & vescu en bon Prince, il mourut l'an 1642. au grand regret de ses peuples, & laissa à sa place

Loüis XIV. surnommé Dieu-donné, que j'appelle le Conquerant & l'Auguste, lequel monta sur le trône immediatement apres la mort de son Pere, & gouverna ses Estats pendant sa minorité sous la regence de sa pieuse mere Anne d'Austriche. Nous pouvôs dire de ce Prince, que c'est un de plus grands Rois que nous ayons jamais eus: car outre que son jugement est merveilleux, son esprit admirable, sa grace & sa majesté surprenante, son secret inviolable, sa Parole irrevocable, sa Iustice sans égale, sa Prudence extraordinaire, son courage sans pareil, & ses sens timens nobles & glorieux; c'est qu'il est heureux dans ses entreprises, sage dans sa conduite, & constant dans ses poursuittes. Le commencement de son regne a esté un peu troublé par Mrs. les Princes du Sang, qui ne pouvant pas souffrir le gouvernement de M. le Cardinal Mazarin Italien de nation, & le plus sage de tous les Politiques de son temps, que l'illustre & l'incomparable M. Armand du Plessis Cardinal Duc de Richelieu avoit mis à sa place, comme estant le plus propre à gouverner vn Estat, & irritez de ce qu'on les avoit mis en prison pour des raisons d'Estat, attirerent de leur party M. de Paris & tout le Parlement, qui donna des Arrests contre ce premier Ministre d'Estat, & prit les armes pour le chasser hors du Royaume. On vit pour lors tout l'Estat en desordre & en faction, les Provinces se partagerent & les affaires en vinrent si avant, que le Roy fut obligé de quitter Paris, & d'avoir recours aua armes, dont il donna l'intendance à M. le Mareschal de Turenne le Heros de nostre temps, qui gagna cette celebre victoire des Barricades de Paris, où M. le Prince estoit en personne, & fut cause que les ennemis du gouvernement s'en allerent à Bourdeaux où on les poursuivit, obligeant les uns à se remettre & les autres à quitter le Royaume: Nostre Monarque sur le point de se voir sans Estats dans cette conjoncture d'affaires, si Dieu qui est le protecteur de cet Empire n'avoit remis les peuples sous son obeïssance & reüny les Provinces mutinées. Quoy qu'il en soit, Dieu voulut que Paris se soûmit, que Bourdeaux se rédit, & que tout le Royaume reconnut son legitime Prince, luy donnant le moyen d'aller porter la terreur dans les Païs Bas, dans le Duché de Milan & dans la Catalogne, comme il fit, & où il prit des villes imprenables, obligeant les Espagnols de demander la paix en tremblant, & d'offrir pour l'obtenir plus facilement la plus parfaite & la plus aimable de toutes les Princesses, Marie Therese d'Austriche fille ainée de Philippes IV. Roy d'Espagne, & d'Elizabeth de France, fille de Henry le Grand, en mariage; ce qui leur fut accordé a cette seule consideration Le Mariage & la paix furent tous deux conclus par les Ministres des deux Couronnes assemblez pour cet effet; apres quoy leur Majestez s'y en allerent; & s'y saluerent avec de grands témoignages d'amitié, le Roy d'Espagne donnant sa fille au Roy, & le Roy des marques d'une grande joye à la reception d'un semblable don. Ce mariage & cette paix ont esté deux sources de benedictions & de bonheur pour tous les deux Estats; parce qu'ils ont joüy pendant dix ou onze ans d'un profond repos. Il est vray que Philippes IV. venant à mourir, Loüis XIV. a porté la guerre dans les Païs-Bas pour entrer en possession des droits de la Reine sa femme, & a pris Ath, Tournay, l'Isle, Doüay, Furnes, Bergues, Courtray, Armentieres, &c. & se rendit maistre de plusieurs autres villes confiderables, portant par tout la terreur & l'effroy apres tant de conquestes & apres la défaite de M. le Comte de Marfin. Il ne faut pas douter qu'il n'euft pris tout le refte fans beaucoup de peine; s'il euft voulu continuer la guerre: mais comme c'eft un Prince genereux, il confentit aux propofitions que luy firent les Ambaffadeurs d'Angleterre & de Hollande de la part de leurs Maiftres, & relafcha encore toute la Franche Comté qu'il avoit prife par un effet de fon courage & de fa generofité. Les principales chofes qu'il a faites jufques icy font, qu'il a gagné je ne fçay combien de victoires, emporté de vive force un grand nombre de Places & de Villes prefque imprenable, vaincu les Allemans, abattu entierement les Efpagnols, foûmis les Italiens, dompté le Duc de Lorraine, & rendu fon Royaume le plus floriffant Eftat de l'Europe. On peut dire iuftement de ce grand Monarque, qu'il eft le plus grand de nos Rois, foit en juftice ou en courage, en prudence, & en nobles fentimens: car il a purgé Paris auffi bien que fon Eftat de tous les voleurs fecrets & publics, il a pris vengeance de tous les criminels de fon Royaume, banny les méchans, étably la iuftice, favorifé les bons, introduit le commerce, caffé tous les faux nobles, racheptè fon Domaine, détruit les Herefies, favorifé les Catholiques, remply fes coffres, fecouru la Chreftienté contre les infidelles & les Turcs, fauvé l'Empire, fecouru Candie, cueilli des palmes & des lauriers au milieu de l'Ocean, & dans tous les recoins de l'Europe, banni les duels, eſtably la pieté, fait que les nobles ne ſont plus ſi iniuſtes ny ſi violens per rapport à leurs emphitheotes & à leurs vaſſaux. Enfin il a fait tout ce qu'un grand Roy peut faire, & s'eſt rendu redoutable à ſes voiſins, aimable à ſes alliez, & bien voulu de ſes peuples. Il a déja un Dauphin qui eſt une image de ſes vertus, & le bonheur du Royaume; & nous eſperons qu'ayant eu déja pluſieurs autres enfans, l'Eſtat ne manquera pas de ſucceſſurs pour porter la Couronne, ny de Princeſſes pour faire des alliances avec les Princes Etrangers. Dieu nous faſſe la grace de joüir long-temps de l'empire d'un ſi grand Prince, qui a commencé de vaincre auſſi-toſt que de vivre, & qui promet un ſiecle d'or à tous ſes ſujets, ſi Dieu luy conſerve la vie auſſi bien qu'à la Reine & à toute la maiſon Royale comme je le ſouhaite & le deſire.

AVERTISSEMENT AV LECTEVR.

ON a ajouſté icy trois deſcriptions neceſſaires, leſquelles devoient eſtre la premiere qui eſt celle de Breſt à la page 225. la ſeconde qui eſt celle de Richelieu à la page 227. & la troiſiéme qui eſt celle de Pignerol à la p. 527. Comme elles ſont importantes, ie vous en donne en abbregé les deſcriptions & les figures.

BREST

BREST.

Cette ville est assez connuë dans le Royaume aussi bien que dans les païs étrangers, sans que je m'attache a en racompter beaucoup de choses; je diray neanmoins qu'elle est fort ancienne ; puisqu'elle estoit autrefois le siege Episcopal de S. Lo. 2. Qu'elle a un chasteau appellé S. Loüis qui est extremement fort. 3 Qu'elle a un des plus beaux & plus commodes ports de Mer qui soient peut-estre sur l'Occean. 4. Que ses habitans sont tres sçavans pour ce qui concerne la marine : voila pourquoy sa Majesté y fait bâtir continuellement des vaisseaux de guerre. Le peuple y est doux, franc & amy de la douceur de la vie ; ce qui rend ce sejour fort agreable, & digne d'estre veu.

RICHELIEV.

Richelieu soit qu'on comprenne sous ce nom la ville ou le chasteau qui a eu la gloire d'estre le lieu de la naissance de Monsieur Armand du Plessis Cardinal Duc de Richelieu, est une des plus belles choses qu'on puisse voir en France, & peut être même en Europe : car quant a ce qui est de la ville qu'on a bâtie depuis peu, elle est si mignone dans sa petitesse, si riante, & si reguliere qu'il ne se peut rien voir au monde de semblable. Charles V. disoit autrefois que Florence estoit une ville de Dimanche & de Festes : mais il auroit dit sans doute la même chose de celle-cy, s'il avoit eu le plaisir de la voir; dautant que son assiette est tres belle, ses maisons tres bien bâties, ses places fort spatieuses, ses ruës fort droites, & tout ce qu'elle a, fort propre & fort joly; de sorte qu'on peut l'appeller l'incomparable en tout: pour moy je puis dire que je n'en ay jamais veu de pareille en France, ny en Espagne, ny dans les 17. Provinces que j'ay toutes parcouruës. Ie parle de sa gentillesse & non pas de sa richesse ny de la magnificence des maisons, en quoy les autres pourroient la surpasser. Si vous desirez donc de sçavoir en quoy elle est si belle, je vous diray que 4. choses la rendent telle. La 1. c'est sa situation. La 2. c'est sa disposition & sa figure. La 3. c'est son Eglise, & la 4. ce sont ses cours & ses accademies. Elle est recommandable pour sa situation en ce qu'elle est dans une belle plaine abondante en fruits, en vins, en grains, en venaison, & en toute sorte de delices, en ce qu'elle est bâtie sur la petite riviere d'Amable, qui arrouse le Poitou des dépendances duquel elle est, & en ce qu'étant dãs un païs sterile en eaux, sablonneux & sec, elle a une grande quantité de sources & de fontaines pour son usage. Elle est assise entre les belles villes de Poitiers, de Tours & d'Angers, & l'õ peut dire qu'elle participe à tout ce qu'elles ont de bon sans aucun mélange de mal, & son air est si doux & si temperé, si sain & si serein, qu'on peut dire que la maladie n'y habiteroit jamais, si Dieu ne l'ordonnoit expressement. Si son assiete est belle, sa disposition ne l'est pas moins, soit qu'on considere sa figure quarrée, ses grands & profonds fossez couverts de Cygnes & de Canes d'Inde; ses belles murailles & ses tours qui luy servêt d'ornement & de deffense, ses longues ruës tirées au cordeau, ses magnifiques maisons avec leurs portes cocheres qui sont toutes égales, & qui n'ont rien l'une plus que l'autre les grandes places qui sont au 4. coins, sans parler de celle qui est au devant de l'Eglise, ses halles, ses fôtaines, ses promenades, & ses jardins charmans: Toutes ces particularitez font bien voir, dis je, que ce n'est pas sans sujet que je luy donne de si glorieux titres. La 3. chose qui la rend si considerable, c'est la grande Eglise où il y a deux grandes tours élevées en forme d'esguilles que feu Monsieur le Cardinal de Richelieu fit bâtir. La superqe de ce temple paroît en ce que le dessein en est fort beau & que les ornemens en sont admirables. Le grand autel est embelly de plusieurs belles colomnes d'argent. Il y a une chapelle tres belle où l'on châte tous les iours des Messes pour l'ame de feu Mr. le Cardinal fondateur de ce S lieu, lequel est servy par des RR. PP. de l'Oratoire qui ont un Seminaire dans leur maison, dont ils s'acquitent glorieusement. La 4 chose qui la rend si aimable ce sont ses cours & ses academies; car outre que Loüis XIII a erigé cette ville en Duché & Pairrie, c'est qu'il y a établit une Senéchaussée, & luy a donné de tres-grands privileges en considération de feu Mr. le Cardinal son Maistre, lequel avoit rendu de notables services à l'Eglise & à l'Estat pendant son ministeriat; au reste il y a des écoles pour tout ce qu'on pourroit desirer; de façon que sans sortir hors de ses murailles, on peut apprendre à danser, à monter à cheval, a tirer des armes, &c. Je ne dis rien de la douceur de ses habitans, ny des plaisirs particuliers qu'on goûte dans ce lieu à tres bon marché: parce que tout le monde est convaincu que la frequentation ordinaire de tant de braves gens, qui sont tous les jours dans leur ville, les rend de parfaits courtisans, & parce qu'on sçait que le païs de Poitou est une terre de promission qui ne distile que du lait & du miel: ainsi il me semble que c'est avec raison que je l'appelle incomparable pour les raisons que je viens de dire. Venons maintenant à la maison qui porte le même nom, ou pour mieux dire qui le donne à la ville, & disons qu'il est impossible de pouvoir assez dignement décrire ses beautez, ses richesses, & ses delices: car on peut dire qu'il n'y a rien de rare dans la nature ny de beau dans l'art, qui ne se trouve dans ce lieu de delices: enfin je croy qu'il suffit de dire que Mr. le Cardinal Armand Duc de Richelieu a pris à tâche de rendre ce sejour un abregé des merveilles du monde, & une des plus belles maisons de l'Europe, d'autant que comme ce grand homme n'a jamais rien entrepris qu'il ne l'ait rendu parfait, aussi a t'il rendu ce sejour le plus beau qui se puisse voir. Il ne faut que s'imaginer tout ce que les Poëtes ont feint des palais enchantez, ou bien se figurer tout ce qui peut faire un Paradis terrestre tout à fait accomply, & vous aurez une parfaite connoissance du château dont nous parlons: car soit que nous considerions ses belles advenuës, ses grands parcs, ses allées à perte de veuë, ses agreables jardins, cette surprenante quantité de sources, tant de grotes & d'admirables statuës de bronze & de marbre, qu'on estime des chefs-d'œuvres de l'art, ces larges & profonds fossez couverts de signes, & remplis de poissons, ces parterres émaillez de fleurs, & cette grande quantité de raretez, cela fait bien voir que ie n'exagere pas dans ce rencontre: Enfin, soit qu'on considere la belle disposition de la maison, bastie à la moderne, qui est une des plus regulieres de France, & peut-être de l'Europe, ou soit en un mot qu'on porte sa veuë sur ses beaux appartemens, ses chambres & ses cabinets, ses sales & ses galeries, ses meubles precieux, & ses autres ornemens, ses tapisseries ou ses peintures, & ses statuës de bronze & de marbre, &c. on sera sans doute de mon sentiment, que c'est le plus beau sejour qui se puisse voir. I'en mets icy la figure pour donner une plus parfaite idée de ce qu'elle est.

PIGNEROL.

Cette ville ne peut être que tres-agreable & tres-remarquable: puisqu'elle est l'entrée de l'Italie, & une des plus fortes du Royaume de France. Ces deux choses, dis je, en font un si parfait tableau, qu'on ne sçauroit la depeindre avec de plus vives couleurs : car comme l'Italie se dit estre le jardin de l'Europe, il est bien à croire que l'entrée de ce jardin ne sçauroit être que tres-delicieuse, comme elle l'est en effet; dautant que tout ce qui peut faire les delices de la vie se trouve ou dans son enceinte ou aux environs de ses murailles. Elle appartenoit autrefois à Monsieur le Duc de Savoye, mais depuis quelque temps son Altesse en a donné la possession à la France pour la rendre plus redoutable à l'Italie. C'est une place si forte & si reguliere, qu'elle se moque des plus grandes armées, & elle est si importante à l'Estat, que sans elle on ne sçauroit passer les Alpes pour aller visiter le Duché de Milan. Elle a un chasteau extremement fort dans lequel on a relegué Monsieur Fouquet depuis quelques années, qui a esté conservé s'il semble par un coup de miracle; dautant que le foudre estát tombée dans un des magasins des poudres du chasteau, il mit presque tout en cendres, horsmis l'endroit où il estoit. Il ne faut que voir la figure de cette ville pour voir si ce n'est pas avec raison que la France en fait tant d'estat, & qu'elle songe si fort à sa conservation.

DE LA FRANCE. 343

Le denombremen des Archevesche͠z du Royaume, & des Evesche͠z qui en dependent.

L'Archevesché de Lyon.	Cornoüaille.
Avtun.	Dole.
Macon.	S. Brieu.
Chaalons sur Saone.	Quinpercorentin.
Langres.	Nantes.
L'Archevesché de Roüen.	Rennes.
Bayeux.	*L'Archevesché de Sens.*
Seez.	Auxerre.
Evreux.	Nevers.
Constance.	Troye.
Lizieux	*L'Archevesché de Reims.*
Auranches.	Soissons.
L'Archevesché de Tours.	Bauvais.
Angers.	Chaalons sur Marne.
Leon.	Amiens.
Vannes.	Laon.
Le Mans.	Noyon.
S. Malo.	Senlis.
Triguier.	Boulogne.

Il faut remarquer icy, que Cambray, Arras, & Tournay estoient des dépendances de Rheims; mais parce que Cambray a esté fait un Archevesché depuis l'an 1559. on luy a donné pour Suffragans Tournay, Arras, saint-Omer & Namur.

L'Archevesché de Bourges.	S. Flour.
Clairmont en Auvergne.	Mende.
Alby.	Cahors.
Vabres.	*L'Archevesché de Bourdeaux.*
Limoges.	
Castres.	Poictiers.
Tulles.	Perigueux.
Rhodez.	Sarlat.
Le Puy.	Angoulesme.

Ff iiij

LES DELICES

Condom.
Agen.
Maillesais.
Xaintes.
Luçon.
   L'Archeveschè d'Auch.
Acqs.
Tarbe.
Oleron.
Aire.
Basas
Lescar.
Comingez.
Bayonne.
Cosserans.
Le Doure.
   L'Archesché de Vienne.
Grenoble.
Valence & Die.
Valence & S Iean de Morienne *hors du Royaume.*
   L'Archeveschè d'Ambrun.
Digne.
Grace.
Vence.
Clandeve. Senes & Nice *hors du Royaume.*
   L'Archeveschè de Tholose.
Pamiez.
Rieux
Mirepoix.
Lombez.
Montauban.
S. Papoul.
Lavaur.

   L'Archevesché de Narbonne.
Carcassonne.
Lodeve.
Usez.
S. Pons de Tom.
Agde.
Elne *hors du Royaume.*
Alet.
Montpellier.
Beziers.
Nismes.
   L'Archeveschè d'Aix.
Apt.
Cisteron.
Ries.
Frejus.
Gap.
   L'Archeveschè d'Arles.
Saint Paul des trois-Chasteaux.
Orange.
   L'Archeveschè d'Avignon.
Carpentras.
Vesou.
Cavaillon.
   L'Archeveschè de Treves.
Mets.
Toul.
Verdun
   L'Archeveschè de Paris.
Orleans.
Meaux.
Charnes.

Le denombrement des Clochers & des Paroisses de France.

QVoy que ie vous aye déja nommé les Archeveschez & Evéchez du Royaume,

DE LA FRANCE. 345

je ne veux pas manquer neantmoins à vous en apprendre le nombre, & vous donner une connoissance parfaite de la grande quantité de Paroisses qu'il y a dans nostre Empire : Ainsi ie vous diray que nostre illustre France contient quatorze Archeveschez & 116 Dioceses ; quoy qu'il n'y ait que 102. Eveschez, dont chacun d'eux a le nombre des Paroisses ou Clochers que vous allez voir.

Paris a 600. Paroisses où Clochers.		Mascon.	307
		Chaalons.	420
Soissons.	380	Authun.	3300
Beauvais.	592	Auxerre.	406
Noyon.	404	Erez.	950
Boulogne.	460	Senlis.	222
Amiens.	498	Rouën.	1338
Reims.	1014	Caën.	506
Chalons.	360	Alençon.	390
Troyes.	509	Evreux.	355
Sens.	930	Nantes.	385
Orleans.	700	Rennes.	450
Angers.	668	Vannes.	405
Tours.	1036	Bayeux.	211
Poictiers.	709	Seez.	323
Le Mans.	451	Constance.	310
Lusson.	213	Avranches.	362
Bourges.	1260	Trignée.	307
Nevers.	211	S. Malo.	314
Limoges.	1600	Quimpercorentin	202
Angoulesme.	41	Xainctes.	292
Clairmont.	306	Perigueux.	1302
Lyon.	411	Langres.	960

Mantauban.	414	Alby.	309
Tarbes.	292	Rhodez.	219
Acqs.	259	Vabres.	500
Bazas.	504	S. Pons.	482
Auch.	788	S. Flour.	202
Bayonne.	349	Lodeve.	203
Cahors.	1206	Rieux.	500
Tholofe.	1152	Aleth.	168
Caftres.	412	Coferans.	115
Carcaſſonne.	39	Le Puy.	428
Narbonne.	672	Vienne.	830
Agen.	629	Valence.	325
Beziers.	306	Gap.	204
Montpellier.	491	Ambrun.	212
Agde.	77	Die.	147
Mirepoix.	89	Briançon.	170
Nifmes.	509	Aix.	800
S. Papoul.	62	Cifteron.	200
Lavaur.	114	Arles.	311
Mande.	209	Marſeille.	250
Viviers.	155	Tulles.	120

Ie ne parle pas de Abbayes ny des Convents des Mendians & des autres perſonnes conſacrées à Dieu, dont le nombre eſt preſque infiny, ny des villes conquiſes, comme Perpignan en Rouſſillon, Pignerol en Italie, Mets & Verdun en Alemagne, Arras, Tournay dans la Flandre, &c. parce que ie ferois trop long, Mais ie diray cecy en faveur de la France, qu'il y a plus de 100000. Clochers capables de donner des Regimens entiers de tres-bons ſoldats: ce que l'on n'aura pas beaucoup de peine à croire, si on considere qu'il y a des Paroisses en Limosin & en Auvergne, en Perigord & en Quercy, en Roüergue, & presque par tout le Royaume, qui ont les trente & les trente cinq villages dont le moindre à quarante ou cinquante maisons, & quelques-uns le quatre-vingt & cent. Ainsi i'estime que la France est un Estat des mieux peuplez du monde.

Le dénombrement des Cours Souveraines ou Parlemens, des Bailliages ou Senechaussees, sieges Presidiaux, &c.

IL n'est pas possible de croire que des esprits si subtils & si rafinez que les François, & qu'une nation si politique que celle-cy, manque de Thrônes pour la Iustice, ny de Tribunaux où cette Reine & cette Moderatrice de l'Vnivers rend ses oracles & declare ses volontez. On sçait trop bien que les peuples ne sçauroient estre heureux sans l'assistance de cette aimable vertu, & l'experience fait trop connoistre aux hommes le besoin qu'ils ont d'avoir des Cours & des Parlemens pour decider leurs affaires, & terminer leurs differends pour pouvoir se persuader que nostre illustre Empire soit privé de cette source de bon heur. Vous en allez voir les preuves dans la suitte de ce discours, où vous remarquerez qu'il y a douze Parlemens, sçavoir Paris, Tholoze, Bourdeaux, Roüen, Rennes, Dijon, Grenoble, Aix,

Mers, Pau, Tournay & Perpignan. Ie mets ces deux derniers; parce que sa Majesté a resolu de les establir dans ces villes pour le soulagement des païs conquis: Voicy les sieges Presidiaux & les Bailliages dépendans de ces Cours Souveraines.

Le Parlement de Paris en a 44 sçavoir.

Le Chastelet de Paris.	Blois.
Melun.	Tours.
Meaux.	Angers.
Reims.	La Fleche.
Provins.	Le Mans.
Senlis.	Poictiers.
Beauvais.	La Rochelle.
Sens.	Moulins.
Troyes.	S. Monstier.
Vitry.	Gueret.
Abbeville.	Rion.
Montdidier.	Clairmont.
Boulogne.	Oillac.
Auxerre.	Lyon.
Chasteau-Thierry.	Forests.
Chaumót en Bassigni.	Bourg.
Langres.	Angoulesme.
Amiens.	Montfort.
Soissons.	Argenteuil.
Mante.	S. Ferrail.
Laon.	Bailliages de ce res-
Chaalons.	sort.
Orleans.	Caudin.
Chartres.	Crespy.

DE LA FRANCE. 349

Brauches.
Estampes.
Calais.
Lodun.
Amboise.
Samées.

Le Parlement de Tholose.

Tholose.
Carcassonne.
Beziers.
Castelnaudary, & la Seneschaussée de Lauragués.
Ville-Franche de Roüergue.
Cahors.
Montauban.
Tarbes.
Lectoure.
Seneschaussée d'Armagnac.
Montpellier.
Nismes.
Le Puy.

Le Parlement de Bourdeaux.

Bourdeaux.
Acqs.
Perigueux.
Agen.
Basas.
Condom.
Brive.
Tulles.
S. Iean d'Angeli.
Vserches.
Xainctes.
Limoges.
Seneschaussée de Martel.

Le Parlement de Roüen.

Roüen.
Caudebec.
Caux.
Evreux.
Alençon.
Caën.
Constance.
Giors.

Le Parlement de Rennes.

Rennes.	Vannes.
Nantes.	Quimpercorentin.

Le Parlement de Dijon,

Dijon & Nuys.	Aurois.
Beaune.	Avalan.
Auſſonne.	René le Duc.
S. Iean de Ioſne.	Deine en Brionnois.
Chalon ſur Saone.	Bourg en Breſſe.
Maſcon.	Bourbon-lancy.
Autun.	La Montagne.
Semur.	Bar-ſur-Seine.
Montreüil.	Gex.
Charolles.	Bellay.

Le Perlement de Grenoble.

Grenoble.	Nyons. Die.
Vienne.	Creſt.
Romans.	Chabeul.
Valence.	S. Marcellin.
Montelimar.	Briançon.
Ambrun.	Bailliage de
Gap.	Gévaudan.

Le Parlement d'Aix.

Cette Cour Souveraine n'a qu'une ſeule Senéchauſſée en Provence avec ſes ſieges particuliers ſans aucun Preſidial.

Les Parlemens de Mets & de Pau, &c.

Ceux cy n'ont rien que de simples judicatures dans leurs ressorts sans aucun Bailiage, Senéchaussée ou Presidial.

Le nombre des Vniversitez de France avec le nom de ceux qui les ont fondées.

LE Royaume de France est trop ami des sciences & des Muses, pour n'avoir pas des lieux considerables où l'on professe tout ce qui est propre aux hommes, necessaire au public, & honorable à l'Estat: ainsi comme c'est de sa gloire d'avoir quantité d'Vniversitez & de Maisons consacrées à Apollon, i'ay crû estre obligé de mettre icy les plus remarquables, n'estant pas possible de les mettre toutes, dautant que chaque maison Religieuse, chaque Bourg & chaque ville pour petite qu'elle soit, sont remplies de science & de Colleges pour les apprendre. Voicy donc les plus remarquables dans l'ordre de leur Fondation, & la reputation de leur sçavoir.

1. Paris est recommandable en tout, & sa gloire va si haut dans le monde, que toutes les Vniversitez du monde l'appellent la mere des sciences & la source des sçavans hommes. En effet, on peut dire que ny Rome ny Athenes, &c. n'ont iamais égalé celle-cy en quoy que ce soit: car elle est l'oracle de la Theologie & du Droit Canon;on y enseigne

les langues, les Mathematiques, la Medecine & l'Eloquence dans la perfection: aussi a t'elle un Fondateur bien illustre: puisque Charlemagne la fonda selon le sentiment de la pluspart des Autheurs.

2. Tholose est celle qui vient en suitte comme la plus recommandable apres elle, quoy qu'elle fasse gloire d'enseigner la Philosophie, la Theologie & la Medecine, si est-ce qu'elle excelle & surpasse mesme infiniment toutes les autres pour les Droits Canon & Civil: comme on le peut voir par les grands hommes qu'elle a donnez au monde, & par le grand nombre des habiles Iurisconsultes qu'elle fait tous les jours. Il est vray que le grand Convent des RR. PP. Observantins est un abregé & une quintessence de la Sorbonne: à cause qu'il n'y a point de plus habiles hommes au mõde qu'eux pour la Philosophie, les cas de Conscience & la Theologie & tout ce qu'on veut: Ie me souviens d'avoir veu un miracle en science dans ce Convent: en ce que deux jeunes Religieux de cet Ordre celebre, qui soûtenoient des Theses publiques ne respondirent iamais aux argumens qu'on leur faisoit que par les mesmes termes du plus subtil de tous les Autheurs qui est Scot (dont ils suivent la doctrine de *mordicus*, que tout le monde devroit professer comme la plus spirituelle & la plus propre pour les beaux esprits) & ie remarque que ces illustres repondans firent si bien par leurs subtilles réponses, que pas un de ceux qui

qui argumentoient ne peut passer le 3. ou 4. argument : Iugez apres cela de la profondeur de ces Peres & du sçavoir de cette ville. Le Pape Gregoire IX. fonda cette Vniversité : & S. Loüis la Theologie l'an 1228.

3. Montpellier vient en suitte, & a l'avantage d'estre estimée une des plus celebres du monde pour la Medecine Sa reputation est si grande que toutes les nations de la terre y viennent estudier, & c'est un proverbe receu d'un chacun, que l'on n'est pas Medecin si on n'est pas passé Docteur à Montpellier Le Pape Alexandre IV. & Charles VIII. en sont les premiers Fondateurs, & Charles le Bel pour le Droit.

4. Orleans est encore fort recommandable pour le Droit : ce qui attire grand nombre d'Allemans. S. Loüis en est le Fondateur.

5. Angers pour le Droit. Charles V. dit le sage la fonda l'an 1364.

6. Poictiers pour le Droit par le Pape Eugene IV. l'an 1431.

7. Caen pour les Droicts Civil & Canon par Henry. VI. Roy d'Angleterre l'an 1411. On y a adjousté la Theologie & la Medecine & les Arts depuis l'an 1436.

8. Bourdeaux pour les Droits Civil & Canon par Eugen. IV. & par Loüis XI. 1473.

9. Bourges pour le Droit par Louis XI. l'an 1463.

10. Cahors pour le Droict par le Pape Iean XII. natif de cette ancienne ville l'an 1332.

11. Nantes pour le Droict, par le Pape Pie II. sous François dernier Duc de Bretagne.

12. Rheims pour toutes les facultez par Paul III. & Henry II.

13. Valence pour le Droit & la Medecine, par Louis Dauphin, fils de Charles VII. l'an 1452. ce qu'il confirma l'an 1475. estant parvenu à la couronne.

14. Aix pour le Droit & la Medecine, par Henry le Grand.

15. Avignon pour tout, fondée en l'an 1591.

16. Orange pour le Droit, la Medecine & les Arts.

Il y a outre toutes ces Vniversitez un nombre presque infiny de bons Colleges & d'écholes publiques, où on ne se contente pas d'enseigner la science; mais dans lesquels on donne à vivre à certain nombre d'écoliers qu'on a receus pour cet effet, & que des Papes & des Rois, des Evesques & des Cardinaux, des Princes & des Seigneurs, des Abbez & des maisons particulieres ont fondez pour cette raison dans les principales villes du Royaume, comme à Paris, à Tholose, à Cahors, à Bourdeaux, à Poictiers, à Montauban, à Montpellier, à Saumur, à Die, à Nismes, à Orleans, &c. Les Peres Iesuites ont aussi grand nombre des Colleges où ils enseignent le Latin, les Humanitez, la Rethorique, & bien souvent la Philosophie & la Theologie. Les Peres de la Doctrine & de

DE LA FRANCE. 355

l'Oratoire ont encore beaucoup de maisons où ils enseignent la mesme chose, sans parler des écoles publiques, dont les villages sont remplis & les maisons toutes pleines.

Curieuse recherche des sommes qu'on leva en l'an 1669. sur l'Estat, tant pour la taille que pour les creuës & les gages des Officiers.

La Generalité de Paris.

Pour la Taille.	769000

La Generalité de Soissons.

Pour la Taille.	36246
Pour les gages des Officiers.	26341

Chalons.

Pour la Taille.	433000
Pour les Officiers.	92000

Amiens.

Pour la Taille.	263000
Pour les Officiers.	36000

Roüen.

Pour la Taille un million.	72800
Pour les Officiers.	11000

Caën.

Pour la Taille.	638213
Pour les Officiers.	6710

Orleans.

Pour la Taille.	537500
Pour les Officiers.	750000

Tours.

Pour la Taille.	919000
Pour les Officiers.	102000

Bourges.

Pour la Taille.	360740
Pour les Officiers.	49260

LES DELICES

Moulins.
Pour la Taille. 423993.
Pour les Officiers. 66406.
Pour les gages des Officiers. 14000.

Poitiers.
Pour la Taille. 670000.
Pour les Officiers. 75000.

Rion.
Pour la Taille. 656000.
Pour les Officiers. 9000.

Lyon.
Pour la Taille. 865000.
Pour les Officiers. 45000.

Bourdeaux.
Pour la Taille. 623036.
Pour les Officiers. 40663.

Toloze & Montpellier.
Donnent au Roy. 751517.

Le Dauphiné.
Pour l'Octroy. 20160.
Pour les affaires du païs. 30000.
Pour le Taillon. 27513.

La Provence
Leve la somme de 86463.

La Bourgogne & la Bresse.
Le Droit du Roy. 168250.
Pour les Officiers. 9445.

La Bretagne.
Leve. 310460.

Limoges.
Pour la Taille & les recreües. 630000.
Pour les Officiers. 75000.

Denombrement des sommes qu'on leva depuis l'avenement à la Couronne de Henry II. qui fut l'an 1547. jusques au regne de Henry III. qui fut l'an 1580. tant sur les amandes, sur ses suiets que sur son domaine.

Des revenus particuliers du Domaine la somme de 90. & 19. millions 400000.

Des Amendes extraordinaires 17 millions 600000. sans parler de celles qui estoient comprises és bateaux fermez.

Des confiscations extraordinaires 12. millions 700000. outre celles qui estoient reservées aux Fermiers & Admodiateurs du domaine.

Des Legitimations, Aubaines, & successions des bastards, 9. millions 300000 sans y comprendre le droit des Fermiers & des Admodiateurs generaux du domaine.

De l'augmentation ou diminution du prix de l'or ou de l'argent, prix seigneurial sur les monnoyes, mines, & minieres, 9. millions de livres.

Des Dons gratuits ou fouäges 69. millions de livres sans parler des gages que les Etats accorderent aux Prevôts des Maréchaux à leurs Archers pour les fortifications & rafraichissemens de grain, de vin & autres munitions necessaires pour la conservation des places fortes.

De la vente des bois du Roy 19. millions de livres sans les amandes des Receveurs du domaine qui sont à part.

Des fermes des Aydes des Elections du Royaume 79. millions de livres.

De la Doüane de Lyon 22. millions de livres sans parler des rabais faits aux Italiens, & aux Admodiateurs.

Des équivalens & imposition de traite foraine & haut passage 49. millions de livres, en y comprenant les sommes que certaines Provinces donnerent pour ne payer point l'imposition foraine.

De la Gabelle du sel. 148. millions de livres.

Du Clergé 124. millions sans parler des autres sommes que l'on tira sur luy.

Des francs fiefs & nouveaux acquests 9. millions de livres.

De l'argenterie ou joyaux levez sur le Clergé 9 millions de livres.

De la vente du Domaine des biens Ecclesiastiques 39. millions de livres.

Des Margoilliers de la Fabrique des Eglises du Royaum 19 millions de livres.

De la solde 50000. hommes de pied 49. millions de livres levées sur les villes closes.

Des Tailles ordinaires 95. millions.

De la solde du taillon, crües & augmentation de Gendarmes 102. millions de livres.

Des Annates 6. millions 700000.

De l'imposition de 5. sols pour l'entrée de chaque muy de vin 28 millions de livres.

Des Emprunts generaux & particuliers 58. millions levez sur les aisez du Royaume.

Des aydes des Elections du Royaume 6. millions 500000. livres.

DE LA FRANCE.

Des parties casuelles 139. millions.
Des confirmations d'Offices 18. millions de livres.
De la suppression des subsides des procez 9. millions de livres.
De la suppression des offices 4 millions de L'
De la contribution du ban & arriere-ban 11. millions de livres.
De retranchement des gages des Officiers 9. millions de livres.
Des traites des bleds & des vins dans les païs estrangers 10. millions de livres sans y comprendre les bleds & les vins du Roy.
Des prises de Mer 21. million de livres, les droits de l'Admirauté & les Offices d'icelle payez.
Des affranchissemens des taillables du Royaume 9 millions de livres.
De l'augmentation des gages de plusieurs Officiers 14. millions de livres, financez par ceux qui pretendoient avoir cette augmentation.
Des vannes, pastures, communeaux, avec la confirmation des Privileges, la creation des foires franches, &c. 7. millions de liv.
Des Procureurs, des Notaires & Sergens à diverses fois 14. millions de livres.
Des deniers inopinez, c'est à dire de la dépoüille de plusieurs personnes criminelles. 9. millions de livres.
Des meubles & fruits des biens de ceux de la Religion pretenduë reformée 9. millions de livres.

De la nouvelle subvention, 35. millions de livres.

Du fer, du cuivre, & des autres metaux, 3. millions de livres.

Voilà les sommes qu'on a levées dans le Royaume pendant le temps que l'argent étoit si rare & que l'Etat étoit si ruiné à raison des troubles & des guerres sanglantes qu'avoient causé & que causoient mesme tous les jours les heretiques de ce siecle. Vous pouvez juger maintenant jusques à quel degré de puissance, de richesse, & de force est monté nôtre illustre Empire; puisqu'il est si opulent, puisqu'il a augmenté les sommes immenses de ses grosses fermes & acquis des Provinces entieres à son obeïssance, dont il tire des thresors inépuisables; & puisqu'en un mot, il a étably si bien son commerce, qu'il en reçoit des millions de revenu. Ie croy que si on pouvoit lire les livres de l'Etat, on y trouveroit que les revenus n'ont pas seulement augmenté de la moitié; mais du double & peut estre d'avantage.

FIN.

www.ingramcontent.com/pod-product-compliance
Lightning Source LLC
Chambersburg PA
CBHW070447170426
43201CB00010B/1243